オホーツク海
日本海
北海道
（蝦夷地）
隠岐
山陰道
島根
出雲
伯耆
鳥取
因幡
但馬
石見
兵庫
備後
美作
岡山
安芸広島
備中
長門
山口
山陽道
備前
播磨
周防
対馬
壱岐
西海道
筑前
豊前
福岡
佐賀
肥前
長崎
筑後
大分
讃岐香川
淡路
大阪
和泉
伊予
愛媛
阿波
徳島
紀伊
土佐
和歌山
南海道
大隅

YAMAKAWA SELECTION

日本史 上

宮地正人 編

山川出版社

［カバー写真］
祇園《ぎおん》祭《まつり》の山鉾《やまぼこ》巡行（『洛中洛外図屛風』右隻）
（米沢市〈上杉博物館〉所蔵）

『山川セレクション　日本史』への序文

本書は、二〇〇八(平成二十)年に出版された『新版世界各国史1　日本史』のハンディ版である。本文そのものは二〇〇六(平成十八)年までで記述をとどめている。

しかしながらその後の日本は、二〇〇八年のリーマン・ショックに発する世界金融危機、一一(平成二十三)年三月十一日の東日本大震災と福島第一原子力発電所で発生したメルトダウン、二〇(令和二)年初頭からの新型コロナウイルス感染症の大流行、さらには二二(令和四)年二月、ロシアのウクライナ侵攻を契機に引き起こされた世界的物資供給網破壊による異常な物価高騰など、世界史レベルの大事件のただなかに立たされてきた。他方で二〇一五(平成二十七)年九月安全保障関連諸法が成立し、米国との軍事同盟は集団的自衛権のもとに格段に強化され、二二年十二月には米軍と協力、日本は敵基地攻撃能力を保有する旨が閣議決定されるにいたっている。

本書が日本史の基本を正確におさえるべき通史たることを標榜している以上、このハンディ版出版に際し、二〇〇六年以降今日にいたる主要な政治的社会的動向を記述した。

また、二〇〇八年版終章「二十一世紀の日本の課題」部分では、その後一七年経過した今日において日本の課題がさらに明瞭にかつ切迫したものになってきたので、全面的に改稿し（数値は二〇二三年時点）、⑴核戦争の危機、⑵気候変動の危機、⑶二十一世紀日本経済のあり方、の三点について私の見解を示した。

中華人民共和国はその驚異的な経済成長によりアメリカに追いつき追いこし、その大国主義、権威主義の増大は南シナ海での覇権主義、そして最近の香港《ホンコン》民主化運動への弾圧と国際的約束だったはずの一国二制度の廃案に如実にあらわれることとなった。近年の日本人成人男女の中国への警戒心・嫌中意識の増大も故なしとはしない。一九七二（昭和四十七）年の日中国交回復より本格的となった日中両国民の交流拡大、「侵略国日本」と擦り込まれた中国民衆の対日感情の好転、なによりも自由となった日中学術交流による貴重な諸成果を知っている者としては隔世の感をいだかざるをえないのである。

ただし人びとの意識は状況の変化によって意外と早く変わっていく。五年単位で変化するといってもよい。加えてそれぞれの国の政府がそれを加速する。教科書がその武器となる。

だが、いかに意識が変わろうとも、決して変わることも、変えることも不可能なのが、それぞれの国と民族の地球上の地理的位置である。旧石器時代の太古より、日本・南北朝鮮・中国・台湾の地理的位置は変わらない。日本は卑弥呼《ひみこ》の時代より朝鮮と中国から文明というものを豊かに吸収し、そして日本の風土のなかでわがものにしていった。ユーラシア大陸の最東端、三〇〇〇キロにおよぶ列島弧、文明と文化の最終的に吸い込まれる地こそがわが日本であり、南北朝鮮・中国・台湾との関係は運命づけられたものとならざるをえない。

鎖国《さこく》から開国への劇的転換により世界史の表舞台に登場した天皇制国家日本と朝鮮・中国・台湾との関係は今日の対中感情を客観視する際のよき鏡となるだろう。日清《にっしん》・日露《にちろ》両戦争を通じての朝鮮の植民地化、中国の従属国化は日本人男女のあいだに朝鮮民族・漢民族に対する優越感と蔑視《べっし》意識を醸成していき、自立しようと苦闘する朝鮮民族への支配民族の恐れは、関東大震災の最中、朝鮮人虐殺事件を引き起こす。

〝「支那」四億の民、砂の如し〟との思いあがりのもと、満洲事変《まんしゅうじへん》から日中戦争へと侵略拡大する帝国主義国家日本に対し、中国人民は国共合作《こっきょうがっさく》を実現、抗日統一戦線を形成した。そして日独伊三国軍事同盟結成のもと東南アジアへ侵略を拡大していった日本に対し、統一中国は米英ソと軍事同盟を成立させ、一九四五(昭和二十)年八月日本陸海軍を無条件降伏させるのである。特定の国を敵視し、軍事同盟をもって威嚇するならば、相手国も軍事同盟を結成、止まるところを知らない軍拡競争に突入し破局を迎えることは、戦前の天皇制国家がその典型例を示している。敗戦国日本がその憲法第九条に自衛を含む戦争放棄を明記したのは、日本の侵略により甚大な戦争被害をこうむった中国をはじめとする諸国家・諸民族への日本と日本人の身のあかしを示すものであった。

しかし平和国家と非武装中立、全方位外交を掲げて出発した戦後日本は、一九五一(昭和二十六)年の日米安全保障条約締結を起点として大きく変貌していき、本文にあるように、自衛隊は集団的自衛権の名目のもと、米軍と協同しつつ敵基地攻撃能力を保持しようとする段階にまで進んできている。

ただし日本の攻撃能力の向上は、相手国の反撃能力向上を不可避的に必然化する。敵対的関係にいたらせることなく、両者の緊張を少しでも緩和し、相互間の意思疎通を不断におこない、可能な限り信頼関係を形成していくこと、それは個人的好悪・嫌忌の感情問題ではまったくなく、東アジアの地政そのものに根ざす国家の存続と民族の生存いかんの問題なのである。原発を五〇基以上も建設してしまったわが日本は、戦争を起こすことを不可能な国にしてしまったと私は確信している。

二〇二三年十月

宮　地　正　人

まえがき

『新版世界各国史』の執筆要領には、「最新の学界の研究成果にもとづき、先史時代から現代までを、正確に、客観的に記述した基本的な概説書とする」「政治史の展開を基本にすえながら、経済・社会・文化も重視した構成とする」とうたわれており、本書もこの基本線にそって執筆されている。とはいうものの、通史叙述の固有の性格として、最新の研究成果だとしても、そのまま記述に組み込むことが全体の記述の論理展開に整合させられないものの場合には、結局不可能となった。最新の研究成果と通史叙述の論理展開との兼合いいかんは、やはり読者の批判をあおぐほかないと思っている。

他方、通史叙述はあくまでも現時点に立っての過去の再構成という固有の特質を有している。この側面からみれば、過去の日本史通史での論理の運び方、史実の選択、そして事態の評価と相当異なっているものが多々あるだろう。この点についても、読者からの批判、執筆者の反論というかたちで、相違するようになった根拠を、第三者ひいては国民に明らかにしていくなかで、通史叙述の改善がはかられていくと考えている。

現時点からの通史叙述という観点に立って執筆者一同が共通して確認したことは、日本の歴史の流れを、あくまでも東アジア地域世界との関わりで記述していこうということであった。従来なら外交史のジャンルに押し込められてしまうこの分野を、たんなる一分野史ではなく、日本史を成立させている不可欠の構成要素としてきちんと先史時代から現時点までおさえていくことは、今日盛んにいわれるようになった「東アジア共同体」論を、たんなる流行語として消費してしまうのではなく、その内実＝歴史性をしっかりと賦与するためにも、どうしても要求されていることなのである。ゆくゆくは、これまでの政治史・経済史・外交史といった分野史のよせあつめといったかたちで通史が構成されていくのではなく、それぞれの歴史段階に規定された地域世界論を前提として、東アジアの各国史が叙述されていくようになることを期待している。

あとひとつ共通して心がけたことは、古代から中世、中世から近世、近世から近代、戦前から戦後という過渡期の記述問題を回避しないようにしたことである。複数執筆者による通史叙述の場合には、ややもすると輪切り型で、転化過程が明確に記述されにくくなる。その結果がうまくいったかどうかは、これまた読者の批判を待たなければならない。そして、この批判・反批判のなかでこそ、今まで両者ともにみえておらず、気がついていなかった理論的諸問題が明らかになることだろう。

ただし執筆者の一人として不満のまま残ってしまったのは文化の記述問題である。執筆要領には「文化については、作品などを羅列するのではなく、各時代の文化の潮流や特質を重点的に記述する」となっており、私も含め執筆者一同、この要求にそうよう努めはしたが、十分とはいいがたい。それは一面では紙数不足の問題もあるが、他方では、各時代の特質を人間の歴史的営為のなかでもっとも大切な文化の側面から抽出する史学的方法論がいまだ確立していないという問題もあると思われる。通史叙述を意図する執筆者一同、今後の取り組むべき基本課題としてこの問題を位置づけることとしたい。

二〇〇七年八月

宮地正人

目次

下巻目次

山川セレクション

日本史 上

第一章　日本史のあけぼの

1　日本列島の形成と旧石器文化

日本列島の形成

　およそ二〇〇万年前から約一万年前までといわれる更新世《こうしんせい》の時代は「氷河《ひょうが》時代」とも呼ばれる。寒冷な氷期《ひょうき》が一〇回近くもあり、その度に海面は約一〇〇メートル前後も下降した。当然のことながら日本列島は北と南で大陸と陸続きになったり、離れたりした。ただ、それぞれの時期の海面の下降をどの程度に見積もるかは研究者によって異なり、列島の形成過程について意見は必ずしも一致していない。

　日本列島の地がアジア大陸と陸続きであった時期には、さまざまな動物が渡ってきた。また北京《ペキン》原人の年代に近い六〇万〜五〇万年前、あるいはそれ以降には人間もやってきていた可能性は否定できない。そして、四万〜三万年前の旧石器《きゅうせっき》時代後期の段階には、相当数の人間が北から日本列島の地にやってきていたことは、数多くの後期旧石器遺跡の存在からも疑いない。日本列島の地域のこの時期の石器の製作技術が、北方ユーラシアの旧石器文化と共通することは多くの研究者によって指摘されている。

　ところが二万年から一・五万年前ころになると、温暖化が始まり、海面は急激に上昇する。北では宗谷《そうや》海峡が出現して北海道がサハリンや大陸と陸続きではなくなり、南では朝鮮海峡ができて日本列島が成立する。

日本列島の旧石器文化

　第二次世界大戦以前の日本では、日本列島最古の文化は新石器時代に相当する縄文《じょうもん》文化であり、旧石器文化は存在しなかったと考えられていた。ところが、一九四九（昭和二十四）年には、戦後の混乱期に納豆売りの行商をしながら考古学の調査と研究に情熱を燃やしていた青年考古学徒相沢忠洋《あいざわただひろ》によって、群馬県笠懸《かさかけ》町岩宿《いわじゅく》遺跡（現、みどり市）の丘陵切通しの断面に露呈する更新世の関東ローム層中から石器が発見される。この更新世の石器、すなわち旧石器の発見は、明治大学考古学研究室による発掘調査によって学術的に確認された。その後日本列島の各地で旧石器時代の遺跡がつぎつぎと発見されるようになり、日本列島における旧石器文化の存在は疑えなくなった。

ただこの段階で発見・確認されていたのは、いずれも約三万年から一万年余り前までの後期旧石器時代のものであり、それ以前の中期や前期旧石器時代の遺跡はまったく知られていなかった。このため旧石器文化研究の最前線では、前・中期旧石器文化の存否やその解明が大きな課題となっていった。芹沢長介は一九六四(昭和三十九)年の大分県日出《ひじ》町早水台《そうずだい》遺跡や栃木市星野《ほしの》遺跡の調査に基づき、三万年以上前の旧石器文化の存在を指摘したが、これを認めない研究者も少なくなかった。

この論争に事実上終止符を打ったと考えられたのが、藤村新一が関与した宮城県大崎《おおさき》市座散乱木《ざざらぎ》「遺跡」やそれに続く同市馬場壇《ばばだん》「遺跡」の調査であった。その後日本列島の旧石器遺跡の年代は中期からさらに前期へと、またたくまに古くなり、ついには宮城県栗原《くりはら》市上高森《かみたかもり》「遺跡」など六〇万年前までさかのぼっていった。ところがこれら一連の前・中期旧石器文化の遺跡の調査結果が、すべて藤村新一の捏造《ねつぞう》によるものであることが明らかになった。現在のところ確実な日本列島の旧石器文化は、いずれも約三万年前以降の後期旧石器時代のものであり、それ以前の旧石器文化の存否やそのあり方については、すべて今後の研究に待つほかない。

日本列島の後期旧石器文化の特質は、その石器製作技術が、北方ユーラシア大陸のそれと共通することである。一個の石核《せっかく》から多数の短冊形《たんざく》の縦長剝片《はくへん》を剝離し、ナイフ形石器やエンドスクレイパーなどを製作する。また組合せ石器として木や骨の柄に溝を彫り、小さな石刃《せきじん》を埋め込んでナイフや槍《やり》などにする細石刃《さいせきじん》も、押圧剝離という方法によって石核から剝ぎ取ったものである。こうした石器の製作技術はいずれも北方ユーラシアに広くみられるものである。このことは、三万〜二万年前の日本列島の地が北で大陸とつながっていたと考えられていることと関連して興味深い。もちろんこの時期の人びとは、すでに航海術を知っており、幅の狭い朝鮮海峡は往来を拒絶するほどの存在ではなかったと思われるが、それにしてものちの日本列島の地の後期旧石器文化が、基本的には北方アジアと共通するものであることは、これに続く日本列島の縄文文化を形成した人びとの人類学的な系統を究明するうえからも重要である。形質人類学者の尾本恵市は、縄文人の祖先を東北アジア系ととらえ、考古学の佐原真もまた縄文文化の本来的な性格を、基本的には寒冷な地帯の文化であると指摘している。

後期旧石器時代でもその後半になると、日本列島の石器文化にも地域的な差異や特徴がしだいに顕著になってくる。この段階には、石刃技法を石器製作の基本として素材に石刃を用いた縦長のナイフ形石器や彫刻刀形石器とエンドスクレイパーを基本的な道具のセットとする東北日本と、サヌカイトを用いて、瀬戸内技法と呼ばれる製作法を基本にした横長のナイフ形石器の卓越する西日本とが明確に分かれてくる。北から南へきわめて長い日本列島の地理的条件を考えると、こうした地域差の出現は当然のことであろう。

2 縄文文化の成立と展開

縄文文化の成立

最後の氷期《ひょうき》が終わる今からおよそ一万五〇〇〇年前ころになると、日本列島の地域を取り巻く自然条件も大きく変化した。急激な温暖化により海水面が大幅に上昇し、北と南で大陸から切り離されたほぼ今日の状況に近い日本列島が成立する。この自然環境の大きな変化は、最終的に日本列島を形成したばかりでなく、そこに住んでいた旧石器人の生活環境にも大きな変化をもたらす。

海面の上昇は、河川の河口に栄養にとんだ内湾や砂州を形成し、魚介類が豊富に生息できる環境ができあがる。また亜寒帯性の針葉樹林にかわり、東日本にはブナやナラなどの落葉広葉樹林が、西日本にはシイやイチイガシなどの照葉樹林が広がり、クリ・クルミ・ドングリなどが豊かに実るようになった。それ以前の時代にみられたマンモスやオオツノジカなどの大型獣が姿を消し、かわってニホンジカやイノシシなどの中・小型獣が多くなった。こうした自然環境の大きな変化に対応して、旧石器人たちがあらたに形成された日本列島の地で生み出した新しい生活様式が縄文《じょうもん》文化にほかならない。縄文文化を特徴づけるものは、増加するすばしこい中・小型獣を仕留めるための弓矢の出現、木の実などの植物質食糧を積極的に利用するための土器の登場、さらに木材加工用の磨製石器の発達などである。それらのすべてが、後氷期の気候の温暖化という大きな環境変化への人びとの対応の結果にほかならないのである。

縄文時代の始まりを一万六〇〇〇年前ころとすると、その時代は弥生《やよい》時代の始まる約二千数百年前までの一万年をこえる長い期間である。この長い時代をさらにいくつかの時期に細分することは早くからおこなわれており、最近では山内清男が提唱した草創期・早期・前期・中期・後期・晩期の六時期区分が一般に用いられている。ただしこの区分法は、戦前に確立していた前期・中期・後期・晩期という区分に、戦後の調査・研究によってその存在が知られることになった早期、さらに草創期を加上していったものである。そのため全体として体系的・合理的なものとはいいがたく、新しい時期区分も模索されているが、ここでは暫定的にこの六時期区分を用いておく。

草創期は、土器の出現から竪穴《たてあな》住居や新しい縄文的な石器の出現など、まさに新時代への準備が時間をかけてゆっくり進行した段階、早期は人口はまだ希薄であるが集落が形成され始め、移動には不便な土器などの増加からも本格的な定住が始まったと考えられる段階である。またこの早期の段階から、漁業が本格的に開始される。さらに前期以降は各地で定住的集落が安定的に営まれるようになり、墓地の形成や祭祀遺物の増加などから文化の成熟が認められる段階である。

土器の出現

一般に、縄文時代は土器の出現をもって始まると理解されている。現在、日本列島で最古と考えられている土器は、かつて旧石器時代の最終段階に位置づけられていた長野県南箕輪村《みなみみのわ》神子柴《みこしば》遺跡や青森県東北町長者久保《ちょうじゃくぼ》遺跡などの細石刃《さいせきじん》をともなう石器文化の時期で、それは約一万六〇〇〇年前ころと想定されている。ただこの段階の土器はまだきわめて少量である。またこれにともなう石器は、木の葉形の槍先《やりさき》をはじめとして狩猟を中心とする生業を想定させるものであり、植物質食糧の処理のための石皿《いしざら》、磨石《すりいし》などはまだほとんどみられない。まだ旧石器時代以来の狩猟を中心とする移動性の高い生活がおこなわれていたらしい。また、新しい弓矢による狩猟の始まりを物語る石鏃《せきぞく》の発見例もきわめて少ない。

こうした状況は、神子柴期に続く隆起線文《りゅうきせんもん》土器の段階に入って土器の使用がやや盛んになっても、あまりかわらなかったようである。ただこうした草創期の総体的状況のなかで、特異な状況を示すのは南九州である。この地域では、東日本の神子柴遺跡段階には、少量の無文土器とともに細石刃・木の葉形石槍・局部磨製や打製の石斧《せきふ》などとともに、石皿・磨石などが出現している。さらにこれに続く段階には細石器は消滅し、太めの隆起線文土器とともに各種の磨製石斧、根茎採取用と想定される剝片《はくへん》石器や打製石斧、石皿、磨石などが多数みられるようになる。

この時期の南九州では、堅果類のとれる林が出現し、それらの粉砕や磨りおろし処理のための石皿

縄文草創期の隆起線文土器　東京都新宿区百人町３丁目西遺跡出土

や磨石、煮沸やアク抜き用の土器、さらに木材の伐採・加工用の磨製石斧などが発達し、植物質食糧の本格的な利用が始まっていたものと想定されるのである。また煙道《えんどう》付き炉穴の普及は、獣・魚の薫製による保存食の製作を想定させ、さらに明確な掘込みをもつ竪穴住居の存在は、安定的な定住生活の確立を物語る。

　狩猟・漁労とともに多様な植物質食糧の多角的な利用こそ縄文時代の安定的な生活の基礎にほかならない。それがまず早期の南九州で始まっていることは、縄文文化の環境的基盤を考えるうえにもきわめて示唆的である。縄文的生活の原型は、温暖な気候やそれにともなう植生などの自然環境が最初に出現していた南九州地域でまず成立し、やがて日本列島全体の温暖化とともに、この縄文的生活様式が列島全域におよんだのである。

　なお、日本列島における土器の起源はおよそ一万六〇〇〇年前ころと考えられているが、この段階の土器は無文の小片が若干みつかっているだけで、それが列島で自生したものか、あるいは他地域から伝播したものかはわかっていない。ロシアのアムール川中流域のオシポフカ文化では、細石刃核や彫器《ちょうき》・石槍・石斧などの石器とともに条痕文《じょうこんもん》をもつ平底土器が発見されていることが注目されている。その年代が放射線炭素法で日本列島における土器の出現年代とほぼ同じころと判定されていることからも、日本列島における土器の起源を考えるうえに重要な手がかりとなろう。土器の出現は、最終氷期が去りつつあった東北アジアの各所でみられる共通の出来事であったと考えられる。ただその土器を新しい自然環境に対応する新しい生活様式に積極的にいかすことに成功したのは、南九州に始まる日本列島の縄文文化の担い手たちであった。

縄文文化の特質

縄文時代早期の南九州で開花した縄文的生活様式は、その後より北の地域にも温暖化がおよぶとともに、早期を通じて時間をかけて日本列島の全域におよんでいった。南九州では鹿児島県霧島《きりしま》市上野《うえの》原《はら》遺跡などすでに早期の段階に定住的な大規模集落の出現が知られているが、前期以降になるとこうした大集落が日本列島の各地に出現する。

最近の調査で大きな話題となった青森市の三内丸山《さんないまるやま》遺跡では、巨木の掘立柱《ほったてばしら》群などとともに長楕円形平面の大型竪穴住居を含む五〇〇棟以上の住居跡の存在が想定されている。もちろんこの住居跡の数は、およそ六〇〇〇年前ころから一〇〇〇年をこえる長期間に営まれたものの累積にほかならないから、同時期に存在した住居の数は多いときでもせいぜい二〇～三〇棟であったと想定される。ただ、このような多数の住居が同じ場所で一〇〇〇年をこえる長い期間にわたって営みつづけられたことは、縄文人の生活がいかに安定したものであったかを物語るものにほかならない。

　こうした前期以降の縄文人の生活を支えたのは、狩猟・漁労と植物質食糧の採集であり、そして一部食用植物の栽培が始まっていたことも明らかにされている。これら狩猟・漁労・植物質食糧採集の比重は、それぞれの地域やまたその時期の自然環境によって大きく異なるが、ただ全体として彼らの生活を安定させていたのが、植物質食糧の採集や一部栽培をも含むその積極的な利用にあったことが指摘されている。縄文土器の多くは深鉢形の煮沸用土器であるが、これが堅果類や根茎類のアク抜きなどの加工に大きな威力を発揮したことはいうまでもない。

　かつて、貝塚の調査研究をはじめ縄文人の食糧の問題を意欲的に追求していた酒詰仲男は、縄文時代のクリの重要性に注目し、クリ林の管理がおこなわれていた可能性を指摘したが、半世紀以前の学界ではほとんど問題にされなかった。ところが、最近の三内丸山遺跡の調査によって、この酒詰の仮説が証明された。辻誠一郎による同遺跡の各時期の土壌の花粉分析の結果、自然の植生に人間の手が加わり、集落の周辺にクリ林が人為的に形成される過程が明らかにされた。それは有用植物の管理栽培にほかならない。

　またドングリやトチの実などアク抜きの必要な堅果類については、高度なアク抜き技術が開発されていた。このほか遺物としては残らないが、大量の打製石斧の出土はヤマイモなど根茎類も積極的に利用されたことを想定させる。こうした根茎類もまた暗い森のなかでは育たないから、植生の人為的改変が試みられていたことは疑いない。林謙作は、縄文人が火入れを含む方法によって自然の植生を改変し、資源管理をおこなっていたことを主張している。さらに今村啓爾は、こうしたクリ林の人為的拡大やヤマイモ増殖のための植生の管理は、農耕に近づいた植物利用の半栽培の段階と認められると考えている。

こうした資源の保護管理は、たんに植物質食糧に対してばかりでなく、狩猟や漁労についてもおこなわれていた。縄文時代の遺跡から出土するシカの骨はそのほとんどが成獣のものであり、メスよりオスのほうが多い。また東京都北区《きた》中里《なかざと》貝塚は大規模な貝の処理加工場であったと想定されているが、ほとんど大型のハマグリとカキの貝殻のみからなり、資源の徹底した保護がおこなわれていたことをうかがわせる。

前期初頭の福井県若狭《わかさ》町鳥浜《とりはま》貝塚では、ヒョウタン・アブラナ・アサなどの植物が栽培されていたことが知られている。イネ科の植物の葉に含まれるガラス質細胞の化石をプラントオパールと呼ぶが、最近では前期の岡山市朝寝鼻《あさねばな》貝塚でイネのプラントオパールが検出されるなど、コメが縄文時代にすでに知られていた可能性が高くなってきている。とくに西日本では後期以降には比較的広範にコメが存在したことも知られている。ただ次節で述べるように、すでに西日本には水田が存在し一部の研究者が弥生時代「早期」と呼ぶ縄文晩期後半の突帯文《とったいもん》土器の時期を別にすると、縄文時代におけるコメの存在を過大に評価することは適切ではなかろう。少なくともこの段階ではコメの存在が大きく社会を変えるような役割をはたしたとは考えられないからである。

縄文文化の評価

縄文時代の前期以降には、クリ林の増殖など人為的な植生管理による安定的な食糧の確保を前提として、大規模な集落も東日本を中心とする各地にみられるようになる。岩手県紫波《しわ》町西田《にしだ》遺跡では、中央の墓地を核に、そのまわりに掘立柱建物群、さらにその外側に竪穴住居と貯蔵穴群が取り巻く同心円状の計画的景観を呈する集落が調査されている。また千葉県松戸《まつど》市子和清水《こわしみず》貝塚では、墓地のまわりに貯蔵穴群があり、その外側を竪穴住居群が取り巻く三重構造の集落が知られている。さらにこうした拠点的な大集落の周辺には、より小規模な集落が衛星のように散在していたらしい。ある意味では縄文人の世界観を表現したようなこうした同心円状の集落景観は、長期の定住にともなう計画的な集落造営によってはじめてその形成が可能になるものである。またこうした同心円状の生活空間の設計理念は、死後の世界にほかならない墓地にも採用され、ストーンサークルや周堤墓《しゅうていぼ》など同心円構造の墓地が各地で形成された。

拠点的大集落といっても、その人口は限られていたから、共同の祭祀の場である秋田県鹿角《かづの》市大湯《おおゆ》遺跡の大ストーンサークルや石川県金沢《かなざわ》市チカモリ遺跡のクリの巨木を配した環状柱列のような巨大記念物は、近隣の複数の集落が共同でつくりあげたものであろう。またそこには当然、呪術的権能をもつリーダーの存在も予想される。ただ彼らは、弥生時代以降に出現する階級的な支配者とはまったく違う存在であったと思われる。なお小林達雄は、縄文文化とよく似た採集経済文化をもつ北米北西海岸の先住民社会に奴隷がいたことを指摘し、縄文社会にも階層差が存在したことを主張している。

縄文時代の各地の集落は、それぞれの地域で孤立して鎖国的な世界を形成していたわけではない。

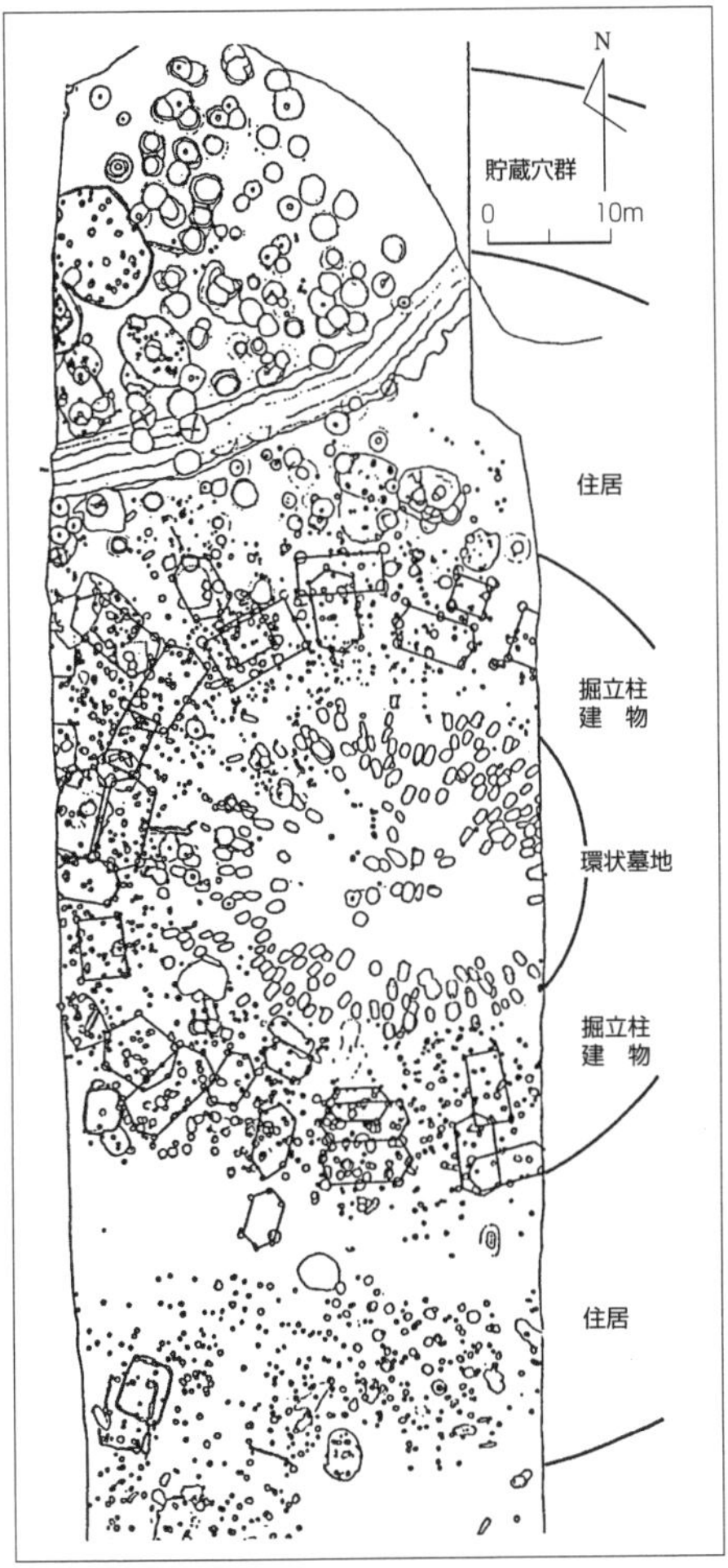

縄文時代の環状のムラ　岩手県紫波町西田遺跡

特定産地の黒曜石《こくようせき》製の石器や新潟県姫川《ひめかわ》産のヒスイを加工した玉《ぎょく》が遠く離れた地域の遺跡から見つかり、予想をこえた遠距離交易がおこなわれていたことが明らかにされている。またなにものかを入れた容器として縄文土器自体も遠隔地に運ばれている。こうした交易のネットワークが、縄文世界全域に張りめぐらされていたのである。この交易ネットワークは当然さまざまな情報のネットワークでもあった。縄文文化の開放性とこの情報のネットワークの存在は、つぎの時代の弥生文化の拡大にも重要な役割をはたすことになる。

縄文人の精神生活を象徴する遺物には、女性原理に基づく土偶《どぐう》と男性原理に基づく石棒《せきぼう》がある。縄文人たちは、神秘的な生殖力が大地にはえる植物やそこに生きる生物、すなわち食糧の豊穣を保証すると考えたのであろう。

長い準備期をへて成立した前期以降の縄文文化は、狩猟・漁労に森林の植物質食糧の高度な利用が加わり、採集を基礎とする文化としてはきわめて安定した生活システムができあがっていた。しかし、三内丸山遺跡の調査以降一部にいわれているような「縄文文明」、あるいは「縄文都市」といった評価は適当とはいえない。三内丸山遺跡の一時期の人口が五〇〇人にもおよぶとする学問的裏付けはなにも提示されていないし、多くの縄文時代研究者は否定的である。かりにそれに近い人口があったとしても、それを「都市」、さらに「文明」と呼ぶには、長い人類史研究のなかで明確にされてきた「都市」や「文明」の規定を踏まえたものでなければ意味がない。「都市」や「文明」の概念規定が新しい研究に基づいて更新されていくのは当然である。ただその場合も、人類史の体系的把握に有効なものでなければなんの意味もない。

今村啓爾は、縄文文化が採集を基礎とする文化としては、まれにみる安定したものであったことは事実であるが、それがまた相当広い地域にわたって壊滅的ともいえる衰退をたびたびこうむっていたことを指摘する。そして迫りくる厳しい環境を生きぬくために個人の自由を抑圧するような「呪術」が支配する世界でもあったとしている。この今村の評価はまさに的を射たものであろう。縄文文化がそれなりに豊かで安定したものであったとしても、それがたちどころに環境変化の影響をこうむり、長期的に安定しえなかったところにこそ、採集に経済的基礎をおく文化としての大きな限界があったと理解すべきである。一万年以上もの長い期間をへながらも、その間社会を大きく変革する動きがついにみられなかったことこそが、なによりもそのことを明確に物語っているといえよう。

3　農耕社会の成立

水田稲作農耕の始まり

前節で述べたように、縄文《じょうもん》前期以降の縄文土器の胎土からイネのプラントオパールが検出されている。その検出例は後期や晩期になると多くなり、さらにこの後・晩期には土器に籾殻《もみがら》の圧痕を残す例もある。またオオムギ・ヒエ・アワ・キビなどの検出例も少なくない。これらのことから最近では縄文後期以降には、少なくとも西日本では、すでにコメを含む穀物が畑作によってつくられていたことはほぼ確実と考えられている。ただそれは気候の寒冷化にともない、あくまでも縄文的な多様な食糧確保のシステムの拡大化の試みとして試行的に始まっていたものにすぎないと思われる。朝鮮半島東南部と同じ形式の結合釣針を共有する西北九州の漁労民が、朝鮮半島からこれら畑作による穀物栽培を伝えたものとする説もある。

さらに、従来縄文晩期の後半に位置づけられていた、刻み目をつけた粘土紐を口縁部にめぐらした深鉢形土器、すなわち突帯文《とったいもん》土器が西日本に広まる時期には、水田稲作農耕が北部九州にもたらされる。現在確認されている最古の水田は、佐賀県唐津《からつ》市菜畑《なばたけ》遺跡のものであるが、それは水路や堰《せき》をもつ本格的なものであり、木製の農具や脱穀具、それら木器の製作具である新しい大陸系磨製石器類や穂摘具である石包丁《いしぼうちょう》などをともなっている。それ以前の畑作による穀物生産とはまったくその内容を異にする、完成された水田稲作のシステムが朝鮮半島から伝えられたのである。それは突帯文土器の段階、すなわち縄文晩期後半のうちに、中国・四国から近畿の一部にも広がっていった。

従来、弥生《やよい》時代とは縄文土器にかわる弥生土器が用いられた時代であり、それはまた水稲農耕が始まった時代と規定されていた。ところが水田稲作の開始と弥生土器の出現の時期にずれがあることが明らかになってきたのである。その結果、佐原真のように水田稲作の開始をもって弥生時代の始まりとし、縄文晩期後半の段階を弥生時代早期とする立場と、泉拓良のように水田稲作技術の受容でなく、その結果としての農耕社会の成立をもって弥生時代の始まりと考える立場が対立するようになった。

この段階の北部九州の突帯文土器は、縄文土器の系譜を引く深鉢・浅鉢と朝鮮半島の無文土器の流れをくむ壺・甕《かめ》の二者からなることが明らかにされている。すべての研究者が弥生土器と認める板付《いたつけ》Ⅰ式に始まる遠賀川《おんががわ》式土器は、水田稲作を基礎とする新しい生活のなかから突帯文土器と無文土器の二者が一体化して成立したものにほかならない。また戦いの時代の到来を告げるムラのまわりに濠をめぐらした環濠《かんごう》集落が広範に出現するのもまた遠賀川式土器、すなわち弥生土器の成立とほぼ相前後する時期のことである。そこには縄文時代の社会とは質的に異なる新しい農耕社会の成立をうかがうことができる。たんなる考古学的な時期区分ではなく、日本歴史の時代区分としては、当然この新しい農耕社会の成立をもって新しい時代の到来と考えるべきであり、ここではそれを新しい弥生土器の成立に読み取る泉の立場をとりたい。

突帯文土器の時代は、まさに縄文人が、少数の渡来人からはじめて水田稲作という新しい食糧生産技術を学び、それを咀嚼《そしゃく》し、しだいに定着させていく段階であった。またその受容地域も、当初の北部九州だけの段階から、しだいに本州の西部へも拡散し、突帯文土器期の終わりころには東海西部まで広がるのである。こうした状況から、水田稲作の開始期の溯上にもかかわらず、時代区分としては従来と同じように弥生土器の成立をもって弥生時代の始まりととらえておく。最近の炭素14年代の年輪年代法による較正《こうせい》年代をとると、水田稲作の北部九州への伝来がおよそ三〇〇〇年前ころ、弥生文化の成立、すなわち最古の弥生土器である板付I式の成立はおよそ二七〇〇年前ころのことと想定される。

弥生文化の成立と渡来人

突帯文土器の時期に、はたしてどの程度の数の渡来人が北部九州に渡来し、水田稲作を伝えたのであろうか。この時期の福岡県糸島《いとしま》市曲《まが》り田《た》遺跡の土器のうち朝鮮半島から直接持ち運ばれた無文土器は全体の一%程にすぎないことから、渡来人の占める比率もまた一%程度であろうときわめて低く見積もる説、半島の無文土器の製作技法の特徴をもつ甕が甕形土器全体のなかで占める割合から渡来人の比率を三分の一程度であろうとする説までさまざまな説がある。ただおよそ三〇〇〇年前の朝鮮半島南部に、とくに大規模な戦争など多くの難民を生み出すような出来事が想定できないことからも、朝鮮半島に近い玄界灘《げんかいなだ》沿岸地域でも藤尾慎一郎が想定するようにせいぜい一割前後にとどまる公算が大きいと考えておくべきではなかろうか。

山口県下関《しものせき》市土井《どい》ヶ浜《がはま》遺跡や佐賀県吉野《よしの》ヶ里《がり》町三津永田《みつながた》遺跡の弥生人の人骨資料をもとに、北部九州や山口県地方に朝鮮半島からの高顔(面長)で高身長の人びとが渡来した事実を明らかにした金関丈夫も、その数が少数であったためその後の倭人《わじん》が縄文人に近い形質に戻ってしまったと考えた。埴原和郎は、世界各地の初期農耕文化の人口増加のあり方から、弥生時代の人口増加も相当数の移民を考えないと説明が困難とする。しかし、安定した食糧生産の始まりが人口増加をうながすことは明らかである。今村啓爾は、渡来人集団の日本列島への渡来後の人口の累乗的な増加が、縄文以来の土着の遺伝子を圧倒していったのではないかと考えている。いずれにしても、縄文時代晩期に水田稲作の技術やそれにともなう文化複合を日本列島に伝えた渡来人の数とその役割を過大に見積もることも、また過小に見積もることもともに適切ではないと思われる。

縄文時代の終わりころ、朝鮮半島から水田稲作の技術をはじめとする新しい生活文化を携えて高顔・高身長の人びとが渡来したことは疑いない。ただその数をどの程度に見積もるかは、形質人類学の研究者のあいだでも意見が分かれている。ただ彼らが北部九州からさらに本州の西部に移住し、土着の低顔・低身長の縄文人と混血していったことは疑いない。この縄文人と渡来人との混血は、北部九州や本州西部ではともかく、それ以外の地域にまで広くおよんだとは考えがたい。その結果、弥生人には、渡来人の影響を強く受けた北部九州や本州西部の人たちとそれ以外の地域の人たちとのあいだでは少なくない差異が生じたのであろう。

埴原和郎によると、各時代の北海道・東北、南九州とその南の集団は、いずれも北方モンゴロイド系の近畿地方の集団とは異なり、相当濃厚に縄文人の特徴を残しており、こうした傾向は現代人についても認められるという。こうした日本人の形質的な地域差については、弥生時代開始期の渡来人ばかりでなく、古墳《こふん》時代後半の五〜七世紀にも少なくない渡来人が日本列島にやってきたことをも考慮する必要があるが、弥生文化の成立以降、日本列島の住人の人類学的な構成がより複雑化したことは疑いない。いずれにしても弥生文化とは、縄文人が新来の人びととその文化を取り込むことによって生み出した新しい文化にほかならないのである。

弥生文化にみられる地域性

このように少数の渡来人たちが伝えた水田稲作を中心とする新しい文化は、まず北部九州の縄文人たちに受け入れられ、その後中国・四国から近畿地方へ、さらに東日本へと広がっていった。水田稲作農耕が広く日本列島の各地に受け入れられたのは、それがきわめて生産性の高い、優れた食糧獲得方法であったことにもよるが、それとともに縄文人がすでにコメを含む畑作による穀物生産の基礎的知識をもっていたこと、またそれが食糧として優れたものであることを知っていたことによるものであろう。

本州北端の青森県弘前《ひろさき》市の砂沢《すなさわ》遺跡では、この地域の縄文晩期末の大洞《おおぼら》A´式に続く砂沢式と呼ばれる、明らかに遠賀川式土器の影響を受けた土器をともなう時期の水田が検出されている。早くも弥生時代前期の後半には、水田稲作が本州北端部にまで達しているのである。東北地方では、現在でも稲作に必要な温度・雨量・日照時間などで太平洋側より日本海側が有利な条件下にある。東北地方への水田稲作の伝播は、まず日本海側から北進したものと考えられている。またこうした稲作の東日本や東北地方への伝播が、すでに縄文時代に形成されていたモノや情報のネットワークにのって伝えられたこともまた疑いなかろう。

こうした水田稲作をともなう新しい弥生文化の受容のあり方には、地域によって大きな差異があった。北部九州に成立した弥生文化をほぼそのままのかたちで受け入れたのは、縄文晩期後半に突帯文土器が分布していた伊勢湾より西の地域に限られる。この地域では遠賀川式土器がほぼそのままのかたちで伝えられ、石器の組成や金属器のあり方も基本的には共通している。これに対して伊勢湾を中心とする東海西部では、突帯文土器を受け継ぎながらも、遠賀川式土器の影響によって条痕文系土器《じょうこんもん》と呼ばれる特異な弥生土器が生み出される。この条痕文系土器をともなう弥生文化は、中部高地や関東など広く東日本に広がるが、そこでは生産用具や祭祀関係の遺物にいたるまで、縄文文化の要素が濃厚に遺存している。弥生文化の受容のあり方が、西日本と東日本では大きく異なり、東日本ではより強く縄文文化の伝統を残した弥生文化が成立するのである。

また、天竜川《てんりゅうがわ》流域の下伊那《しもいな》地方などでは、弥生時代になると土掘具である打製石鍬《いしぐわ》や穂摘具である横刃形石器などが多くなり、畑作によるコメなどの穀物栽培が弥生時代を通じて盛んにおこなわれたことが知られている。東日本ではこうした畑作が卓越した地域も多かったと考えられるが、西日本でも水田の造営が困難なところでは、畑作による穀物生産が中心となったところも少なくなかったと考えられている。

金属器の使用の始まり

弥生時代はまた日本列島の住人が、水田稲作とともに、青銅器・鉄器などの金属器を使用し始めた時代でもある。この時代の金属器には青銅器と鉄器がある。青銅器・鉄器ともに最初は朝鮮半島からの輸入品が用いられ、やがて日本列島でもその製作がおこなわれるようになった。

このうち青銅器は、一部は武器としても用いられたが、もっぱら祭器として用いられたのに対し、やや遅れて伝えられた鉄器は武器のほか農具・工具として用いられた。ただ弥生時代の中期まではまだ石器が多数使用されており、とくに農具・工具として石器の占める比重は大きかった。しかし後期になると、石器が急速にその姿を消すことから、かわって鉄器が農具・工具・武器として大きな役割をはたすことになり、生産力を増大させ、より複雑化した社会を生み出す原動力になっていった。またその資源の安定的な確保をめぐる動きが、政治的社会の形成を加速することになるのである。

弥生時代の社会で重要な役割をはたしたと考えられる銅鐸《どうたく》、それに銅剣・銅矛《どうほこ》・銅戈《どうか》などの武器形祭器はいずれも青銅製品である。それらの青銅器の生産が日本列島で開始されたのは、鋳型の出土例から中期初頭にさかのぼることは確実であり、おそらく前期末葉には始まっていたと考えられている。

一方その原料の調達法については、輸入青銅器を鋳つぶしたとする説、銅と錫《すず》を海外から輸入したとする説、銅だけは日本列島産の自然銅を使用したとする説などがあるが決着はついていない。馬淵久雄らは、青銅器中の鉛の同位体の混合比率の比較から、初期には朝鮮半島の鉛が、中期以降は華北産の鉛が用いられたとし、銅や錫についても輸入説をとっている。他方銅の精錬滓《し》の検出が報告されているが、いずれも確実とはいえず、今後に問題を残している。

一方、鉄についても、弥生時代にさかのぼる精錬遺構の可能性のある例が指摘されているが、必ずしも確実とはいえない。現在確認されている製鉄遺跡で最古のものは京都府京丹後《きょうたんご》市遠所《えんじょ》遺跡など五世紀末ないし六世紀初頭のものである。この時期まで日本列島では鉄の精錬がまったくおこなわれていなかったとは考えにくいが、七・八世紀以降の製鉄遺跡の検出数の多さなどを考慮すると、弥生時代に日本列島で鉄生産がおこなわれていたとしても、それはきわめて低い技術でかつ小規模なものであったと考えざるをえないのである。『三国志《さんごくし》』の『魏志《ぎし》』東夷伝《とういでん》の弁辰《べんしん》条には、倭が弁辰の鉄をとっていたことが記載されている。むしろ、鉄資源を朝鮮半島に頼っていたことこそが、日本列島における政治的統合を早めたものとも考えられるのである。

政治的統合の進展

水田稲作の始まり、すなわち本格的な農耕の開始とともに社会のあり方も大きく変化する。弥生時代の集落を縄文時代のそれと比較した場合、その規模が大きくなることなど大きな相違点がいくつかみられる。ただその変化のなかで最大のものは、弥生時代の各地の拠点的集落が、愛媛県松山《まつやま》市文京《ぶんきょう》遺跡などごく一部の例外を除いて、いずれもそのまわりに環濠をめぐらしていることであろう。環濠集落のなかには弥生時代中期の奈良県田原本《たわらもと》町唐古《からこ》・鍵《かぎ》遺跡のように、四条の環濠からなる幅一〇〇～一五〇メートルもの環濠帯をめぐらすものなども少なくない。それらはただ濠だけではなく、さらに土塁《どるい》や柵列をともなっており、愛知県清須《きよす》市朝日《あさひ》遺跡のように環濠の外に柵と逆茂木《さかもぎ》や乱杭《らんぐい》をめぐらした例なども知られている。環濠の基本的な機能が、ムラを護ることにあることは明らかである。

縄文時代の集落にはみられなかった環濠が弥生時代の拠点的な集落にみられることは、この時代が、ムラムラが大変な労力をかけて堅固な濠・土塁など防御施設を整備しなければならない時代、すなわち争いの時代であったことを物語る。これらの環濠集落が、弥生時代が始まって一定期間が経過してから出現するのではなく、北部九州などでは水田稲作が開始されたばかりの早い段階にみられることが注目される。福岡市の那珂《なか》遺跡や板付遺跡では、すでにこの時期から本格的な環濠がみられるのである。こうした集落を取り囲む環濠は、韓国の慶尚南道《キョンサンナムド》の検丹里《コムタンニ》遺跡など日本列島の水田稲作文化の溯源である朝鮮半島南部の無文土器文化時代の集落遺跡でも検出されている。このことは日本列島が、水田稲作の開始によって余剰稲が蓄積されるようになり、その結果としてしだいに争いの時代に入っていくのではなく、そうした争乱をともなう農耕社会のシステム全体が、争乱の渦中にあった渡来人

弥生時代の環濠集落　神奈川県横浜市大塚遺跡

たちによって日本列島に持ち込まれたことを物語るものと考えるべきであろう。こうしたムラムラの環濠の築造は、弥生時代の終わり近くまで続くのである。

こうしたムラムラの争乱は、当然のことながらムラムラの統合の動きにともなうものであったと考えられる。弥生時代中期の唐古・鍵遺跡の環濠に囲まれた範囲は東西南北とも約四〇〇メートルの不正円形で約五ヘクタール、大阪府和泉《いずみ》市・泉大津《いずみおおつ》市池上《いけがみ》・曽根《そね》遺跡では約三ヘクタールにもおよぶ大規模なものである。前者では石器・木器、さらに銅鐸を含む青銅器の生産がおこなわれていたことが判明しており、後者でも金属器や石器の生産がおこなわれ、また妻側に棟持ち柱をもち神殿と想定されている大型掘立柱《ほったてばしら》建物の跡なども検出されている。

こうした弥生時代中期の大規模な環濠集落内部の

構造などの解明は、今後の調査の進展に待つほかない。ただそれらがたんなるムラではなく、日本列島の各地にそれぞれ形成され始めていたクニとも呼ぶべき政治的組織の中核的拠点であったことは疑いなかろう。奈良盆地にはこうした拠点的大環濠集落が一〇カ所近く知られているから、のちの律令《りつりょう》時代の郡に相当するような範囲ごとに、複数のムラを内に含む政治的まとまりが形成されていたと考えることもできる。さらに唐古・鍵遺跡に匹敵する規模の集落が弥生時代中期の奈良盆地では他に知られていないこと、ムラムラの祭祀に欠かせない銅鐸の鋳造がここでおこなわれていること、さらに同遺跡は弥生中期中ごろに大きな変貌をとげ、大環濠集落となることなどから、この段階には唐古・鍵遺跡を中心に奈良盆地全域の政治的統合が完成していた可能性も大きいと思われる。

こうした統合への動きは、近畿地方ばかりでなく列島の各地でみられる。北部九州では、同じ中期中ごろには福岡県春日《かすが》市須玖《すぐ》岡本《おかもと》遺跡や糸島市三雲《みくも》・井原《いわら》遺跡などで多数の前漢鏡などを副葬した特定個人墓が確認されている。これらの墓は、のちの『魏志』倭人伝《わじんでん》に伊都《いと》国・奴《な》国などと表記されるクニグニの王墓と想定され、この段階には特定個人を王とあおぐ原生国家が誕生していたことが確認されるのである。

このように、日本列島で農耕社会が成立して数百年後の紀元前二〜前一世紀ころには、早くも日本列島の各地に、大は律令時代の国の規模から、小は郡の規模程度のクニと呼ぶべき政治的まとまりが成立していたことは疑いない。まさに『漢書《かんじょ》』の地理志がいうように、倭人たちは「分れて百余国」

に近い状況になっていたらしい。

カミまつりと祭祀権

水田稲作の開始は、当然人びとのカミ観念やカミまつりのあり方をも大きく変えていったと思われる。稲作とは切り離すことのできない穀霊信仰が、朝鮮半島からもたらされたことはいうまでもなかろう。それは種籾を翌年まで保管するためのかざられた壺が、新しく生み出された弥生土器のなかできわめて重要な位置を占めたことからも知ることができる。ただ、こうした新しい稲作にともなう信仰は、けっして従来の縄文時代の人びとの信仰やまつりを駆逐したわけではなく、縄文人のカミ観念と融合するかたちで、新しい独自の信仰形態を生み出していったと思われる。

そのことをなによりも明確に物語るのは、弥生時代の代表的祭祀遺物である銅鐸や銅剣・銅矛・銅戈などの青銅製祭器が、いずれも同じ方式によって土中に埋納されていることであろう。このうち銅鐸は中国戦国時代の銅鈴《どうれい》に起源をもつ朝鮮半島南部の小銅鐸を祖形とするもので、本来はカミをまつりの場に招く楽器のカネにほかならなかった。それがしだいに大型化し、聞く銅鐸から見る銅鐸へ変化する。その分布状況は時期による差異が少なくないが、その初現期はともかく、中期〜後期には近畿地方を中心に中国・四国の東半部から中部地方の西半部におよんでいる。

一方、武器形の祭器もまたカミを招くものであり、また悪《あ》しきものをまつりの場に近づけず、まつりの場を護るもので、カミまつりには欠かせない重要な祭器であったと考えられる。その分布もまた時期差が大きいが、巨視的にみれば銅矛・銅戈は北部九州を中心に、銅剣は瀬戸内海中部を中心に分布している。

重要なことは、これらの銅鐸や青銅製の武器形祭器がいずれもまつりのとき以外は土中に埋められるものであったことである。このことから三品彰英は、銅鐸を地霊・穀霊をまつる地的宗儀の祭器と

埋納された銅矛と銅鐸　島根県出雲市荒神谷遺跡

理解し、古墳時代に新しく受け入れられる天的宗儀と対比して弥生時代の宗教観念を位置づけた。これは「埋められる呪具」である武器形祭器についても指摘できるものであり、こうした大地の生命力に作物の豊かな育成を願う祈りが、おそらく縄文人がもっていたと想定される大地の生命力と人の生殖力を重ね合わせる思惟や観念と共通することは疑いなかろう。

かつて小林行雄は、銅鐸を共同体の共通の祭器と考え、首長権の象徴というべき銅鏡《どうきょう》とは明確に区別してとらえた。たしかに弥生時代の王墓、とくに北部九州のそれには多数の中国鏡が副葬されているが、銅鐸や大型化した武器形祭器を墓に入れた例はみられない。さらに須玖岡本遺跡や三雲・井原遺跡など弥生の王墓の副葬品の組合せは、のちの前期古墳の副葬品と比較すると、その被葬者がとくに司祭者的性格をもっていたとはとらえがたい。むしろ、多数の貝輪《かいわ》を着装した司祭者の墓は別にあり、王と司祭者は別にいたともみられなくもない。

弥生時代の王権・首長権と祭祀権の関わりについては、まだ不明なところが少なくない。『三国志』の『魏志』の夫余伝《ふよでん》によると、天候が不順で五穀の育成が順調でないときには、人びとはその責を王に負わせ、あるいは王を易《か》えるべきといい、あるいは王を殺すべきだとしたという。こうした王の共同体の司祭者としての性格は、日本列島の弥生時代の王についても共通するものであったと思われる。実際の個別の祭祀行為は特定の司祭に委ねたとしても、王がカミまつりとその結果についての最終的責務を負っていたことはおそらく相違なかろう。

王墓の出現

前述のように弥生時代中期の中ごろになると、近畿地方などでもムラムラの連携が特定の有力なムラを中心に進展して地域的統合が進み、クニと呼ばれるような政治的まとまりが形成されていたことが想定される。『魏志』倭人伝にみられる奴国は、福岡市・春日市とその周辺を含む福岡平野にあてられているが、その中枢と目されているのが春日市の須玖岡本遺跡群である。ここでは青銅器の鋳型が集中的に出土し、また青銅器の工房跡なども検出されている。

一八九九（明治三十二）年にこの遺跡群の北寄りの須玖岡本D地点と呼ばれるところで、長さ三・三メートルもある扁平な大石の下から甕棺《かめかん》がみつかり、その内外から前漢鏡《ぜんかんきょう》が二七～二八面、銅剣四口、銅矛五口、銅戈一口のほかガラスの璧《へき》の破片やガラス玉などが発見された。副葬鏡などから明らかに前一世紀にさかのぼるもので、後漢《ごかん》の建武中元二（五七）年に後漢に朝貢し、印綬《いんじゅ》を受けた奴国王の数代前の王の墓と想定されている。この大石をもつ甕棺墓の南側の里道《りどう》が不自然に屈曲していることや、付近一帯は甕棺墓地群であるにもかかわらず、この墓の周辺では他の甕棺が発見されていないところから、この墓には本来墳丘《ふんきゅう》がともない、その墳丘内におそらく単独で埋納されていたものと想定されている。

一方、伊都国の中心と考えられている福岡県糸島市の怡土《いと》平野の三雲・井原遺跡群中の三雲南小《みなみしょう》路《じ》の一号甕棺墓もまた前一世紀の王墓と考えられている。この甕棺墓は一八二二（文政五）年に偶然発見されたもので、数多くの遺物が出土した。その全貌は福岡藩の国学者青柳種信《あおやぎたねのぶ》が残した詳細な記録『筑前《ちくぜん》国怡土郡三雲村古器図説』によって知ることができる。一九七四～七五（昭和四十九～五十）年には福岡県教育委員会によってこの墓の再調査が実施されたが、調査を担当した柳田康雄は、再調査の結果と青柳の記録を総合して、東西三一メートル、南北二四メートル以上の方形の墳丘墓であったことを明らかにしている。またこの再調査では、一八二二年発見の一号甕棺の北側に接して二号甕棺が、一号甕棺にやや遅れて追葬されていることも明らかにされた。一号甕棺には、大型の前漢鏡が三五面、ガラス璧八個、金銅四葉座《こんどうしようざ》飾金具八個、銅剣一口、銅矛一口、銅戈二口、ガラス勾玉《まがたま》三個、ガラス管《くだ》玉《たま》六〇個以上が副葬されていたことが知られている。二号甕棺も破壊を受けていたが、小型の前漢鏡二二面、ヒスイ勾玉一個、ガラス勾玉一二個、ガラス製垂《すい》飾《しょく》一個などがあったことが知られ、調査者は被葬者を女性と想定し、一号棺を王の、二号棺を王妃のものと考えている。

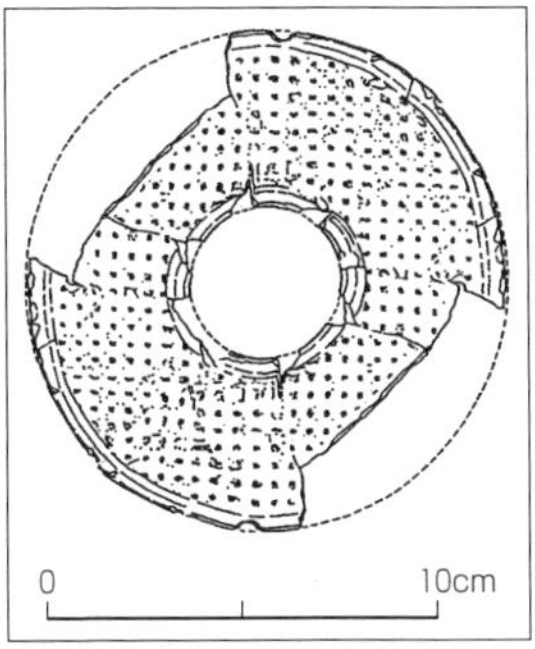

伊都国の王墓から出土したガラス璧　福岡県糸島市三雲・井原遺跡群三雲南小路1号甕棺墓出土

このように須玖岡本D地点の甕棺墓も、三雲南小路の一・二号甕棺墓も、ともに比較的大きな方形の墳丘をもつ墓であったらしい。しかもそれは、須玖岡本D地点の甕棺墓の西北方で発見されている方形墳丘墓や佐賀県神崎《かんざき》市・

吉野《よしの》ヶ里《がり》町吉野ヶ里遺跡の楕円形墳丘墓のように同一の墳丘に多くの人びとが合葬されるのではなく、一人ないし二人の特定個人墓ないし特定夫婦墓である可能性が大きい。さらに三雲南小路の一号棺や須玖岡本D地点墓のガラス壁や三雲南小路の一号棺の金銅四葉座飾金具について、町田章は王侯・功臣あるいは蛮国の王の死に際して漢の皇帝から下賜された葬具にほかならないとしている。金銅四葉座飾金具は本来木棺につける飾りであるが、これを甕棺のなかにおさめているところがおもしろい。これらが漢の皇帝からの直接的な下賜品かどうかはともかく、少なくとも楽浪《らくろう》郡を介して贈られたものであることは疑いなかろう。

こうした点からも、須玖岡本D地点や三雲南小路の甕棺墓が、それぞれ奴国や伊都国の王墓であることを疑うのは困難であろう。これらの王墓は、副葬された前漢鏡からも紀元前一世紀代の早い段階のものであることが知られるものであり、この時期には奴国や伊都国が成立していたことが、その王墓の存在から確認できるのである。西日本の弥生時代の墳丘墓では、基本的には同一墳丘に複数の埋葬がおこなわれるのが普通であるが、ここでは王とその妃が墳丘を独占して近親者の埋葬すら排除している。まさに共同体の首長をこえた王としての権威が確立していることがうかがえるのである。

紀元前一世紀にこうしたクニが成立していたのは、楽浪郡や諸韓国との交易で栄えた玄界灘沿岸だけではなかった。たとえば近畿の奈良盆地などでも、遅くとも紀元前一世紀には、奈良盆地全域を範囲とするクニが成立していたであろうことが唐古・鍵遺跡の環濠集落の大型化からも想定できることは、前に述べたとおりである。

地域的首長連合の形成

このように遅くも紀元前一世紀ころには、日本列島の各地にクニと呼ばれるような政治的まとまりが形成されていた。こうした動きが紀元後一世紀にかけて各地で進行していたことが、各地に高地性集落と呼ばれる山塊や丘陵上の砦的な性格をもつ特殊な集落がこの時期に急増することからもうかがえる。さらに二世紀になると、こうした各地のクニグニのあいだにより大きな統合への動きが進展していたことが、やはり各地の首長たちの墓のあり方からうかがうことができる。

二世紀から三世紀前半ころの山陰地方では、方形の墳丘墓の四隅《よすみ》を突出《とっしゅつ》させた特異な墳丘墓が盛んに造営される。この墳丘墓の四隅の突出部は、方形墳丘墓の頂部にのぼる四方の通路が異常に発達したもので、墳丘斜面には石を貼り、さらに裾部には一重ないし二重に石列をめぐらすものが多い。その分布は中国山地を含む山陰地方から一部北陸地方におよんでいる。この特殊な形態の墳丘墓が出現したのは、弥生中期後半の備後《びんご》北部の中国山地であるが、この型式の墳丘墓がもっとも大型化する二世紀後半から三世紀前半には、島根県東部の出雲《いずも》・鳥取県西部の伯耆《ほうき》・同東部の因幡《いなば》の諸地域に分布の中心があり、この段階ではこれら諸地域の有力な首長の墓はすべてこの様式に統一されていたといってもよかろう。このことから、この時期この地域の有力な首長がなくなると、彼らは共通の葬送儀礼をとりおこない、四隅突出型墳丘墓と呼ばれる共通の様式の墳墓を築造していたことが想定されるのである。

島根県出雲市の西谷《にしだに》三号墓は、突出部を含むと長辺約五〇メートルにもおよぶ大規模な四隅突出型墳丘墓である。墳頂部でいくつかの埋葬施設が検出されているが、その中心となる二つの大規模な埋葬施設では、それぞれの葬送儀礼に用いられた多量の土器が土壙《どこう》の上部から出土している。興味深い

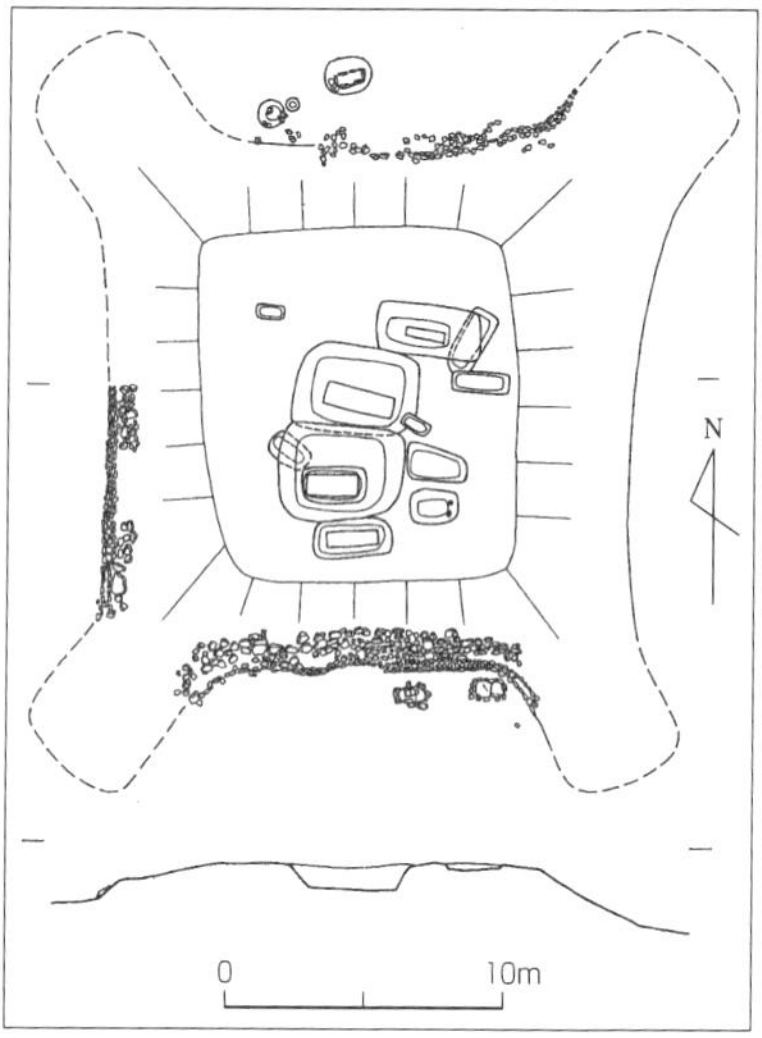

山陰の四隅突出型墳丘墓　島根県安来市仲仙寺10号墓

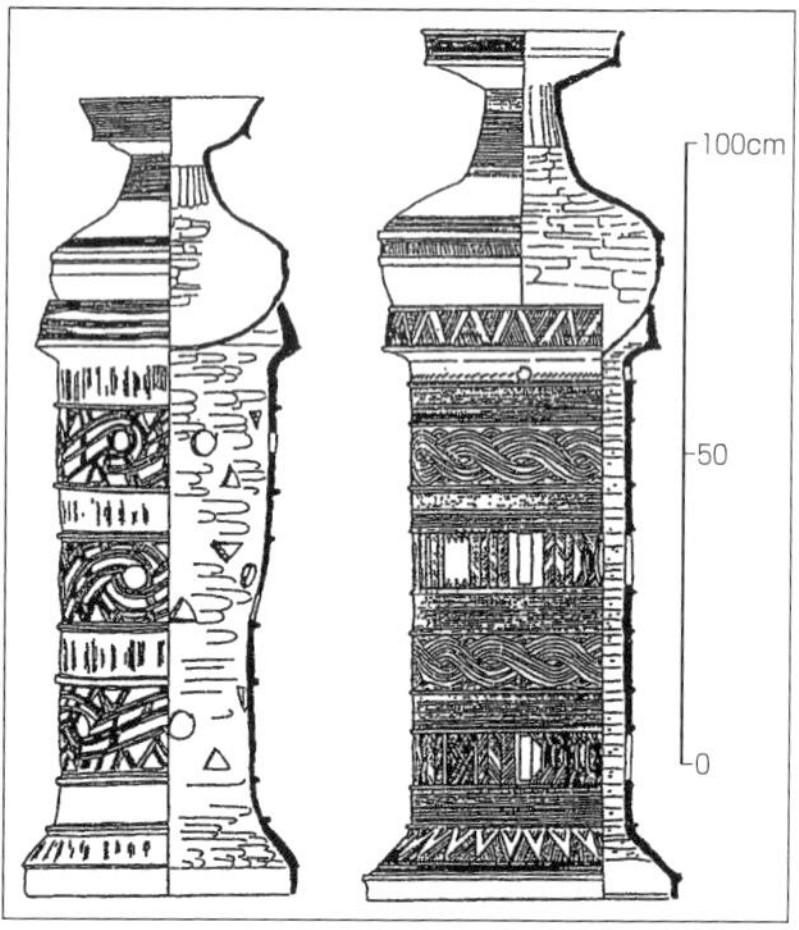

吉備の特殊壺と特殊器台　右：岡山県真庭市中山遺跡，左：岡山県総社市宮山墳丘墓

ことは、これらの土器のなかに地元の出雲西部のものとともに、おそらく吉備《きび》からもたらされた特殊壺・特殊器台《きだい》や山陰東部のものとみられる器台・高杯《たかつき》・把手付短頸壺《とってつきたんけいこ》などが相当量含まれていることである。このことは、この出雲西部の有力な首長の葬送儀礼に、吉備の人びとともに山陰東部の人びとも参加したことを示すものであろう。

このように、山陰地方の有力な首長たちが共通の葬送儀礼をとりおこない、共通の墳丘墓を営んでいるということは、当然彼らが生前から強い絆で結ばれていたこと、つまり彼らのあいだに政治的な連合関係が形成されていたことを物語るものであろう。弥生時代後期後半には、出雲西部の出雲市西谷墳墓群、出雲東部の島根県安来《やすぎ》市塩津山《しおつやま》一号墳、さらに因幡の鳥取市西桂見《にしかつらみ》墳丘墓など、この地域の主要な平野ごとに突出部を含むと長辺が五〇〜六〇メートル規模の大規模な四隅突出型墳丘墓がみられ、より小規模な平野や盆地にはより小型の四隅突出型墳丘墓が営まれ、それぞれの地域でピラミッド形のヒエラルヒーの展開が読み取れる。

出雲西部・同東部、因幡地域以外にもおそらくは米子《よなご》平野を中心とする伯耆日西部、倉吉《くらよし》平野を中心とする伯耆東部にも王墓級の四隅突出型墳丘墓が営まれた可能性は大きいと思われる。山陰地方では、これら五つ程の地域的政治集団の首長たち、すなわちこれらのクニグニの王たちのあいだに、より広域の政治的な同盟・連合関係が成立し、ルーズなものであってもひとつの大きな政治的まとまりが形成されていたことが想定されるのである。また日本海の交易ルートを通じて山陰とつながる越《えち》前《ぜん》・加賀《かが》・越中《えっちゅう》などの有力首長が、一時的にではあるが、この地域連合になんらかのかたちで加盟、ないしは関係していたことが、これらの地域に時期を限って相当規模の四隅突出型墳丘墓が営まれることから推測される。

山陰地方に大規模な四隅突出型墳丘墓が営まれていた二世紀後半ころには、岡山県から広島県東部にわたる吉備地方でも地域的な首長連合が形成されていたことが、やはり彼らの墓のあり方から想定できる。この地域の弥生時代後期後半の首長たちも、岡山県倉敷市楯築《くらしきたてつき》墳丘墓の墳丘長八〇メートルをこえる双方中円形の墳丘墓に代表されるような相当規模の墳丘墓を造営するようになっていた。ただその墳丘の形態は、山陰地方のように統一されてはおらず、方形・前方後方形・前方後円形とさまざまであった。ただこの時期のこの地域の墳丘をもつ首長墓には、これらの墓に供献するために特別に立派につくられた特殊壺とそれをのせる特殊器台がともなっている。のちに列島各地に営まれる古墳《こふん》の壺形埴輪《はにわ》や円筒埴輪の起源となるものであるが、この特殊壺と特殊器台の存在は、この時期、この地域の首長たちが共通のイデオロギーに基づいて共通の葬送儀礼をとりおこなっていたことを示しているのである。この特殊な供献土器の分布範囲が、基本的にはのちの備前《びぜん》・備中《びっちゅう》・備後・美作《みまさか》の範囲、つまり吉備に限定されることも興味深い。これまた吉備と呼ばれる地域に地域的な首長連合が形成されていたことを物語るものであろう。

なお、現在のところ山陰や吉備以外の地域では、こうした地域的首長連合の形成を考古学的な資料から明確にすることはできないが、北部九州・近畿中央部・濃尾《のうび》平野などでもこうした動きが進展していたことは疑いなかろう。

4 ヤマト政権の成立と展開

古墳の出現の意味するもの

前節で述べたように、弥生《やよい》時代後期後半の二世紀になると、山陰・吉備《きび》、さらにおそらくは北部九州・近畿中央部・濃尾《のうび》平野などでも、その地域の有力な首長たちによる地域的な首長連合が成立していたことが想定される。それでは、こうした地域的な首長たちの政治連合相互のあいだにより広域の政治連合が形成され、日本列島の中央部がひとつの政治的まとまりを形成したのはいつごろのことであろうか。そのことを考古学的に明確に物語ってくれるのが、古墳《こふん》の出現という出来事である。

古墳とは墳丘《ふんきゅう》をもった墓のことであり、それはすでに弥生時代にも広くみられ、とくに弥生時代でも後期の段階には相当大規模なものがみられることはすでにみたとおりである。ただ弥生時代の墳丘墓は、山陰などの四隅突出型墳丘墓《よすみとっしゅつがたふんきゅうぼ》にみられるようにきわめて明確な地域性をもっていた。ところが三世紀でも後半以降になると規模がさらに巨大で、しかも画一的な内容をもった定型化した墳丘墓が各地にみられるようになる。

それらは多くは前方後円墳で、墳頂部の墓壙《ぼこう》内におさめた長い割竹形木棺《わりたけがたもっかん》を竪穴式石室《たてあなしきせきしつ》で覆った同じ様式の埋葬施設をもち、三角縁神獣鏡《さんかくぶちしんじゅうきょう》をはじめとする多量の鏡や鉄製武器・武具や農工具を副葬したきわめて画一的な内容をもつ。筆者は、こうした大規模で画一的内容をもつ墳丘墓を古墳として、それ以前のたんなる墳丘墓とは区別して考えている。

こうした古墳は西日本では三世紀後半に、東は近畿中央部から瀬戸内海沿岸各地をへて北部九州にいたる各地にみられる。このような、おそらく共通の約束事に基づいて造営されたと思われる、きわめて画一的な内容をもつ古墳が西日本各地に出現するということは、これら西日本各地の首長たちのあいだに政治的な同盟関係、すなわち広域の首長連合が形成されていたことを示すものと考えられるのである。またこれら西日本の出現期古墳のなかでは、近畿中央部の大和《やまと》に奈良県桜井《さくらい》市箸墓《はしはか》古墳（墳丘長二八〇メートル）など最大級のものがあり、ついで吉備に岡山市浦間茶臼山《うらまちゃうすやま》古墳（一四〇メートル）など大規模なものが、さらに北部九州でも瀬戸内側の豊前《ぶぜん》に福岡県苅田《かんだ》町石塚山《いしづかやま》古墳（一一五メートル）などがみられる。このことは、この古墳出現の背景にある広域の政治連合が、近畿中央部の大和の勢力を中心に形成されたものであることを物語る。

最近では、三角縁神獣鏡の年代研究の進展などから、これら定型化した大型前方後円墳の出現時期が三世紀後半でもきわめて早い時期、すなわち三世紀の中葉すぎまでさかのぼると考える研究者が多くなってきている。三世紀中葉すぎというと、『魏志《ぎし》』倭人伝《わじんでん》にみられる邪馬台国《やまたいこく》の卑弥呼《ひみこ》、ないしその後継者である壹与《いよ》(臺与《とよ》か)の時代にほかならず、この点からも邪馬台国九州説は成立しがたいことを示している。ただこうした古墳は、当然のことながらこのような広域の政治連合の形成に大きな役割をはたした首長がなくなって、はじめてその造営が問題になるものであり、古墳の出現時が即広域の政治連合の成立時期というわけではない。むしろそれ以前に広域の首長同盟が成立していたことは疑いない。

最古の大型前方後円墳　奈良県桜井市箸墓古墳

広域の政治連合形成の契機

こうした、日本列島における広域の政治連合の成立時期を考古学的に明確にするのはむずかしいが、この課題はさらに広くこうした広域の政治連合の形成の契機を含めて考える必要があろう。筆者は、この日本列島における広域の政治連合の形成の契機については、鉄資源の確保の問題と密接に関連しているものと考えている。

日本列島では弥生時代の後期になると、それまで各地の遺跡で多量にみられた石器類がほとんどみられなくなり、本格的な鉄の時代になったことが知られている。ただ、なぜか日本列島では、弥生時代はもちろん、古墳時代の前期・中期になっても鉄鉱石や砂鉄から鉄を精錬する製鉄遺跡はみつかっていない。本格的な製鉄がおこなわれるようになるのは、五世紀末葉から六世紀になってからと考えざるをえないのである。それではこの時期の倭人たちは、鉄資源をどこから入手していたのであろうか。『魏志』東夷伝《とういでん》の弁辰《べんしん》条には「国(弁辰のこと)鉄を出す。韓《かん》・濊《わい》・倭、皆従いてこれを取る」との記事がみられ、倭人たちもこの弁辰(朝鮮半島東南部の弁韓《べんかん》)、すなわちのちの加耶《かや》の地域から鉄資源を輸入していたらしい。このことは、四・五世紀の日本の古墳からも加耶の古墳から出土するものと同じ鉄のインゴットである鉄鋌《てってい》が多量に出土している事実からも疑いなかろう。

こうした弁辰の鉄を輸入するのにもっとも重要な役割をはたしていたのが、伊都国《いとこく》や奴国《なこく》など北部九州の玄界灘《げんかいなだ》沿岸の人びとであったことは疑いない。このことは、弥生時代後期の集落遺跡の鉄器出土量が、この地域では他を圧して多いことからも裏づけられる。これはたんに鉄資源だけでなく、その他の先進文物についても同様であろう。前節で述べたように伊都国や奴国の地では、弥生時代中期の王墓から多量の前漢鏡《ぜんかんきょう》を副葬した甕棺《かめかん》がみつかっているが、そうした例は北部九州以外ではまったくみられない。まさに、北部九州の玄界灘沿岸地域が、鉄資源をはじめ中国鏡などの先進文物の入手ルートの支配権を掌握していたことは疑いないのである。

そうしたなかで、より東の瀬戸内海沿岸各地やのちに畿内と呼ばれる近畿中央部の勢力が、安定的に鉄資源やその他先進文物の入手を確保しようとすると、玄界灘沿岸地域との衝突は避けられなかったのではなかろうか。筆者はこうした理由から、鉄などの先進文物の入手ルートの支配権をめぐって、それを独占していた玄界灘沿岸地域とその東方の瀬戸内から畿内の諸勢力のあいだに、なんらかの争いがあったものと想定している。まさに畿内から瀬戸内を中核とする広域の政治連合の形成の契機はそこにあったと考えるのである。

この玄界灘沿岸地域と畿内・瀬戸内連合のあいだに先進文物の入手ルートの支配権をめぐる争いがあったことを直接的に示すような考古学的証拠は、今のところ見出せない。ただ、弥生時代には明らかに分布の中心が北部九州にあった中国鏡の分布が、古墳時代になると畿内を中心とする分布に一変していることは重要である。ある時期を境に中国鏡というような輸入文物の分布状況が大きく変化していることは、その背景になにかきわめて重大な変化があったことを想定せざるをえない。この弥生時代と古墳時代のあいだにみられる中国鏡の分布の大きな変化については、従来北部九州勢力の東遷で説明されることが多かった。ただ、この時期、畿内や吉備の土器が北部九州へ移動している現象は顕著に認められても、その逆は認められないことから、鏡の分布の変化を九州勢力の東遷で説明することは困難である。とすれば、やはり先に想定したような先進文物の入手ルートの支配権をめぐる争いに畿内・瀬戸内勢力が勝利をおさめた結果と考えるのが適当であろう。

この時期にみられる大きな変化は、中国鏡の分布状況の変化だけではない。それまであまり豊富な鉄器の集積が認められなかった畿内の前期古墳に大量の鉄製武器類が副葬されるようになることも、こうした北部九州と畿内・瀬戸内連合の先進文物の入手ルートの支配権をめぐる争いに畿内・瀬戸内連合が勝利した結果と考えると理解しやすい。それまで北部九州を中心に分布していた中国鏡が畿内大和を中心とする分布に一変するのは、画文帯神獣鏡《がもんたい》の時期からである。この鏡は後漢《ごかん》末から三国時代にかけてのものであり、この争いの帰結としての広域の政治連合の成立が三世紀初めのことであることを明確に物語っている。このことは、こうして成立した政治連合が『魏志』倭人伝にみえる邪馬台国を中心とする約三〇カ国からなる倭国《わこく》連合(邪馬台国連合)にほかならないことを示している。

邪馬台国連合からヤマト政権へ

鉄資源などの先進文物の入手ルートの支配権をめぐる争いが邪馬台国連合の成立をもたらしたとするならば、それより約半世紀後の古墳の成立はいかなる歴史的背景を反映するものであろうか。先に西日本における定型化した出現期古墳の分布が、畿内から瀬戸内海沿岸各地をへて北部九州にいたる範囲にみられることを述べた。この出現期古墳の分布は、たんに西日本に限られるものではなく、東日本にもおよんでいる。ただこの段階の主要な古墳が西日本では前方後円墳であったのに対し、東日本ではそのほとんどが前方後方墳であった。

この東西での古墳のあり方の大きな違いは、じつはこうした定型化した大型古墳が成立する以前の弥生時代終末期、すなわち三世紀前半の邪馬台国時代にまでさかのぼる。すでにこの段階に西日本では奈良県桜井市《さくらいし》纒向石塚《まきむくいしづか》墳丘墓に代表されるような短い突出部をもつ前方後円形の墳丘墓が営まれていたのに対し、東日本では前方後方形墳丘墓が盛んにつくられていた。さらに東日本における三世紀前半の前方後方形墳丘墓の分布は濃尾《のうび》平野を中心とする東海地方から、中部山地、北陸、さらに関東地方にもおよんでいる。このことから筆者は、この時期には西日本の邪馬台国連合に対して、おそらく濃尾平野の勢力を中心に中部・関東の諸政治勢力のあいだに広域の政治連合が成立していたものと考えている。おそらく、この濃尾平野の勢力が、『魏志』倭人伝に邪馬台国と争ったと書かれている狗奴国《くなこく》であろう。狗奴国を中心とする狗奴国連合が東日本でも成立していた可能性は大きい。

『魏志』倭人伝によると卑弥呼の晩年、邪馬台国と狗奴国のあいだに争いが勃発している。この狗奴国との争いは邪馬台国にとっては魏に援助を要請しなければならないほど大変な戦いであったらしい。このことからも、この争いは西の邪馬台国連合と東の狗奴国連合の争いにほかならなかったと考えられよう。この戦いの帰趨《きすう》については『魏志』倭人伝には記載はないが、その後の状況から邪馬台国連合の勝利に終わったものと考えてよかろう。すなわちこの争いの結果、西日本の邪馬台国連合に東の狗奴国連合が加わり、広域の政治連合の版図がさらに拡大したのである。またそれまで邪馬台国連合に加わっていなかった西日本各地の勢力もきそってこの連合に参加することになったものと思われる。

こうした広域の政治連合の版図の著しい拡大とほぼ時を同じくして、三世紀中葉には卑弥呼がその生涯を終えている。卑弥呼の死は、その呪術的・宗教的権威によりかかるところの多かった倭国連合の体制の維持に大きな影響をおよぼさざるをえなかったと思われる。この倭国連合の中枢を構成していた邪馬台=「やまと」では、卑弥呼の死後も「やまと」を中心とする政治連合を維持するためにその政治連合のシステムの整備がはかられたであろうことは想像にかたくない。また政治連合の版図の著しい拡大もまた、こうした政治体制の整備をうながしたものと思われる。筆者は、こうした倭国連合の政治体制の整備の一環として、この政治連合のメンバーの共通の墓制として創出されたのが古墳にほかならないと考えている。それは共通のイデオロギー的原理に基づく古墳の造営によって、首長連合のメンバーがそれぞれその構成員であることを確認するとともに、倭国連合のなかでのその首長の身分を表現する機能をも備えていたのであろう。

筆者は、この三世紀中葉すぎの倭国連合の版図と体制の変革を重視し、こうして成立した新しい倭国連合をヤマト政権と呼ぶ。それはおそらく壹与の段階の出来事であろうが、邪馬台国連合や狗奴国連合が弥生時代に進行した地域的政治連合形成の最終段階にあたるものと位置づけられるのに対し、この初期ヤマト政権こそは、日本列島の中央部に成立した最初の政治的まとまりと評価できよう。邪馬台国連合がヤマト政権につながるものであることは疑いないが、両者のあいだに日本の古代国家形成過程における最初の大きな画期があったものと考えている。箸墓古墳が卑弥呼の墓である蓋然性は大きいが、それは卑弥呼の死と首長連合の版図の著しい拡大を契機になされた新しい政治連合の形成を象徴する記念物にほかならなかった。

ヤマト王権の性格

このようにして三世紀中葉すぎに成立した首長連合であるヤマト政権の版図は、四世紀の前半には東北地方中部から南九州におよんだことが、古墳の分布の拡大状況からうかがえる。このヤマト政権の盟主として、首長連合の中枢を構成したのが畿内に基盤をおくヤマト王権にほかならない。この初期のヤマト政権の盟主、すなわち初期の倭国王の墓と想定される三世紀後半から四世紀中ごろまでの巨大な前方後円墳は、箸墓古墳を筆頭にいずれも奈良盆地東南部の、狭義の「やまと」の地に営まれる。このことからも、初期のヤマト政権の盟主権を掌握していたのが、この「やまと」の勢力であったことは疑いない。

このヤマト王権の地域的基盤については、のちに畿内と呼ばれる近畿中央部全体にあったと考えられている。しかし、その後四世紀から六世紀後半にいたる時期のヤマト政権の盟主墓、すなわち倭国王墓と考えられるような大規模な前方後円墳は、いわゆる畿内でもその南部の大和川水系の大和・河《かわ》内《ち》(和泉《いずみ》を含む)にあり、北部の淀《よど》川水系の摂津《せっつ》や山城《やましろ》にはほとんどみられない。このことからも、ヤマト王権を支えた本来の基盤が畿内南部にあったことは疑いなかろう。

またこの時期の王権の性格が、きわめて呪術的・宗教的な性格をおびていたこともまた疑いない。それは、この時期の古墳の副葬品が、三角縁神獣鏡を中心とする多量の鏡と鉄製の武器・武具や農工具、また司祭者の象徴的な持ち物である腕輪形石製品などであることなどからもうかがえる。さらに、四世紀代の各地の首長墓と想定される大型古墳のなかには、多量の武器類を副葬した埋葬施設と、武

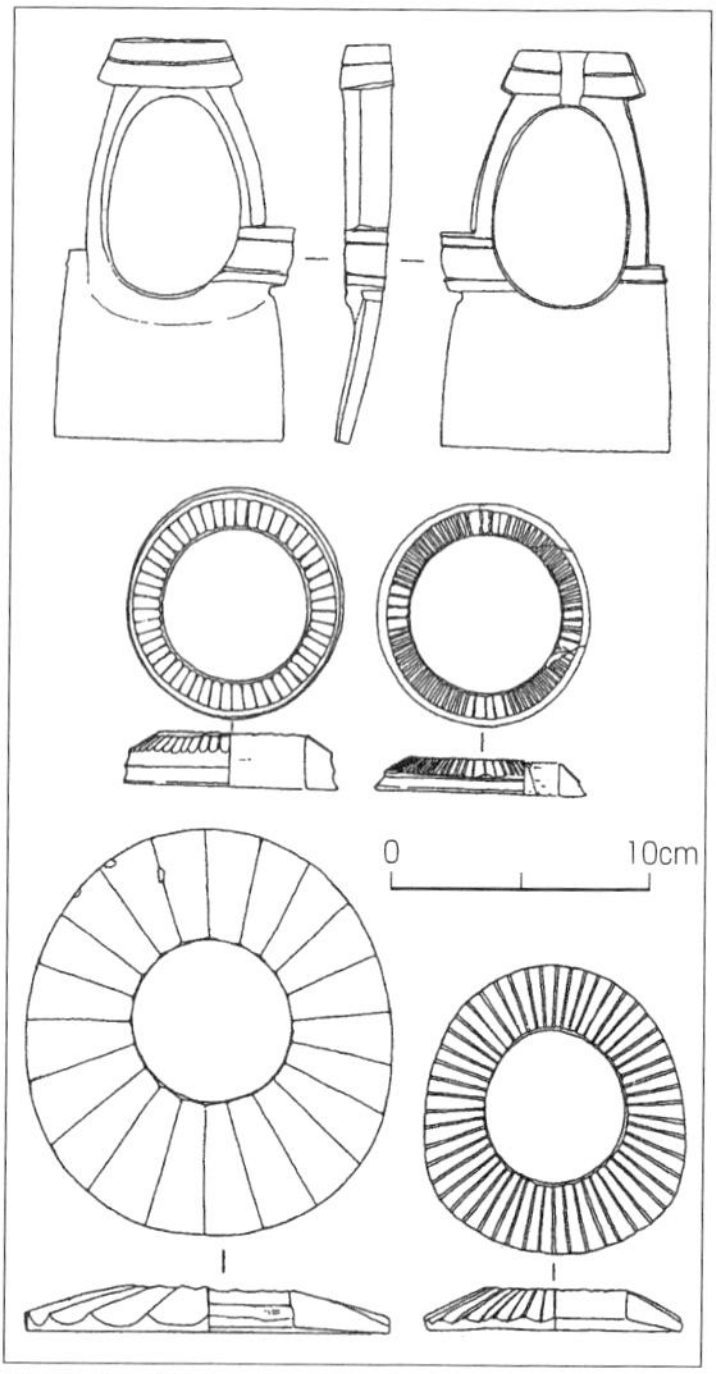

腕輪形石製品　上：鍬形石，中：石釧，下：車輪石　奈良県川西町島の山古墳出土

器類をほとんどもたず多量の腕輪形石製品を副葬した埋葬施設が一基の古墳に並存する例が少なからずみられる。これは『魏志』倭人伝にみられる卑弥呼とその男弟のように、多くは女性の呪術的・宗教的首長と多くは男性の政治的・軍事的首長の組合せで一代の首長権が成立していた場合が少なくなかったことを物語る。ただ大規模な前方後円墳でも、中心的埋葬施設が一基だけで、そこに多量の武器類と腕輪形石製品などを副葬する例もみられるから、一人のおそらく男性首長が政治的・軍事的首長権と呪術的・宗教的首長権の双方をかね備えている場合も少なくなかったことが知られる。

いずれにしても、こうした呪術的・宗教的王権と政治的・宗教的王権をもつ倭国王が、日本列島各地の同様な性格をもつ首長たちからなる政治連合の盟主として、この政治連合を主導していたらしい。この倭国王は、各地の首長たちからその外交権を委ねられ、海外からの鉄資源やその他先進文物の安定した入手と分配に意を用いたのであろう。

巨大古墳の造営と倭の五王

その後、四世紀中葉から後半には、倭国王墓と想定される巨大な前方後円墳が奈良盆地北部の曽布《そふ》の地に営まれるようになる。その歴史的な意味については不明なところが多いが、「やまと」の勢力が婚姻関係を結んでいた曽布の勢力の地に王墓が移ったのであろうか。

さらに四世紀後半から末葉以降になると、倭国王墓と考えられる巨大な前方後円墳は、大阪平野南部の大阪府羽曳野市《はびきの》・藤井寺市《ふじいでら》の古市《ふるいち》古墳群と大阪府堺《さかい》市の百舌鳥《もず》古墳群に営まれるようになる。百舌鳥古墳群に所在する前方後円墳の大仙《だいせん》陵古墳(現仁徳《にんとく》天皇陵)は、墳丘長四八六メートルの日本列島で最大の古墳であり、墳丘のまわりには三重の濠(もっとも外側のものは前方部側だけ)と外堤をめぐらし、さらにその外の陪塚《ばいちょう》の営まれた外域をも含むとおよそ八〇ヘクタールにもおよぶ広大なものである。また古市古墳群の誉田御廟《こんだごびょう》山古墳(現応神《おうじん》天皇陵)は、墳丘長四二〇メートルの前方後円墳で大仙陵古墳につぐ日本列島で第二の規模をもつ。この二基の巨大古墳は、ともに五世紀初頭からその前半でも早い時期のもので、それがこの時期の倭国王の墓であることは疑いない。

この王墓の奈良盆地から大阪平野への移動については、あくまでも奈良盆地に基盤をおくヤマト王権がたんに墳墓の地を大阪平野に移したにすぎないとする説と、大和の勢力にかわって新しく台頭した河内の勢力が王権を掌握した結果とする説が対立している。筆者は、古墳がつくられる場所はあくまでもその政治勢力の本貫地《ほんがんち》にほかならないという原則からも、新しく台頭した河内勢力が、古い大和の勢力にかわって王権を掌握した結果にほかならないと考えている。先に述べたように、本来ヤマト王権の地域的な基盤は畿内南部の大和川水系の大和・河内にあったのであり、この王権の移動はそのなかでのリーダーの交代にほかならないと思われる。

先に述べたように、ヤマト王権の本来の役割は、日本列島各地の首長たちを代表して、外交を担当し、鉄資源をはじめとする先進文物の安定的な入手と分配をはかるところにあった。ところが四世紀後半の朝鮮半島における高句麗《こうくり》の南下という出来事は、東アジア世界の縁辺に位置した倭国にも大きな影響をおよぼす。朝鮮半島南部の百済《くだら》や新羅《しらぎ》は高句麗の南下によって国家存亡の危機をむかえるが、そのうち早くに高句麗にくだって生き延びる策をとった新羅に対し、百済は南の加耶諸国やさらに倭国を味方に引き入れてあくまでも高句麗と戦う策をとる。鉄資源を朝鮮半島南部に頼る倭国もこの百済の誘いにのって高句麗との戦いに参戦することになる。

こうした東アジア情勢の大きな変化に対して、それまでの大和に基盤をおき、呪術的・宗教的性格の強い大和の王権では、適切な対応ができなかったのではなかろうか。それ以前からヤマト王権の内部で、実際の朝鮮半島との外交や交易を担当していた河内の勢力に、実権が移っていったのは当然の成り行きであったと思われる。

中国南朝の宋の歴史を書いた『宋書《そうじょ》』によると、四二〇年から四八七年にかけて、讃《さん》・珍《ちん》・済《せい》・興《こう》・武《ぶ》と呼ばれる倭国王があいついで宋に遣使したことが伝えられている。その目的は、朝鮮半島をめぐる外交戦で中国王朝の権威を借りて倭国の地位を少しでも有利なものにしようとするところにあったと考えられているが、倭国王が与えられた称号は朝鮮半島諸国のそれに比較してけっして高いものではなかった。ただ、百済などの援助を受けて倭国が中国との外交に直接乗り出していたことが重要であろう。また珍や済が自らの将軍号とともにその配下たちにも称号を求め、与えられている。これらの将軍号などを与えられたのが、列島の各地に大型の前方後円墳を営んでいた有力首長たちであったこともまた疑いなかろう。

ヤマト王権と地域政権

五世紀前半の段階にはヤマト政権の盟主である倭国王だけでなく、近畿以外の地域の有力首長もまた巨大な前方後円墳を営んでいたことが知られている。なかでも、吉備の地には畿内の王墓に匹敵する巨大な前方後円墳が営まれている。岡山市の造山《つくりやま》古墳は、畿内の大仙陵古墳、誉田御廟山古墳、大阪府堺市の上石津《かみいしづ》ミサンザイ古墳（現履中《りちゅう》天皇陵）についで第四位の墳丘規模をもつ前方後円墳である。ただこのうち一・二位の大仙陵・誉田御廟山両古墳は五世紀前半のものであるが、上石津ミサンザイ古墳と造山古墳はそれらよりやや古く、五世紀初頭から前半のものと考えられている。しかも上石津ミサンザイ古墳は墳丘長が三六五メートル、造山古墳は三六〇メートル程度でほぼ伯仲する規模をもつ。

したがって、五世紀初頭前後の段階では、畿内の倭国王墓と吉備の大首長墓は、ほぼ同じ墳丘規模をもって営まれていたことになる。ただ上石津ミサンザイ古墳は、墳丘のまわりに二重の周濠をめぐらしていたのに対し、造山古墳には周濠の存在は認められないなど相違点も少なくない。しかしそれにしても造山古墳の墳丘が、ほぼ同時期の倭国王墓と同じ規模に造営されていることが注目されるのである。このことは、少なくとも五世紀初頭ころの段階では、吉備の大首長は畿内の倭国王に服属する地方首長というよりは、むしろその同盟者であったことを明確に物語っている。

吉備地域ではこの造山古墳に続いて総社《そうじゃ》市作山《つくりやま》古墳（墳丘長二八六メートル）が五世紀前半に、続いて五世紀中ごろには赤磐《あかいわ》市両宮山《りょうぐうざん》古墳（二〇六メートル）という巨大古墳が造営されている。それらは吉備地域全体の古墳の分布状況などからも、たんに吉備の一小地域の首長墓ではなく、吉備各地の首長たちによって構成されていた吉備政権ともいうべき地域的首長連合の盟主の墓ととらえられている。まさに吉備の大首長墓なのである。しかもそれが、五世紀の前半には造山と作山が備中《びっちゅう》の地に、五世紀の中葉から後半になると両宮山古墳が備前《びぜん》の地に営まれていることが注目される。これは吉備政権の盟主権が吉備の有力政治勢力のあいだで移動していたことを示すものにほかならず、その点畿内における倭国王墓の大和から河内への移動と基本的には共通するものであろう。

なお、吉備の大首長墓が五世紀初頭の段階に畿内の王墓に伯仲する規模で造営されるのには、この時期特有の事情が存在することもまた事実である。それは先にもふれた東アジア情勢の緊迫化である。この時期ヤマト政権は、朝鮮半島で高句麗と戦っているのであり、こうした国際情勢に対処するためには、ヤマト政権のなかでももっとも有力な同盟者である吉備の勢力の協力がどうしても不可欠であったためでもあろう。

この時期、関東でも上毛野《かみつけぬ》（群馬県）に太田《おおた》市太田《おおた》天神山《てんじんやま》古墳（墳丘長二一〇メートル）という巨大な前方後円墳が出現するのも同じ理由によるものであろう。この太田天神山古墳には、畿内の倭国王墓などに用いられていた長持形石棺《ながもちがた》が採用されていたことが知られている。この天神山古墳の長持形石棺は完存しないが、ほぼ同じ時期の群馬県伊勢崎《いせざき》市お富士山《ふじやま》古墳の長持形石棺などから考えると、畿内の長持形石棺にきわめて近い作りの石棺であったことは疑いない。これは、東国の上毛野の大首長の死に際し、畿内で倭国王の石棺をつくっていた工人がわざわざ派遣されて製作にあたったものと想定されるのである。このこともまた、この時期の畿内の倭国王と東国の大首長が同盟関係にあったことを物語るものととらえてよかろう。

こうしたヤマト王権と地域首長の関係は、五世紀の後半になると大きな転機をむかえる。吉備でも、上毛野でも、こうした巨大な前方後円墳が造営されるのは、五世紀の中葉すぎまでであり、それ以降には畿内以外の地域では、墳丘長一五〇メートルをこえるような大型前方後円墳の造営はたえてみられなくなる。それ以降はただ畿内でのみ巨大な前方後円墳の造営が続くのである。このことは、五世紀後半を境にヤマト王権と各地の首長の関係が大きく変質したことを物語る。文献史学による研究でも、五世紀後半の雄略《ゆうりゃく》朝がヤマト王権の権力が著しく伸長した時期ととらえられている。

五七一年に製作されたことが明らかな埼玉県行田《ぎょうだ》市の稲荷山《いなりやま》古墳出土の稲荷山鉄剣の銘文には、「獲加多支鹵大王」の名がみられる。五世紀前半の製作と考えられる千葉県市原《いちはら》市稲荷台《いなりだい》一号墳出土の「王賜《おおし》」銘鉄剣の王がたんなる「王」であったことからも、倭国王が「大王」を名乗るのもまさにこのワカタケル大王からである可能性が大きい。この大王号は、倭国王が、天下の支配者としての中国の「皇帝」の思想にならい、朝鮮半島諸国の王の上に立とうとする「ミニ天下意識」に基づいたものであろう。それはこの稲荷山鉄剣の銘文にワカタケルが「天下を治め」たとあり、また同時期の熊本県和水《なごみ》町江《え》田《た》船山《ふなやま》古墳出土の江田船山大刀の銘文に「治天下ワカタケル大王」と記されていることからも疑いなかろう。そしてその背景には、『宋書』の倭王武の上表文にみられるように、畿内の大首長が、日本列島各地の首長層を実質的にその支配下におさめ、たんなる首長連合の盟主から脱却した事実があったものと考えられるのである。さらにこのヤマト王権は、六世紀前半には北部九州で起こった筑紫君《つくしのきみ》磐井《いわい》との戦争を克服することによって、地方政権に対するより強力な支配権を確立するようになるのである。

5世紀の銘文をもつ稲荷山鉄剣　埼玉県行田市稲荷山古墳出土

倭国の文明化

このように五世紀から六世紀にかけては、各地の政治集団の政治連合であった倭国の政治体制が大きく転換する政治史的に重要な時期であったが、それとともに文化史的にも倭国の文明化が始まったきわめて重要な時期でもあった。五世紀初頭ころから、騎馬文化をはじめ、さまざまな先進的な生産技術や文化が滔々《とうとう》と日本列島にもたらされるようになるのである。

第二次世界大戦直後、江上波夫は騎馬民族征服王朝説という雄大な仮説を発表し、学界だけではなく、多くの日本人の日本古代史観に大きな影響を与えた。それは、四世紀以降の東アジアの歴史に大きな衝撃を与えた北方の遊牧騎馬民族の南下が、日本列島にもおよび大きな影響を与えたとするものである。四世紀後半、朝鮮半島に侵入しさらに南下した北方ツングース系の騎馬民族の一派が、海を渡って日本列島に侵入し、騎馬戦術に卓越した武力によって倭人を征服し、あらたに樹立したのがヤマト朝廷にほかならないとする説である。この仮説は、四世紀までの日本列島の前期古墳からは馬具がまったく出土せず、それまでの日本文化に騎馬文化の要素がみられなかったのに、五世紀以降倭国が急速に騎馬文化を受容した歴史的事実を前提とするものであった。

この江上説には立証困難な想定があまりにも多く、今日ではそのままのかたちで成立すると考える研究者はほとんどみられない。むしろ騎馬文化の受容については、先にもふれた四世紀後半の高句麗の南下によって国家存亡の危機をむかえた百済や加耶諸国の要請を受け、また鉄資源の入手などから朝鮮半島情勢に重大な関心をもっていた倭国が、朝鮮半島で高句麗と戦う必要から、百済・加耶などの援助により急遽《きゅうきょ》騎馬文化を受容したものと考えられている。

ただこの騎馬文化の受容はそれほど簡単なものではなく、多くの馬や馬具を倭国においても生産するためには、それまでの倭人たちがまったく知らない馬匹《ばひつ》生産の技術をはじめ高度な金属加工・木工・皮革・織物などの最先端の技術が必要であった。このため少なくない技術者が海を渡って倭国に定着し、高度な技術を倭国に持ち込んだ。またこれらの人びとは馬匹や馬具の生産技術ばかりでなく、その他のさまざまな技術や文化を倭人たちに伝えることになった。また高句麗との戦いのためには、高度な戦法やその他の学問、漢字の使用法や思想なども伝えられた。さらに須恵器《すえき》生産など、直接戦争とは関係のない技術や生活様式なども渡来人によって伝えられる。

こうして、多くの渡来人が優れた技術や文化を倭国に伝え、また戦いのために海を渡った倭人たちも彼の地の技術や文化を学んで帰国する。さらに朝鮮半島の戦乱を逃れて少なくない渡来人がやってくることになる。これを契機に倭国の文明化が始まるのである。五世紀から七世紀にかけて海を渡ってきた渡来人の正確な数はわからないが、平安時代の初めに編纂された『新撰姓氏録《しんせんしょうじろく》』によると、当時の都平安京《へいあんきょう》と五畿内の一〇五九の氏《うじ》のうち渡来系譜をもつ氏は三二四でほぼ三割を占めている。倭国が、五世紀から六世紀にかけてつぎつぎと東アジアの高い文化を受け入れ、早くも七世紀前半には飛鳥《あすか》文化を形成し、さらに七世紀の後半には中国の律令《りつりょう》体制にならった中央集権国家を樹立することができたのは、倭人社会がたえず多くの渡来人をその内に受け入れ、大陸の高度な文化を受容し、咀嚼《そしゃく》する能力をつねに備えていたからにほかならない。そうした渡来人の渡来は、まさに四世紀末葉〜五世紀初頭から始まるのである。

前方後円墳の終末とその意味

三世紀の中葉以降、倭国の支配者層が造営を続けた前方後円墳は、六世紀末葉ないし七世紀の初頭をもってその造営はいっせいに停止される。それは推古《すいこ》朝の初期の出来事であり、倭国の支配者層が新しい中央集権的国家の形成をめざして、三〇〇年以上も続いた首長連合のシンボルとしての前方後円墳の造営と決別したことを意味する。

東日本の上毛野(群馬県)などでも、それまで墳丘長六〇〜一二〇メートル程度の前方後円墳を代々営んでいた二〇程の豪族たちがすべて、その造営をやめる。そしてそれ以降上毛野地域では、のちに国府《こくふ》がおかれる前橋《まえばし》市の総社古墳群でのみ、かつての前方後円墳にかわる大型方墳の造営が続くのである。筆者はこの東国における前方後円墳の造営停止は、すなわち東国における国造《くにのみやつこ》制の成立にほかならないと考えている。ヤマト王権は、上毛野でただひとつだけ総社古墳群を営んでいた豪族を選び、これを上毛野国造に任じ、これを通じて上毛野の支配をおこなおうとするのである。いずれにしても前方後円墳の造営停止がたんなる墓制の変革にとどまるものではなく、首長連合体制にかわるヤマト王権による直接的な地方支配体制の樹立と一連の出来事であったことは疑いなかろう。

この時期、中国では隋《ずい》が二七〇年ぶりに中国全土の再統一をはたす。五八九年に中国統一をなしとげた隋は、五九八年には高句麗を攻める。『隋書《ずいしょ》』にみられる六〇〇年の遣隋使《けんずいし》の派遣なども、この隋による中国統一と朝鮮半島への進出という衝撃に対する倭国の反応にほかならない。前方後円墳の造営停止、すなわち新しい地方支配体制の樹立もまた、この危機に対応するための国内体制の整備の一環であったことはいうまでもなかろう。

最近の大阪府大阪狭山市《おおさかさやま》による狭山池の堤の構築当初の樋管の年輪年代法による年代測定の結果、古代から中・近世を通じて河内南部の広大な地域を灌漑したこの大規模な溜め池の建設が、七世紀初頭の出来事であったことが明らかにされた。このことは、推古朝が政治的な大改革の時代であるとともに、国土開発の歴史のうえでもきわめて重要な時代であったことを示している。こうして七世紀初頭に中央集権的な古代国家への方向性を明確に示した倭国は、さらにその後六四五年の乙巳《いっし》の変(いわゆる大化改新《たいかのかいしん》)や、六六三年の白村江《はくそんこう》での唐《とう》・新羅連合軍との戦いでの敗北などの大きな危機をへて、中国にならった律令制古代国家建設への歩みを進めるのである。

第二章

東アジアの国際関係と律令国家の形成

1 隋唐帝国の成立と倭国・倭王権

東アジア情勢と倭王権の対応

六世紀に入り、朝鮮半島においては、王権の復興をはかる百済《くだら》による五一二年の「任那《みまな》四県」の割譲と、台頭する新羅《しらぎ》によって五六二年加耶《かや》諸国が滅ぼされたことによって、倭《わ》は対朝鮮半島政策の再検討を迫られることになった。

また国内においても、欽明《きんめい》期までには部民《べみん》制・国造《くにのみやつこ》制・屯倉《みやけ》制などの倭王権の支配構造が完成していたが、その矛盾もあらわれてくる。

部民制は、王権に服属する各地の人間集団を「トモ」に編成し、王権に対する人的・物的貢納の義務を負わせるため、服属する集団の長に対して、王宮への出仕、労役の提供や特定物品の貢納などを義務づけたものである。「トモ」として編成される前提には、それぞれの地域における集団の長＝首長と成員とのあいだで、首長によって「カキ」(部曲《かきべ》)として領有・支配されていたという政治的統合関係があったとされる。さらに、中央でそれを「部」として掌握する体制のもとでは、中央の伴造《とものみやつこ》氏族の「カキ」としての性格ももち、その組織は重層的な「カキ」の所有関係という構造をとってあらわれる。始原としての共同体内部における首長への奉仕役に由来し、それが大和《やまと》の王を首長とする政治的統一体の職務分掌組織に発展したものという性格をもっていた部民制は、この時期には全国的な規模に達していたとみられる。

部民制が人間集団に対する支配であるのに対して、屯倉は土地支配をその本質としていた。五世紀以降の開発を通じて、王権直属の田地である屯田《みた》は畿内各地に設定されていたが、それは管理・経営のための館舎、穫稲《かくとう》収納のための倉・屋、耕作民(田部《たべ》)が一体となった農業経営の拠点であった。屯倉の展開について、『日本書紀《にほんしょき》』は安閑《あんかん》の時代を設置の画期として描いており、六世紀以来王権直属の地である畿内屯田の原理が全国に拡大され、各地の国造の支配領域内に倭王権の支配の原理が持ち込まれていくのがこの時期であった。

しかし、部民制が重層的な構造をとった縦割的な人民支配方式であり、屯倉制も倭王権の支配領域で拠点的な支配にとどまっていたことは、隋唐《ずいとう》帝国の成立とそれによって引き起こされた朝鮮半島の激動のなかで、倭国の政治体制の基礎となる支配構造としては矛盾をかかえたものとなっていた。

隋唐の成立と朝鮮半島の情勢

中国では五八九年、隋が陳《ちん》を滅ぼして中国を統一した。これを受けた百済は五八九年、高句麗《こうくり》は五九一年に、新羅は五九四年にそれぞれ朝貢し、六〇四年煬帝《ようだい》が即位すると、隋は積極的な対外政策をとり、隋を中心とする東アジアの新しい国際秩序が形成された。

五九八年、高句麗が遼《りょう》西地域に侵攻したことから隋との関係が悪化し、六一一年煬帝は高句麗遠征を発令し、六一四年まで高句麗征討が繰り返された。百済と新羅との加耶地域の領有をめぐる争いに乗じた倭国は新羅から「任那調」を貢上させることをめざし、五九一〜五九五年、六〇二〜六〇三年の二度にわたり筑紫《つくし》に出陣し、新羅を威嚇する。倭国は半島の争乱・対立を利用して、朝鮮諸国に対して「大国」の地位を築こうとした。

高句麗との戦闘の影響もあり国内が不安定となった隋では、六一八年煬帝が殺害され、李淵《りえん》が唐の皇帝として即位した。李淵（高祖《こうそ》）のあと、六二八年、二代皇帝太宗《たいそう》が中国を再統一し強大な帝国を建設すると、政治的・軍事的緊張は一挙に高まった。

このような戦争の世紀に、朝鮮諸国はそれぞれの国内矛盾を解決し、国際的緊張に対処するため、それぞれ独自の仕方で権力の集中をはかる。百済では、六四一年に義慈《ぎじ》王が即位すると、王の弟など一族と有力者を追放し、国王への権力集中がはかられる。高句麗では、六四二年泉蓋蘇文《せんがいそぶん》が栄留《えいりゅう》王を殺害し、その弟の子である宝蔵《ほうぞう》王を即位させ、自らが莫離支《ばくりし》として実権を握った。その権力は軍事的独裁的権力であった。新羅では、王族(金春秋《きんしゅんじゅう》)への権力集中と女帝の擁立、国家の大事を貴族の評議によって決定する「和白《わはく》」という合議制が重要な役割をはたす形態をとっていた。新羅のこの形態は、倭国における同時期の女帝斉明《さいめい》と太子中大兄《なかのおおえ》との関係に類似していることも指摘されている。

唐の対朝鮮半島政策とかかわりながら、国の存亡をかけて朝鮮三国が戦争の時代に突入しようとしていたが、国制の改革は国際的動乱のなかで生き延びるための模索であった。このような朝鮮三国における権力集中の動向のなかで、のちの乙巳《いっし》の変も起こるのである。

推古女帝の登場

欽明の没後敏達《びだつ》が即位した。敏達は『日本書紀』によると「仏法を信ぜず」とあり、大連物部守屋《おおむらじもののべのもりや》の進言により大臣蘇我馬子《おおおみそがのうまこ》の仏殿を破却するなどの廃仏を実施したが、つぎに即位した用明《ようめい》は「仏法を信じ、神道を尊ぶ」と評されているように、崇仏の可否と絡んで王族や氏族間の争いが激化し、なかでも蘇我氏と物部氏の対立が深まった。

馬子は五八七(用明二)年、崇峻《すしゅん》・彦人大兄《ひこひとのおおえ》・厩戸《うまやと》などの諸王子や反物部の有力氏族とともに守屋を滅ぼした。この事件の結果、崇峻が即位し蘇我氏の権力が確立する。しかし、崇峻は馬子との関係が悪化し、五九二(崇峻五)年、馬子は東漢駒《やまとのあやのこま》に崇峻を殺害させる。

崇峻死後、推古《すいこ》が即位するが、敏達・用明・崇峻たちのつぎの世代の彦人大兄・竹田《たけだ》(ともに敏達の子）・厩戸（用明の子）など王位継承候補者が複数あり、王位継承の紛争を避けることや前大后《たいこう》という地位にもあったことが、女帝即位の背景にあった。

厩戸は、五九三（推古元）年「皇太子」に立てられ「万機《ばんき》を総摂《そうせつ》す」とされた。ただ、推古期の当初からの治績はみられず、六〇一（推古九）年斑鳩宮《いかるがのみや》造営を開始し、六〇五（推古十三）年同宮に遷《うつ》り、法《ほう》隆寺《りゅうじ》の前身斑鳩寺を建立するなど、斑鳩地域で勢力を確保したころが「万機総摂」の開始ではないかと考えられている。推古期の「政治改革」が六〇三（推古十一）年の冠位十二階《かんいじゅうにかい》の制定、六〇四（推古十二）年の憲法十七条の制定、六二〇（推古二十八）年の「天皇記・国記」などの編纂など、斑鳩宮造営以後のこととして記されていることがそれを示している。また、その地位はのちの律令《りつりょう》制下の皇太子とは異なって、有力王族として政務に参画したものであったが、六〇七（推古十五）年、壬生部《みぶべ》が設置されているので、王位継承者としての地位は確立していたとみられる。推古期の政治は、太子とされた厩戸と馬子の共同輔政（『上宮聖徳法王帝説《じょうぐうしょうとくほうおうていせつ》』）によって進められた。

『日本書紀』には馬子が葛城県《かずらきのあがた》を自己の封県としようとしたこと、蝦夷《えみし》が祖廟を葛城の高宮に立てて八佾舞《やつらのまい》を催したこと、国中の民を動員して今来《いまき》の地に蝦夷・入鹿《いるか》のための双墓を造営し、天子の墓になぞらえて大陵・小陵と称したことなどが記されている。蘇我氏の行為は「専横」として、のちの「大化改新《たいかのかいしん》」を導き出す物語として『日本書紀』には語られている。しかし厩戸と馬子が主導する推古期の政治においては、政策をめぐる両者の対立を示す史料はみられず、この時期以後の権力集中の

六・七世紀の大王家略系図

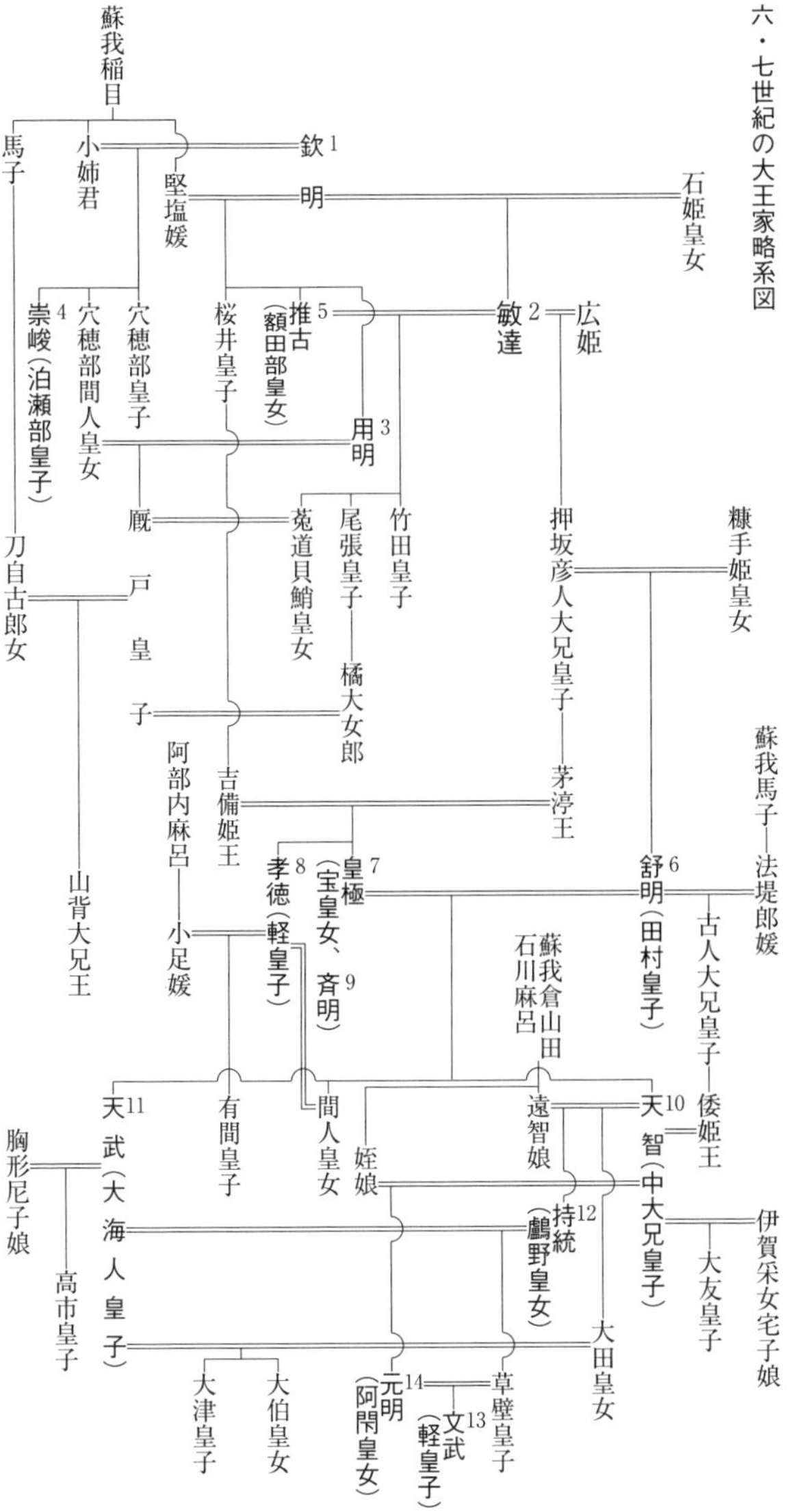

太字は大王、数字は継承の順を示す。皇子・皇女の表記は便宜統一して表記した。

あり方をめぐる王権と貴族の構想のなかで、王権に対する侵犯と意識されたものであろう。

憲法十七条と推古期の国制

六〇三(推古十一)年には冠位十二階が施行される。冠位は個人に与えられ昇叙も可能であり、才用に応じた人材登用と官僚機構の構築をめざしたものとされる。ただ後世の三位《さんみ》以上に相当する冠位を定めておらず、蘇我本宗家は冠位を授与された形跡がなく、地方首長を含めた序列化・官僚化には不十分なものであった。六〇四(推古十二)年に制定されたとされる憲法十七条は、国司《こくし》の地方行政や君・臣・民の三階級に基づく中央集権的国家機構の理念が、推古期の国家制度と合致しないとする説もあるが、官吏として執務にあたる場合の倫理規範が掲げられており、朝廷の職務分担を官司として整備しようという方向を示したものといえよう。

宮廷の組織化とならび、遣隋使《けんずいし》の派遣を契機として、朝廷儀礼・外交・服制などの礼式の整備も進んだ。六二〇(推古二十八)年、「天皇記及び国記、臣連伴造国造百八十部幷《あわせ》て公民等本記」を録した(『日本書紀』)ことも、大王と大王につながる奉仕者たちを編成する志向を示し、王民観念の確立と王権の超越化をめざすものであった。

六〇〇(推古八)年の第一次遣隋使派遣は、加耶地域の領有権を主張して、新羅・百済から朝貢を受ける国として隋に承認させるという、これまでの百済・高句麗との同盟による地位の確保策から、隋を介したものに転換する積極的な外交方針を採用し、隋の世界帝国秩序に倭国を位置づけるものであった。六〇七(推古十五)年にも小野妹子《おののいもこ》を大使とする遣隋使が派遣される。「日出づる処の天子、書を日没する処の天子に致す、恙《つつが》なきや」とする国書を呈し皇帝煬帝の不興を買ったが、高句麗と倭国の通交を警戒した隋は、翌年答礼使として裴世清《はいせいせい》を派遣し隋の秩序にとどめる政策をとった。六一一(推古十九)年、新羅の使が来朝した。倭国が隋を中心とする国際秩序に加わったことで、新羅も倭国との提携を視野に入れたのであろう。新羅の来朝に対処する百済の使の来貢、高句麗の使の来朝も続いた。

六二八(推古三十六)年、推古女帝が死去すると、王位継承をめぐる群臣の意見は分裂した。六年前に死去した厩戸の世代の王子は生存せず、蘇我蝦夷は田村王子、叔父の境部臣摩理勢《さかいべのおみまりせ》は厩戸の遺児山《やま》背大兄《しろのおおえ》を推し群臣の意見が二分されたが、蝦夷による摩理勢殺害によって田村(舒明《じょめい》)というつぎの世代に大王位が継承されることになった。舒明は六四一(舒明十三)年に死去し、舒明の大后宝《たから》王女が皇極《こうぎょく》として即位する。王位継承争いを回避するため、推古のときと同様に女帝が即位したのである。

六四三(皇極二)年、蝦夷の子入鹿は、巨勢臣徳太《こせのおみとこだ》らに命じて山背大兄を襲わせ上宮王家を滅ぼすという行動に出た。この上宮王家滅亡事件には、軽《かる》王子(のちの孝徳《こうとく》)・大伴連馬養《おおとものむらじうまかい》・中臣塩屋連枚《なかとみのしおやのむらじひら》夫《ふ》らも参加したとされ、蘇我本宗家と非蘇我勢力の共通利害によって上宮王家滅亡事件があったといえる。強大な唐帝国の出現によって緊張した国際情勢に、それぞれの国がどのように対処するのかという課題をかかえたことによって、女帝のもとに王位継承者が鼎立する不安定な状態を解消して、入鹿が権力集中をはかったのである。

2　「大化改新」から壬申の乱へ

乙巳の変と改新期の政治改革

朝鮮三国における権力集中の類型はさまざまであったが、唐《とう》を中心として展開する東アジアの国際情勢のなかで、倭国《わこく》の支配階級も権力集中の方向を模索する。上宮《じょうぐう》王家の滅亡によって、王位継承候補者の鼎立状態は一時的には解消されたが、倭国がかかえる政治体制とその社会基盤の矛盾を解決し、緊迫する国際関係に対処しうる国家体制を築くための第二の政変が乙巳《いっし》の変であった。

蘇我《そが》本宗家に権力を集中して王権を支えようとする蝦夷《えみし》・入鹿《いるか》とは異なる方式を選択した中大兄《なかのおおえ》らによって、六四五(大化元)年六月、「三韓進調の日」と偽った儀式の場で入鹿は殺害された。中大兄のもとに諸王族・有力豪族が結集し、支持を失った蝦夷も翌日、抵抗することなく自尽した。皇《こう》極《ぎょく》は譲位し軽《かる》王子(孝徳《こうとく》)が即位し、左大臣《さだいじん》には阿倍内麻呂《あべのうちまろ》、右《う》大臣には蘇我倉山田石川麻呂《そがのくらやまだのいしかわまろ》、内臣《うちつおみ》には中臣鎌足《なかとみのかまたり》、僧旻《みん》と高向玄理《たかむこのげんり》が国博士《くにのはかせ》に登用された。改新期の王権がめざしたものは、権力核の周囲に支配階級総体を結集させた官僚制国家機構の創出の課題であり、その社会的基盤となる人民掌握方式の転換であった。

八月には、「東国国司《とうごくこくし》」などが東方八道と倭(大和《やまと》)国六県に派遣された。九月にも諸国に使者が派遣されるなど、矢継ぎ早に政策が打ち出されている。このうち、東国への使者派遣は、(1)造籍《ぞうせき》と校田《こうでん》、(2)在地の実情調査と報告、(3)兵庫の造営と武器の収公、(4)国造《くにのみやつこ》をともなって帰還することが目的とされた。造籍とされるものの内容は、在地における支配関係の調査を通じて「使者を諸国に遣して、民の元数を録す」(『日本書紀《にほんしょき》』大化元年九月甲申条)とされる人口調査であろう。

六四六(大化二)年正月に発せられた改新の詔《みことのり》は、第一条で旧来の子代之民《こしろのたみ》・屯倉《みやけ》と部曲之民《かきべ》・田《た》荘《どころ》の廃止と食封《じきふ》の給付、第二条で京畿内をはじめとする地方行政の諸制度の整備、第三条で戸籍・計帳・班田収授《はんでんしゅうじゅ》の法をつくること、第四条で旧来の賦役を廃止し「田之調《たのちょう》」を実施するという内容であった。

改新の詔については、のちの大宝令《たいほうりょう》の条文と類似するものが多く、第二条の地方行政制度のうち、郡・郡司に関する表記は藤原宮《ふじわらきゅう》出土木簡《もっかん》からも大宝令を画期とすることが明らかとなった。いわゆる「公地公民制」の出発点とされる第一条についても、六四六年八月癸酉詔に先立って出された詔文とみるのは疑問が残る。この年三月、孝徳の諮問に対し中大兄自らが所有する皇祖大兄御名入部《こうそおおえのみないるべ》・屯倉を献上したことを受けて、「今の御寓天皇《あめのしたしらすすめらみこと》より始めて、臣《おみ》・連《むらじ》等に及《いた》るまでに、所有《たもて》る品部《しなべ》は、悉《ことごと》く皆罷《や》めて、国家の民とすべし」とする詔によって品部廃止が宣言され部民《べみん》制の廃止が進められたからである。改新の詔は、第四条の「田之調」「戸別之調《こべつのちょう》」、仕丁差発《しちょうさはつ》規定など、孝徳期にしか存在しえない施策以外を厳密にそぎ落として、詔の内容を確定していかねばならない。

これまでの冠位十二階《かんいじゅうにかい》から、六四七(大化三)年には十三階冠位、六四九(大化五)年には十九階の冠位制に改められた。授与の対象を上下に拡大し、冠位の秩序外にあった大臣も組み込むとともに、広汎な官人《かんじん》を編成組織化することを意図したものであった。

改新期の当初におかれた内臣や国博士は、鎌足や僧旻・玄理以後継承されていないことから属人的な側面が強い臨時的な官職であったが、その後の中央官司には「将作大匠《しょうさくだいしょう》」「刑部尚書《ぎょうぶしょうしょ》」「衛部《えぶ》」「祠官《しかん》頭」などの新しい官名が知られ、有力氏族に引き続き国政諸部門を分掌させながらも一定の整備が加えられたとみられる。

六四五(大化元)年十二月に都を遷《うつ》すとされた難波長柄豊碕宮《なにわながらとよさきのみや》は、大阪市の上町台地で奈良時代の難波宮《なにわのみや》にさかのぼる遺構が発掘され、孝徳期の難波長柄豊碕宮にあたることが定説となった。孝徳期の難波宮は、それまでの飛鳥《あすか》の諸宮とは隔絶した規模をもち、政務運営の中枢建物である朝堂院《ちょうどういん》と中央の朝庭を囲む一四堂の朝堂、その周囲の官衙《かんが》区画からなる宮として造営された。

孝徳期は、地方支配の面でも大きな変化があった。「難波朝庭天下に評を立て給ひし時」と後世称される「己酉年」(六四九年)に全国的に評《ひょう》制が施行された。評は国造の支配領域(クニ)を分割・統合することによって設置され、評督《ひょうとく》・助督《じょとく》の二等官からなる評の官人には国造やその一族に加えて、国造に匹敵する勢力を有する首長層も任じられた。評の設定によって、旧来の伴 造《とものみやつこ》による縦割りの支配にかわり、一元的に評のもとに人民把握が可能となる条件が整えられた。しかし、在地での複雑な所有関係をこえて、領域的編戸《へんこ》を実施することは困難であり、その解決は天智《てんち》・天武《てんむ》期の課題として残された。

改新後の性急な改革を進める孝徳と中大兄皇子とのあいだに対立が生じ、中大兄と皇極前大后《たいこう》・大后間人皇女《はしひとのひめみこ》らは飛鳥に戻るという事態が発生する。対立原因は不明であるが、難波に残った孝徳は六五四(白雉五)年死去し、皇極が重祚《ちょうそ》して斉明《さいめい》として即位する。

白村江の敗戦と国内政治の改革

六五五年、唐の高句麗《こうくり》征討が再開され、六六八年に高句麗が滅亡するまで両国の戦闘は続いた。これに乗じた百済《くだら》による六五九年の新羅《しらぎ》攻撃に対して、新羅の救援要請を受けた唐は百済の攻撃を決定した。

六六〇年、唐は一三万人の大軍を率いて、義慈《ぎじ》王を降伏させた。百済の遺将鬼室福信《きしつふくしん》は、百済救援と倭に滞在した義慈王の子豊璋《ほうしょう》の帰還を要請し、倭国は百済救援を決定する。六六三(天智二)年、倭・百済軍は唐・新羅軍と白村江《はくそんこう》で戦闘をおこない壊滅的な打撃を受ける。倭国軍は、在地首長が独

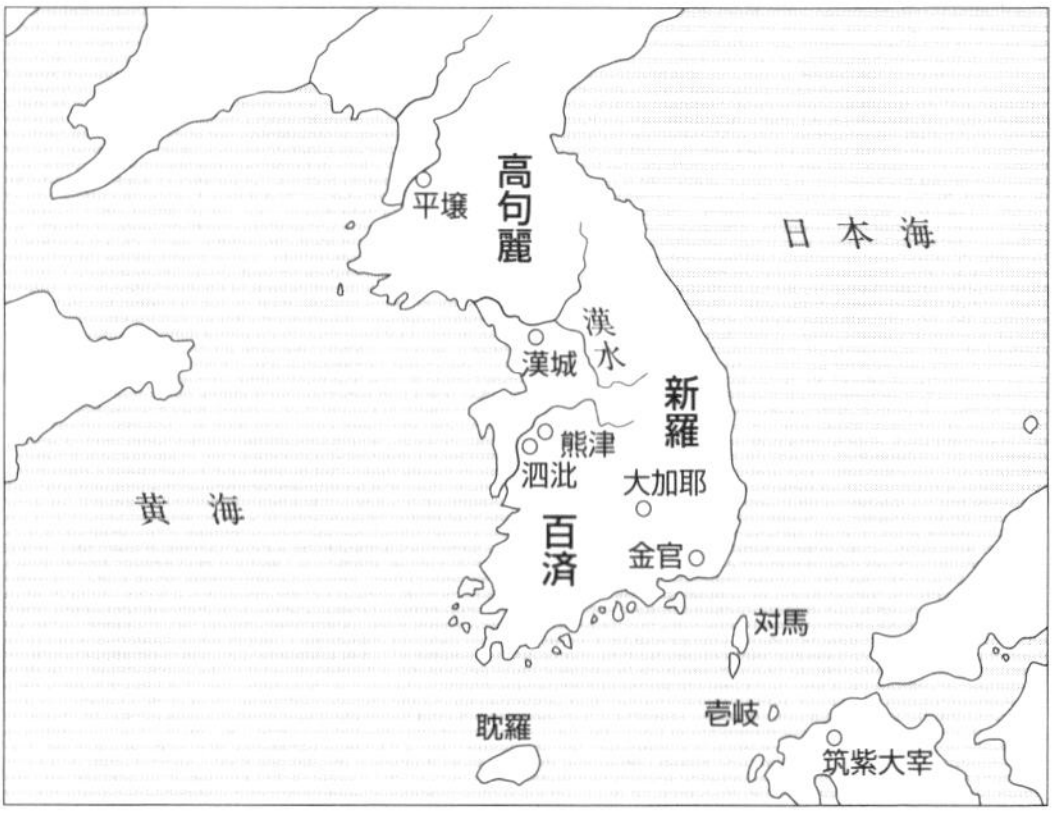

7世紀の朝鮮半島と倭

自に編成した国造軍を中央の将軍が指揮するかたちをとり、中央氏族もそれぞれ独自の兵力を編成するという軍事編成の未熟さのゆえに統一された指揮系統がなく、敗戦を契機に中央集権的な国家とそのうえに成り立つ軍制を構築することが課題とされた。また、唐・新羅軍の侵攻に備えるため、筑紫《つくし》に防人《さきもり》を配置し、対馬《つしま》・壱岐《いき》・筑紫に烽《ほう》を設置し、大宰府《だざいふ》の北に大野城《おおのじょう》、南に基肄《きい》城や、高安《たかやす》城・屋島《やしま》城・金田《かねた》城などの百済の築城技術を用いた朝鮮式山城を築城するなど、防衛体制の整備を進めた。

六六八年、泉蓋蘇文《せんがいそぶん》死去後の高句麗は内部分裂によって、唐・新羅に滅ぼされる。六七〇年、高句麗の遺将が唐に対して反乱を起こすと、新羅は唐の軍隊の駆逐をはかり大軍を派遣してこれを支援し、旧百済領を唐から奪取した。六七一(天智十)年、唐の使人郭務悰《かくむそう》らが筑紫に来航したが、白村江の戦いでの倭人捕虜を届ける代償として唐軍支援を要請してきた可能性が強いとされる。しかし倭国は不介入の立場をとり、朝鮮半島は六七六年最終的に新羅によって統一される。

六六七(天智六)年、中大兄は近江大津宮《おうみのおおつのみや》(滋賀県大津市錦織地区)に遷都する。白村江の敗戦による宮都防衛説などさまざまな遷都理由が想定されており、その意図の詳細は不明であるが、新しい中央集権的国家形成を進めることをめざしたものであったことは確かであろう。

白村江の敗戦後、六六四(天智三)年、中大兄は「甲子の宣《かっしのせん》」と呼ばれる新しい政策を打ち出した。この「甲子の宣」には、二十六階の冠位、大氏・小氏・伴造の氏上《うじのかみ》の確定とならんで「亦其の民部《かきべ》・家部《やかべ》を定む」(『日本書紀』)とされている。六四六(大化二)年の品部廃止によって国家民とされたが実態的には豪族が支配管理していた民部と、豪族の私民としての家部に分離し、前者を国家的に統制するものであった。新しい冠位制度は、下位の冠位数をふやし中小氏族をきめ細かく把握することを目的としており、氏上制は、氏の認定によって中央氏族の官人化を進めることを意図したものとみられる。

六七〇(天智九)年二月には、「戸籍を造る。盗賊と浮浪を断《や》む」ことを目的に庚午年籍《こうごねんじゃく》が作成された。庚午年籍では、全国的規模で人民一人一人が帳簿上に把握され、それに応じた姓《かばね》が付与され、氏姓の根本台帳として後世も機能をはたした。

白村江の敗戦後の諸改革は、孝徳期以来の国家体制の枠組みのなかで中央氏族の統制を緻密化し、大王による人民の直接的掌握の実現をめざした方策といえる。

壬申の乱の歴史的位置

六七一(天智十)年、天智は、太政大臣《だいじょうだいじん》に大友《おおとも》王子、左大臣に蘇我赤兄《そがのあかえ》、右大臣に中臣金《なかとみのかね》、御史大《ぎょしたい》夫《ふ》(大納言《だいなごん》に相当)に蘇我果安《はたやす》・巨勢人《こせのひと》・紀大人《きのうし》を任命した。旧来の有力中央氏族の登用によって、大友を中心とする政治体制を構築しようとしたことを示している。有力な後継者候補であった天智の同母弟大海人《おおあま》は吉野に引きこもっていたが、天智の死をきっかけに、翌六七二(天武元)年、東国の軍を徴発して挙兵するため吉野を脱出して不破《ふわ》道の封鎖に成功し、近江朝廷側の東国兵力動員を阻止することに成功する。西国でも筑紫大宰栗隈《くりくま》王は、筑紫の軍は辺賊の難を戍《まも》るもので内賊のためのものではないとの口実で近江朝廷側の兵力動員に応じなかった。飛鳥地域での大伴《おおとも》氏の蜂起、美濃《みの》からの大海人軍の進軍によって、近江瀬田《せた》で近江朝廷側は最終的に敗北し、七月、大友の自害によって戦闘は終結する。

壬申《じんしん》の乱に勝利した大海人は、六七三(天武二)年二月、飛鳥浄御原宮《あすかのきよみはらのみや》で即位した。有力大氏族の支配の後退によって、大海人は伝統的な貴族の合議体制から解放され、専制的な権力を掌握し、大王を中心とした中央集権化政策を推し進めていった。

六七三年、天皇に奉仕する大舎人《おおとねり》にまず任じてのち各官司に配属させるという官人制度を整え、六七六(天武五)年には、畿外の氏族、才能ある庶人の仕官を許可し、権力の基盤の裾野を広げることをめざした。六七八(天武七)年には文武官人の勤務成績による位階昇進の基準が示された。氏族単位に

603年（推古11）	647年（大化３）	649年（大化５）	664年（天智３）	685年（天武14）	701年（大宝元）
	大　織	大　織	大　織	明・浄　正　大広壱	一品　正一位
	小　織	小　織	小　織	明・浄　正　大広弐	一品　従一位
	大　繍	大　繍	大　縫	明・浄　正　大広参	二品　正二位
	小　繍	小　繍	小　縫	明・浄　正　大広肆	二品　従二位
	大　紫	大　紫	大　紫		三品　正三位
	小　紫	小　紫	小　紫		三品　従三位
大　徳	大　錦	大花　上・下	大錦　上・中・下	明・浄　直　大広壱	四品　正四位上・下
小　徳				明・浄　直　大広弐	従四位上・下
大　仁	小　錦	小花　上・下	小錦　上・中・下	明・浄　直　大広参	正五位上・下
小　仁				明・浄　直　大広肆	従五位上・下
大　礼	大　青	大山　上・下	大山　上・中・下	勤　大広壱・大広弐	正六位上・下
小　礼				勤　大広参・大広肆	従六位上・下
大　信	小　青	小山　上・下	小山　上・中・下	務　大広壱・大広弐	正七位上・下
小　信				務　大広参・大広肆	従七位上・下
大　義	大　黒	大乙　上・下	大乙　上・中・下	追　大広壱	正八位上
小　義				追　大広弐	正八位下
大　智	小　黒	小乙　上・下	小乙　上・中・下	追　大広参	従八位上
小　智				追　大広肆	従八位下
	建武（初位 立身）	立　身	大　建	進　大広壱・大広弐	大初位上・下
			小　建	進　大広参・大広肆	少初位上・下

冠位の変遷

伝統的な職務をもって朝廷に仕えるという制度から、天皇を中心とした官僚制度のもとに官人を編成しようとするものである。

六七五(天武四)年、「甲子の宣」で認められた部曲(民部)を廃止する詔が出された。国家による全面的な人民支配の体制を確立することを意図したものである。翌年四月には西国の「封戸《ふこ》」の東国への切換え、八月には親王《しんのう》以下へのあらたな封戸の賜与をおこない、国家的給与としての食封制への移行が進められた。六八三(天武十二)年には、使者を派遣して諸国の境界を画定させ、領域によって区分される令《りょう》制国が成立した。中央の個々の氏族による人民の領有や国造による支配領域を再編成して、一元的な地方編成をおこなうことをめざしたものであった。

六八四(天武十三)年の「凡そ政の要は軍の事なり」とする詔によって親王以下中央官人の武装化・戦闘訓練が奨励され、軍事訓練を通じた官人の序列化として機能した。また地方の国々を、東海道《とうかいどう》・東山道《とうさん》などの七道に編成したが、これも軍制改革の一環であった。

氏上の定まっていない氏に対し氏上を定めて申告するように命じ、氏の制度化を進めた。六八四年制定された「八色の姓《やくさ》」は、カバネを賜与することによって王族の範囲を限定し、中央の有力氏族や中央官人化した地方首長、渡来系氏族の族姓の秩序確立をめざした政策であった。翌年には、毎年の考に対応するため、諸王以上十二階、諸臣四十八階とする新しい冠位制が施行された。天武の子草壁《くさかべ》以下にも冠位が授与された。これは、すべての王族と臣下を包摂し天皇のもとに王族と臣下が一元的に掌握される体制をつくりあげたものであった。位階の秩序を超越するのは天皇と皇后だけとなった。

都城の造営と浄御原令の制定

壬申の乱の勝利後、天武は飛鳥浄御原宮《あすかのきよみはらのみや》を造営した。浄御原宮の所在地は、飛鳥宮跡と称される歴代大王が造営した宮の地である。飛鳥宮跡の遺構は、これまでの発掘調査でⅠ期（七世紀前半にさかのぼる）、Ⅱ期（七世紀中頃）、Ⅲ—A期（七世紀後半）、Ⅲ—B期（七世紀後半から末）に区分され、それぞれ舒明の飛鳥岡本宮《あすかのおかもとのみや》、皇極の飛鳥板蓋宮《あすかのいたぶきのみや》、斉明の後飛鳥岡本宮《のちのあすかのおかもとのみや》、浄御原宮に比定されている。Ⅲ—B期の遺構は、南北二つの区画からなる内郭とならんで、その南東に東南郭という西門を備えた区画内部に大型掘立柱《ほったてばしら》建物が配置された区画が造営されたことが、それまでと異なる大きな変化である。『日本書紀』の天武期の記事には大極殿《だいごくでん》と表記される記事が残り、国家的大事に関わる詔を発する場、饗宴を執行する場として記されている。しかし、この時期の『日本書紀』にみえる「殿」の検討や、発掘調査から得られた宮の空間構成の検討からは、南北二つの区画からなる内郭区画の個々の殿舎については諸説があるものの、藤原宮《ふじわらきゅう》以後の大極殿に相当する施設そのものの存在は想定困難であろう。ただ、東南郭はその構造からのちの藤原宮朝堂《ちょうどう》東第一堂に先行する朝堂機能をもった遺構であるとの指摘もあり、新しい「まつりごと」の様式が始まっていることは確かであろう。浄御原宮造営以後、天武はさらに新しい京の建設に着手する。六八二（天武十一）年、「新城」の地形観察と行《ぎょう》幸《こう》をへて藤原京《ふじわらきょう》の造営が開始される。六八三(天武十二)年にはあらたな銅銭の使用、銀銭の使用禁止と銀地金の使用を許可する貨幣政策が示されるが、この銅銭は飛鳥池《あすかいけ》遺跡から出土した富本銭《ふほんせん》をさす。宮都造営の労役に対する支払手段であったのではないかとの想定もされており、藤原京の造営時期を間接的にも示している。六九四(持統八)年、持統《じとう》による藤原京への遷都をもって、天武が始めた都城造営が完結する。

藤原京は、宮が京の中央に位置する『周礼《しゅらい》』の面朝後市《めんちょうこうし》型といわれる都城の理想型を模したものであったとされる。その規模についても、南北十二条・東西八坊の規模をもつ平城京の三分の一程度の大きさと考えられてきたが、想定域外から条坊《じょうぼう》道路が検出され、京の範囲がさらに広がっていたのではないかと考えられるようになってきた。京域に条坊制を採用し、内裏《だいり》—大極殿—朝堂院の中枢建物と諸官司が配置された宮域をもち、京内に宅地を班給して王族や貴族の京内集住をはかった藤原京は、前代までの大王の代替りごとに遷る飛鳥の宮とは隔絶した性格をもつことになった。

天武は六八六(朱鳥元)年に死去する。殯宮《もがりのみや》儀礼は六八八(持統二)年檜隈大内陵《ひのくまおおうちのみささぎ》に葬送するまで続くが、この政治的不安定な時期に大津皇子《おおつのみこ》の謀反事件が発覚する。大津と加担者三〇人余りが逮捕されるが、処罰された者は大津を除くと新羅僧行心《こうじん》と帳内《ちょうない》礪杵道作《ときのみちつくり》のみで、皇后鸕野《うの》と草壁との陰謀によるともみられる。

六八九(持統三)年、即位を期待していた草壁が二十八歳の若さで没してしまう。草壁の子軽《かる》(のちの文武《もんむ》は七歳であり、その成長を期して六九〇(持統四)年に鸕野は自ら即位する。持統は、即位儀式の前年六八九年、「令一部二十二巻」を諸司に頒布した。飛鳥浄御原令である。位記《いき》をはじめて用いて文書による身分表記をおこない、六九〇年には「考仕令《こうしりょう》」によって毎年の考選から六年の選限をもつ大宝令的な考選制に切り替え、官人の序列、朝廷における礼式を整備し、官僚制の整備を進めた。

「戸令《こりょう》」に基づいて、前年から全国的に作成されていた戸籍(庚寅年籍《こういんねんじゃく》)が六九〇年に完成し、六年一造の制度が始められた。藤原宮出土の癸未年(六八三〈天武十二〉年)の木簡に美濃国「阿漏里」の表記があることから、それまでの「国—評—五十戸」表記とは異なる「里《り》」制の実施は六八三年まではさかのぼる。この「国—評—里」制は、領域によって区分された国を評に細分し、さらにその下に里をおくという編成原理をとったもので、国境を領域的に確定した編成原理と連動するものであろう。令制国の成立のもと、全国的に実施された五十戸一里制に基づいて、庚寅年籍によって「国—評—里

三野大野評阿漏里
癸未年十一月□漏人□□白米五斗
〔阿カ〕

(一六九)×二四×三

藤原宮出土木簡　大極殿院地区南北大溝から出土した紀年銘のある木簡。白米貢進の荷札。左右両辺削り，上端折れ。

―戸」として人民が把握されたのである。

律令に基づく新しい国家体制の確立過程のなかで、天皇号・国号「日本」も姿をあらわす。天皇号の成立については、推古期のものとされた史料や、「野中寺弥勒菩薩造像記《やちゅうじみろくぼさつぞうぞうき》」「船首王後墓誌《ふねのおびとおうごぼし》」など天智期のものと考えられてきた史料の再検討によって、金石文《きんせきぶん》の確実な天皇号使用事例は天武・持統期にくだると考えられるようになった。「皇」の字の使用は、飛鳥京出土の六八一(天武十)年ころの木簡に「大津皇(大津皇子か)」とみえるのが初見であり、六七七(天武六)年の年紀を含む飛鳥池出土木簡のなかに「天皇」の文字を記したものもある。これはなんらかの文章の一部と考えられており、天皇号の使用と直結するものではないが、「天皇」の呼称がこの時代に使用されていたとする考え方を補強する。

国号「日本」の成立もこの時期のことと考えられる。大宝の遣唐使《けんとうし》粟田真人《あわたのまひと》が倭国のことを問われて日本と応じ、倭国から日本国への国号変更が唐によって承認されたことはよく知られているが、『日本書紀』でも倭国の表記は六七四(天武三)年三月以降はみられず、このころから大宝のあいだに転換が進んだといえる。

「日本」の誕生は、君主号・国号にとどまらず、「日本語」においても示される。歌木簡と呼ばれる一字一音の万葉仮名で歌が記された木簡が各地から出土したことは、それらの木簡の年代から七世紀代が「日本語」の新しい表記法の移行時期であったことを示している。

3 律令国家の形成と古代の社会

律令国家の権力機構と政治システム

持統《じとう》天皇は、六九七(文武元)年、十五歳になった孫の軽皇子《かるのみこ》に譲位し、文武《もんむ》天皇が即位する。文武の即位後、飛鳥浄御原令《あすかきよみはらりょう》にかわる新しい律令の編纂事業が進められ、七〇〇(文武四)年三月に「令《りょう》」が、翌七〇一(大宝元)年八月に「律《りつ》」が完成する。大宝律令《たいほうりつりょう》は、飛鳥浄御原令を日本の実情にあわせて改変を加えて編纂されたもので、藤原不比等《ふじわらのふひと》・粟田真人《あわたのまひと》・下毛野古麻呂《しもつけののこまろ》・伊吉博徳《いきのはかとこ》・伊余部馬養《いよべのうまかい》など、海外情勢や法典・学問に詳しい官人《かんじん》や渡来系の官人が実務を担っていた。中国の支配層が、一〇〇〇年にわたる人民支配の経験のなかで生み出した統治技術である律令を手本として、日本の支配層は自らの統治技術を生み出したのである。

隋唐《ずいとう》帝国の成立を受けて、周辺諸国は中央集権的な国家を形成したという点では共通する動向をもっており、律令法典の整備は中国の律令の継受として進む。ただ、日本はその他の周辺諸国と異なって、中国に朝貢はするが冊封《さくほう》は受けていないこともあり、独自の律令編纂をおこなったが、冊封を受けていた新羅《しらぎ》は律令を編纂せず、年号も唐の年号を使用するなど、そのあり方は異なっている。

律令によって律令国家の権力機構と政治システムがかたちづくられた。律令官制・行政組織は、太《だい》政官《じょうかん》と神祇官《じんぎ》という二官と中務省《なかつかさしょう》・式部省《しきぶ》・治部省《じぶ》・民部省《みんぶ》・兵部省《ひょうぶ》・刑部省《ぎょうぶ》・大蔵省《おおくら》・宮内省《くない》の八省、衛府《えふ》、地方行政組織の国・郡などから構成された。

律令によって国家の骨格である官僚制の枠組みが定められたが、この官僚制国家の頂点に立つ政治的首長である天皇は律令法をこえる存在であった。天皇の大権には、⑴官制大権、⑵官吏任命権、⑶軍事大権、⑷臣下に対する刑罰権(勅断)、⑸外交権、⑹王位継承権が存在し、太政官もこの大権に依存した「他律的」な合議体であった。

官司の機構が整備されるとともに、国家機構に編成される官人社会の再編成も進められた。律令官人の出身母体はこれまでの氏《うじ》を中心としたものから、父子の関係を基本とする蔭位《おんい》制が導入されたことにより、氏族のもとの個々の貴族の「イエ」を主体とするものとなった。位階《いかい》を得て、それに対応した官職に就くという官位相当制を基礎に、一定の年限つとめることによりその考課を受け、それに基づく位階昇進と新しい官職への就任というサイクルが確立し、また官職と位階に応じた官人給与システムが整備された。

律令国家が地方支配を進める行政機構を確立するうえで、地方豪族(在地首長)の編成と組織化が不可欠であった。中央から諸国に派遣される国司《こくし》が国の行政を担い、郡司《ぐんじ》には国造《くにのみやつこ》の系譜を引く在地首長が任じられ、在地社会で国家支配の基礎を担っていた。郡は、立郡時における人間集団としての側面が強調されるように、在地首長の支配する人間集団とそれに二次的に付随する領域という特徴を当初はもっていた。国境によって画定された領域的区画を前提とする国と在地首長制を基礎とする郡という性格の異なる二つの行政組織の融合のうえに成り立っていた。律令制の展開とともに、既存の国・郡の再編成もおこなわれ、七一七(養老元)年には、「国─郡─里」制を「国─郡─郷─里」制に改め、律令制の支配を徹底するため、郷戸《ごうこ》のなかに二〜三の房戸《ぼうこ》を設定したが、その後七四〇(天平十二)年ころには「国─郡─郷」制へと転換し、以後この地方行政組織が、十一世紀中葉の郡郷制の再編時期まで存続する。

班田収授《はんでんしゅうじゅ》制の基準となる戸籍、調庸《ちょうよう》や力役を課す基準となる計帳《けいちょう》をはじめ、中央と地方の行政を処理する多様な文書が、紙や木簡《もっかん》に記された。正倉院《しょうそういん》に伝えられた大量の史料群である正倉院文書《もんじょ》や宮都・地方官衙《かんが》から出土する木簡・漆紙《うるしがみ》文書によって知ることができる政治運用のシステムは、中央・地方を問わず文書行政システムが浸透していったことを示している。

新しい都城の整備

七〇八(和銅元)年正月、武蔵《むさし》国から和銅(自然銅)が献上されたのを機に和銅と改元され、翌二月には平城《へいじょう》の地への遷都・造営の詔《みことのり》が出される。平城京《へいじょうきょう》は、国家機構の拡大・整備に対応したもので、木津川《きづがわ》水系の交通の便も考慮されたという。

七一〇(和銅三)年には遷都がおこなわれ、その後も造営事業は続けられてはいるが、ここに平城京

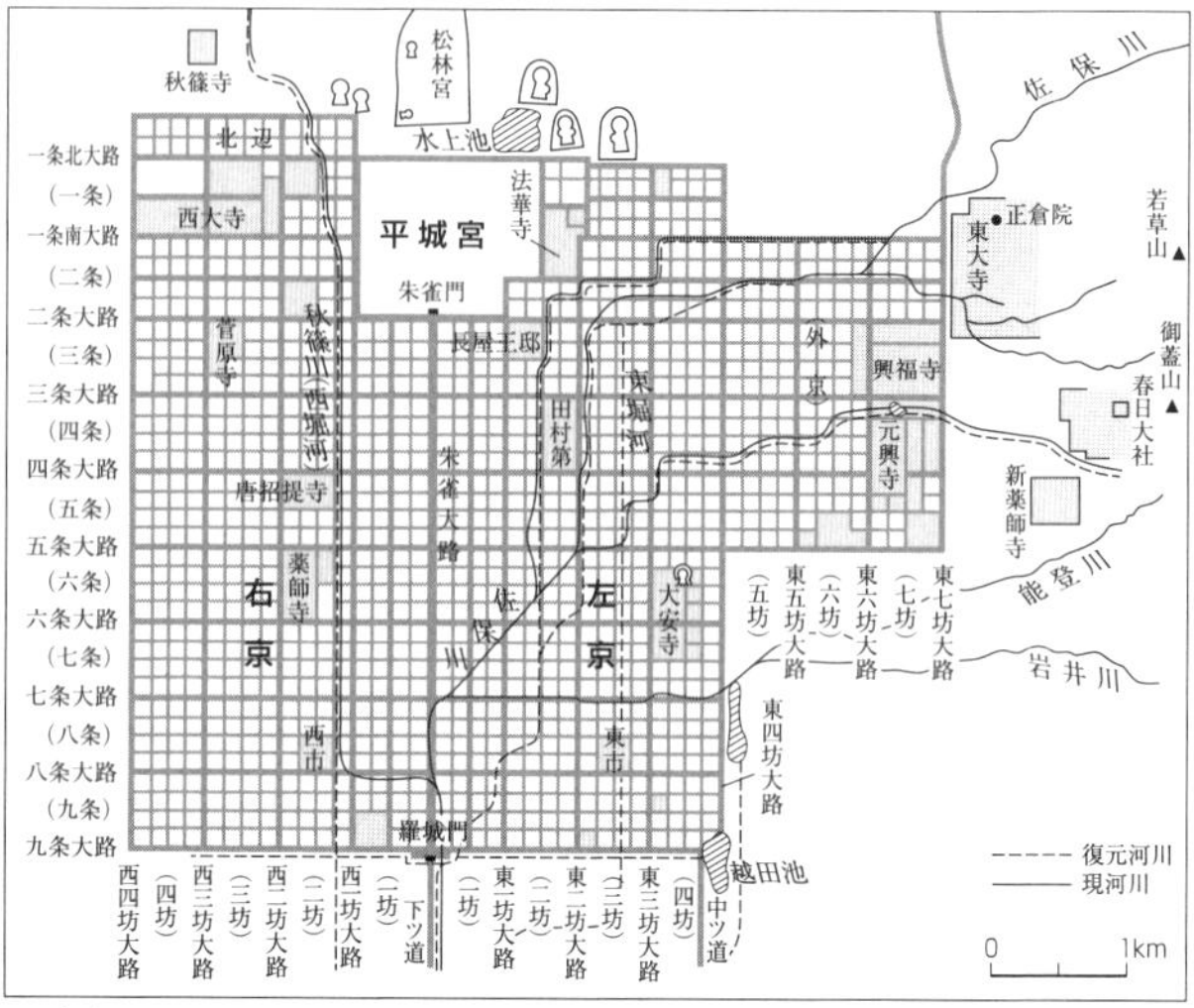

平城京図

が新しい都となった。平城京は、北端中央の平城宮の宮域と朱雀大路《すざくおおじ》をはさむ東西に左京・右京、東に外京《げきょう》が張り出した京域からなる。条《じょう》坊《ぼう》によって区画された京内には、宅地班給《たくちはんきゅう》を受けた皇族・貴族たちが集住し、礎石建ち・瓦葺きの建築の大極殿《だいごくでん》・朝堂院《ちょうどういん》などの宮殿建物が立ちならんだ。また京内には、藤原京《ふじわらきょう》から移った元興寺《がんごうじ》・大安寺《だいあんじ》・薬師寺《やくしじ》・興福寺《こうふくじ》が建立された。朱雀大路は広さ七四メートルにもおよぶ壮大な道路で、外国使節の迎接に際して儀礼空間の役割もはたした。

　平城京に居住する者は一〇万人ともいわれ、宮域に近い五条以北の地には、上級貴族たちの大規模な邸宅が立ちならび、南部の八条・九条には下級官人の小規模な宅が分布していた。左京三条二坊に所在した長屋王邸《ながやおうてい》の発掘によって、貴族の大規模な邸宅の様子が明らかになった。一・二・七・八坪の四つの坪を占めていた邸内は、いくつかの区画に区切られ、公的空間・生活空間・家政機関の空間から成り立っていた。これに対して下級官人の住居は、一坪の一六分の一、三二分の一、あるいは六四分の一の区画のなかに二〜三棟の小規模の掘立柱《ほったてばしら》建物と井戸がセットになったものであったらしい。

京の中心を占める平城宮は、天皇の生活空間である内裏《だいり》や、政務・儀式・饗宴の場である中央区・東区の二つの大極殿・朝堂院が位置する。大極殿・朝堂院のうち、中央区は饗宴・儀式の場であったと考えられ、東区は政務・儀式の場であったと考えられている。奈良時代後期の式部省・兵部省、内裏東側に位置する宮内省の発掘によって、官司の政庁の建物は、東西棟の正殿《せいでん》とその南の庭を囲むように東西に配置された南北棟の脇殿《わきでん》からなる「コ」の字型配列をとっていることが明らかになっている。

条坊によって区画された京域のなかに、内裏・大極殿・諸官司の殿舎、寺院が立ちならぶ様相は、律令国家の宮都としての荘厳性をかもしだしていたであろう。

国府・郡家と地方の社会

国司が国内を統治する政治的拠点である国府《こくふ》は、「方八町」「方六町」の広さをもつ宮都を模倣した条坊制がしかれていたと推定されたこともあるが、発掘調査の結果からは条坊制は施行されていなか

下野国庁(模型)　約90メートル四方の政庁域をもち，8世紀前半から10世紀まで4期の変遷をへている。南門の北に前殿，その北に正殿，正殿・前殿の東西には細長い脇殿が「コ」の字型配列をとる。栃木市に所在。

ったと考えられるようになった。近辺には国分寺《こくぶんじ》・国分尼寺《こくぶんにじ》も配置され、国内の交易圏の中心でもあった。

　国府は国庁《こくちょう》、曹司《ぞうし》・厨《くりや》・国司館・正倉院・駅家《えきか》などの諸施設によって構成される。国庁は、一定の規模の方形区画内に、東西棟の正殿を中心にその南の広場をはさんで、東・西に南北棟の東脇殿・西脇殿が配置され、南門をもつ区画施設がそれを囲む構造をもっていた。国庁は、元日に国司が国衙《こくが》の官人や郡司の朝賀を受ける元日朝拝などの儀礼の場として機能していたが、下野《しもつけ》国府跡から大量に出土した文書行政の過程で作成され用済みとなった削屑《けずりくず》木簡によって、国庁が儀礼の場であると同時に日常の政務・文書行政の場でもあったことも明らかになった。

　郡における在地首長の支配のための政治的拠点である郡家《ぐうけ》の中心施設は、国府と同様に東西棟の正殿とその南の庭をはさんで南北棟の東・西脇殿が配置され、南門をもつ区画施設に囲まれた構造をとっていた郡庁である。発掘された郡家跡には、郡庁・官舎・正倉院・郡司館・厨などが集合して郡家が構成されているもの、正倉院以外の郡家の諸施設が複合したものもあり、郡家関連の正倉の倉庫群も発掘され、その構成は国府と比べても多様性にとんでいる。国府跡の発掘調査からは、多くの国府は八世紀前半に営まれ、十世紀ころには機能しなくなっていたとされるのに対し郡家が機能した年代は、国府よりも古くさかのぼる七世紀後期ころから十世紀ころまでにわたっていることがその特徴である。

国府と中央、国内においては国府と郡家を結んで、情報の伝達や物資の輸送のために全国的に道路網が整備された。平城京と諸国を結ぶ道路は東海道《とうかいどう》・東山道《とうさん》・北陸道《ほくりく》・山陽道《さんよう》・山陰道《さんいん》・南海道《なんかい》・西海道《さいかい》と呼ばれる七道からなるが、この古代官道の発掘結果からは、七世紀の第三四半期にさかのぼるものもある。官道には交通施設である駅が整備され、道路幅一二メートルにもおよぶ直線的道路が建設されていたことも発掘によって明らかになっている。

平城京と諸国を直線的に結ぶ駅路とならんで、郡家を結ぶ道路と交通施設(伝《でん》)も整備された。駅路は駅使による緊急の情報伝達、伝路は官人の往来などに利用され、それぞれ機能分担していたが、この駅伝制の構造は、国司制・郡司制という二つの性格の異なる地方支配システムと類似の関係をもっており、駅(中央との交通)・伝(在地の交通)の二重の構成をとっていた。七一三(和銅六)年、諸国に『風土記《ふどき》』の編纂が命じられたが、その記述には駅路・伝路をはじめとする交通施設も記載され、律令国家がつくりだした空間的な広がりが描かれている。

4　律令制の確立

光明子の立后と藤原氏

大宝令《たいほうりょう》を施行し律令《りつりょう》体制の形成を進めた文武《もんむ》は、七〇七（慶雲四）年二十五歳で死去する。文武の子首皇子《おびとのみこ》はまだ七歳で、文武の母である阿閇皇女《あべのひめみこ》が即位し、元明《げんめい》天皇となった。即位の宣命《せんみょう》には、天智《てんち》が「不改常典《ふかいのじょうてん》」として立てた法によって即位したことが強調されている。「不改常典」のことばは、このあとの聖武《しょうむ》即位詔《みことのり》・聖武譲位詔、さらに桓武《かんむ》即位と以後の平安期の即位詔にもみえている。元明即位から聖武譲位までの「不改常典」は、皇位継承の決定は天皇の大権であるとする思想であり、天武《てんむ》系の天皇が直系の皇位継承法として観念し利用していたこと、天皇と役割を分担しつつひとつの権力体を構成する官人《かんじん》層にとっても、天皇との合意形成のシステムとして作用していたことは明らかである。七一五（霊亀元）年、元明は娘の氷高内親王《ひだかないしんのう》に譲位し元正《げんしょう》天皇が即位する。皇太子に立てられた首皇子について、将来の即位を容認しない雰囲気もあったとされ、元正即位のときも「不改常典」によって首皇子に皇位を伝えるよう元明から託されたことが強調されている。

七二四（神亀元）年、元正は首皇子に譲位し聖武が即位する。七二七（神亀四）年に藤原光明子《ふじわらのこうみょうし》が産んだ皇子（某王）は、わずか一カ月後に皇太子に立てられるが、二歳で夭逝《ようせい》してしまう。一方、聖武夫人の県犬養広刀自《あがたいぬかいのひろとじ》は、この年皇子（安積親王《あさかしんのう》）を出産した。天皇の外戚としての地位を確立して大伴《おおとも》氏・佐伯《さえき》氏などの伝統的な中央氏族を圧倒していこうとする藤原氏は、光明子を皇后に立てて権力を維持する途を選び、皇親勢力を代表する長屋王《ながやおう》の排斥を実行する。

七二九（天平元）年、「左道を学んで国家を傾けんとす」との謀反を密告された長屋王は、糾問ののち自尽させられ、妻の吉備《きび》内親王や王子も自殺させられた。この事件は安積親王の誕生によって追いつめられた藤原四子によって仕組まれた策謀で、光明子の立后《りっこう》に妨げとなる長屋王を排除したのが真相であろう。変後には、光明子が聖武天皇の皇后に立てられたが、この変は官人層に深刻な動揺も与えた。七三一（天平三）年、諸司の主典《さかん》以上の官人が推挙上表した者のなかから藤原不比等《ふじわらのふひと》の子宇合《うまかい》・麻呂《まろ》を含む六人の参議があらたに任命されたという官人による推挙方式は、支配層の分裂拡散を回避し、朝廷を覆っていた危機意識を藤原氏が巧みに利用して、官人を結集させる効果をもたらした。

しかし、七三七（天平九）年の夏、新羅《しらぎ》経由でもたらされ九州の地から広まった天然痘の猛威のなかで藤原氏の四兄弟はあいついで死去し、知太政官事《ちだいじょうかんじ》に鈴鹿《すずか》王、大納言《だいなごん》に橘諸兄《たちばなのもろえ》という新政権が発足する。七三八（天平十）年には光明皇后《こうみょう》を母とする阿倍《あべ》内親王が皇太子に立てられる。貴族たちのなかには、女性の皇太子とその後の即位という天武系の皇統の断絶＝「行止り」の選択に対して、これを認めない雰囲気も存在した。

大宰少弐《だざいのしょうに》として筑紫《つくし》にいた藤原広嗣《ひろつぐ》は、新政権で重用された玄昉《げんぼう》・吉備真備《きびのまきび》を除くことを上表して、反乱を起こした。この乱の最中、聖武は七四〇(天平十二)年十月、伊賀《いが》・伊勢《いせ》・美濃《みの》・近江《おうみ》を巡幸し山背国《やましろのくに》の恭仁《くに》にとどまり、新都恭仁京造営を開始する。恭仁京(京都府木津川《きづがわ》市)、難波宮《なにわのみや》(大阪市)、そして紫香楽宮《しがらきのみや》(滋賀県甲賀《こうか》市、宮町遺跡)へと遷都を続けた。ふたたび平城京《へいじょうきょう》に戻ったのは七四五(天平十七)年であった。この間の七四四(天平十六)年、聖武天皇唯一の男子として有力な皇位継承者であった安積親王が死去するが、藤原仲麻呂《なかまろ》による暗殺とする説もある。

律令体制の整備とその浸透

中央政界においては皇位継承をめぐる争い、藤原氏と皇親や旧来の氏族との対立が続いたが、この時期は大宝律令によってかたちづくられた律令体制が在地に浸透し、律令の諸制度を内実化していく時期でもあった。七二三(養老七)年には三世一身法《さんぜいっしんのほう》が、七四三(天平十五)年には墾田永年私財法《こんでんえいねんしざいほう》が発布された。

七二三年に出された耕地開発を奨励した三世一身法では、死亡者の墾田は収公されたため班田《はんでん》年までには荒廃してしまうという矛盾をかかえていた。墾田永年私財法では、開墾予定地の占定《せんてい》手続きや三年間という開発期限を明確にし、私財として収公しないことで耕地の荒廃を防ぎ、開墾田を輸租田《ゆそでん》として国家が掌握し規制する体制が確立した。開発田を取り込むサイクルの確立の導入がはかられたのである。永年私財法による開発結果は全国的に作成された田図《でんず》に登載されたことから、前年の七四二(天平十四)年の班田年に作成された田図は、これ以後の四つの重要な田図である「四証図」のひとつとして後世まで利用されることになる。

墾田永年私財法によって、これまで畿内やその周辺地を中心に田地開発を展開していた王臣家《おうしんけ》や大寺院が、諸国の国司《こくし》を媒介にして地方に墾田地や大規模の開発予定地を占定することを可能としていった。その代表的なものが北陸に展開した東大寺領《とうだいじりょう》荘園《しょうえん》である。

これと並行して、浮浪人政策も大きく転換する。七三六(天平八)年の格《きゃく》では、籍帳《せきちょう》とは別の名簿に録して調庸《ちょうよう》を収取することとなった。浮浪人を浮浪人のまま把握するという政策は、令制を大きく変更したものであり、墾田永年私財法とならぶ政策転換であった。

都市平城京は既存の「共同体」からはみだした人びとを大量に生んだ。これを組織したのが、「街《がい》衢《く》に零畳《りょうじょう》して妄《みだ》りに罪福を説き、……百姓を妖惑す」(『続日本紀《しょくにほんぎ》』)とされた行基《ぎょうき》である。行基が率いる集団は、平城京や畿内周辺において橋・道・布施屋《ふせや》などの交通施設や池・溝・堀などの灌漑施設を建設するなどの活動をおこなった。行基集団は当初は国家の弾圧の対象であったが、七四三(天平十五)年、盧舎那仏《るしゃなぶつ》造営の詔発布以後は大仏造立への協力を求める立場に変わった。行基は弟子たちを率いて民衆に協力を勧め、七四五(天平十七)年には大僧正《だいそうじょう》の地位を与えられた。大仏造立によって政治的不安定を打開するために、知識《ちしき》を国家的に結縁《けちえん》して国家の安定をはかろうとするものであった。

しかし、盧舎那仏の造立は進展しなかった。七四九(天平勝宝元)年陸奥《むつ》国からの黄金献上もあり、七五二（天平勝宝四）年には大仏開眼供養《かいげんくよう》がおこなわれるにいたり、聖武太上《だいじょう》天皇・光明皇太后《こうたいごう》・孝《こう》謙《けん》天皇が臨席し、僧侶一万人が参列するなかで盛大な儀式が催された。だが、宮都の造営や国分寺《こくぶんじ》建立、東大寺大仏の造立という大規模な事業は、国家財政や民衆の疲弊をもたらすものであった。

征夷と対外関係の緊張

大宝律令の制定による「東夷《とうい》の小帝国」をめざすなかで・国内の蝦夷《えみし》は夷狄《いてき》として位置づけられた。夷狄の征討、版図の拡大政策によって、七〇八（和銅元）年越後《えちご》北部に出羽《でわ》郡が新設されたが、蝦夷の地への侵攻は蝦夷の抵抗を引き起こした。翌年陸奥鎮東将軍《ちんとうしょうぐん》・征越後蝦夷将軍を派遣しこれを制圧し、七一二（和銅五）年には出羽国を設置した。

隼人《はやと》の社会にも律令制支配が浸透する。七一三（和銅六）年日向《ひゅうが》国から分離して大隅《おおすみ》国を建てたが、隼人の反乱が起こる。抵抗は引き続き、七二〇（養老四）年には大規模な反乱により大隅国守が殺害される事件が起こった。これに対して、大伴旅人《おおとものたびと》を征隼人持節《じせつ》将軍に任命し征討軍を派遣し、斬首者・捕虜あわせて一四〇〇人余りにのぼる戦闘が続いた。

対外関係では、七三〇（天平二）年、七二七（神亀四）年にはじめて来日した渤海使《ぼっかいし》を送る遣渤海使《けんぼっかいし》の任を終えて引田虫麻呂《ひけたのむしまろ》が帰国した。虫麻呂は来日した渤海使が伝えた唐《とう》や新羅を取り巻く国際情勢を調べる目的で派遣されていたが、彼が帰国して国際情勢を伝えた翌月、諸国で死魂を妖祠《ようし》し、都の近傍で妖言して衆を惑わすことを禁ずる詔が出される。これは国内の不穏な動きを取り締まるものであろう。

七三一(天平三)年、畿内に惣官《そうかん》、諸道に鎮撫使《ちんぶし》が設置された。惣官は兵馬を差発《さはつ》する権限を与えられて京・畿内の秩序維持にあたり、鎮撫使は諸国の治安と対外危機に備える目的をもっていた。翌七三二(天平四)年には、東海《とうかい》・東山《とうさん》・山陰《さんいん》・西海《さいかい》の各道の節度使《せつどし》を任命し、兵器・牛馬を他所に売ることを禁じ、兵士の補充、兵器の整備、兵船の建造を命じている。唐がこの年、渤海との戦争を開始し、新羅に渤海への出兵を命じたという対外的緊張関係の高まりに対応した対策であろう。

七三五(天平七)年、来日した新羅使が国号を「王城国《おうじょうこく》」と改めたことを伝えると、無断で国号を改めた非をせめて使節を追い返したことから、新羅との関係は急速に悪化する。対新羅関係の緊張は、新羅が日本との交渉の形式を対等化するよう要求することから起こっており、八世紀なかばころから政府間の関係は険悪化する。七二七(神亀四)年にはじめて渤海からの使節が派遣されて以来、日本は渤海を高句麗《こうくり》の後継国である朝貢国として扱おうとした。このため、君臣関係の形式を押しつけようとする日本とのあいだに軋轢《あつれき》が生じることもあったが、八世紀後期からは貿易の利に重点を移した交易関係が展開していった。

仲麻呂と道鏡の時代

聖武は、七四九(天平勝宝元)年、皇太子阿倍に譲位し、孝謙天皇が即位する。光明は皇太后となり、皇后宮職を改組した紫微中台《しびちゅうだい》の長官である紫微令となった仲麻呂は、光明とともに孝謙を後見する体制をつくりあげた。七五六(天平勝宝八)年、聖武太上天皇が没し、遺詔によって道祖王《ふなど》(天武の孫、新田部《にいたべ》親王の子)が皇太子に立てられたが、「志、淫縦《いんしょう》にあり」との理由で翌年には廃太子《はいたいし》され、仲麻呂が自身の邸宅田村邸に遺子真従《まより》の妻であった粟田諸姉を妻として居住させていた大炊王《おおい》(舎人《とねり》親王の子)が皇太子に擁立された。

七五七(天平宝字元)年、橘奈良麻呂《たちばなのならまろ》らの仲麻呂打倒計画が露見し、奈良麻呂・大伴古麻呂《おおとものこまろ》・道祖王・黄文《きぶみ》王らが処刑され、安宿《あすかべ》王は配流された。この変は、橘氏・大伴氏などの旧来の有力氏族を糾合した反仲麻呂の挙兵計画であったが、縁坐《えんざ》も含め四〇〇人をこえる処罰対象者があったことは、支配層のなかに共感する流れがあったことを示している。

七五八(天平宝字二)年孝謙は譲位し、大炊王(淳仁《じゅんにん》)が即位する。恵美押勝《えみのおしかつ》の名を賜わり、銭貨鋳造権・私出挙《しすいこ》の特権などを与えられた仲麻呂は、祖父不比等を顕彰するため養老《ようろう》律令を施行し、官司の名号を唐風に改めるなどの施策をとった。「人民辛苦」の声に対しては、雑徭《ぞうよう》日数を六〇日から三〇日に半減させ、問民苦使《もみくし》を京畿内・七道諸国に派遣し、正丁《せいてい》を二十二歳以上からに引き上げるなど年齢区分を改めて負担の軽減をはかった。また安禄山《あんろくざん》と史思明《ししめい》の反乱による唐の国内混乱の情報に接した仲麻呂は、政治に対する不満をそらすために対外的緊張関係をつくりだした。七五九(天平宝字三)年、北陸《ほくりく》・山陰・山陽《さんよう》・南海道《なんかいどう》に命じて船五〇〇隻を三年以内に建造する計画を策定させ、七六一(天平宝字五)年には、東海・南海・西海三道に節度使を任命し、船・兵士・水手《かこ》を検定させるなど新羅征討の準備を進めた。この計画は実施されることはなかったが、動員兵力数や軍需物資を計算して戦争を準備することができる官僚機構を、日本ももつ段階に達したのである。

七六二(天平宝字六)年、平城京改作のため保良宮《ほらのみや》行幸《ぎょうこう》滞在中の孝謙太上天皇の病気を僧道鏡《どうきょう》が看病したことが、政権内部に亀裂を生じさせることになった。孝謙と道鏡の接近に対する淳仁の諫言《かんげん》がもとで、孝謙は平城京に帰還後、「政事は、常の祀小事は今の帝行ひ給え。国家の大事賞罰二つの柄は朕行はむ」との詔を発し、法華寺《ほっけじ》に入り出家してしまう。国家権力が天皇と太上天皇という二つの権力に分裂することになったのである。

仲麻呂は七六四(天平宝字八)年、都督《ととく》四畿内《しきない》三関《さんげん》近江《おうみ》丹波《たんば》播磨《はりま》等国兵事使《とうのくにのへいじし》となって軍事動員体制を総攬《そうらん》して乗りきろうとしたが、父子四人が議政官《ぎせいかん》を占める体制には他氏族だけでなく藤原氏の他家からの反発も強まり、諸国兵士の動員をきっかけに乱が勃発した。駅鈴《えきれい》と天皇御璽《ぎょじ》を孝謙におさえられた仲麻呂は、淳仁をともなうこともできず、氷上塩焼《ひかみのしおやき》(天武の孫)を天皇に擁立し諸国の軍事動員をめざしたがはたせなかった。息子の辛加知《からかち》が守となっていた越前に向かうが、勝野《かちの》鬼江《おにえ》の戦いで捕えられ斬首となり、八日間の乱は終焉した(恵美押勝の乱)。乱を鎮圧した孝謙は、淳仁天皇を廃して淡《あわ》路《じ》に幽閉し、道鏡を「大臣禅師《だいじんぜんじ》」に任じ、藤原豊成《とよなり》を右《う》大臣に復した。自らはふたたび即位して称徳《しょうとく》天皇となった。出家した天皇が重祚《ちょうそ》したことは、政界の底流ではつぎの皇位継承をめぐって事件が再発する契機となった。七六五（天平神護元）年には和気《わけ》王の謀反事件、七六九（神護景雲三）年には不破《ふわ》内親王（聖武天皇の娘）が氷上志計志麻呂《しけしまろ》の即位をはかった事件などが引き続いた。

法王となった道鏡は、聖俗両面で権力を掌握した。七六九年には、天皇の朝賀の翌日大臣以下の拝賀を受けるという地位にのぼった。道鏡への拝賀は、彼が皇太子的存在となったことを示している。

七六九年、「道鏡をして皇位に即《つ》かしめよ」との宇佐八幡《うさはちまん》の託宣が伝えられた。称徳は、真偽を確かめるため和気清麻呂《わけのきよまろ》を宇佐に派遣するが、皇位には「皇緒《こうしょ》を立てよ」との神託であったと奏上した。称徳は、清麻呂を大隅国に、姉法均《ほうきん》（広虫《ひろむし》）を備後《びんご》国に配流する。配流された彼らの背後には藤原百川《ももかわ》の支えがあったといわれるように、道鏡に対する貴族たちの反発が広範に存在していたことは確かであろう。皇統の御子が皇位に即くという貴族層の合意を突き破ることができなかった称徳は、道鏡即位に挫折したといえる。七七〇（宝亀元）年、称徳は皇位継承者を定めないまま没する。即日、左《さ》大臣藤原永手《ながて》らは、称徳の「遺宣」という名目で、天智天皇の孫の白壁《しらかべ》王を皇太子に立てた。称徳の死によってその権威が失なわれた道鏡は、半月後に白壁王の令旨《りょうじ》によって、造下野国薬師寺別当《ぞうしもつけのくにやくしじべっとう》として下野に左遷された。

第三章　律令制の展開と古代国家の変容

1　桓武の即位と新都の建設

王統の交替と長岡・平安遷都

七七〇(宝亀元)年、白壁王《しらかべおう》(光仁《こうにん》)が即位する。七七二(宝亀三)年、光仁を呪詛したとして井上内親王《いのうえないしんのう》は皇后を廃され、その子他戸親王《おさべしんのう》も廃太子《はいたいし》、翌年には山部親王《やまべ》が皇太子とされた。この事件は、山部に皇位を継がせようとする藤原百川《ふじわらのももかわ》らの策謀といわれている。

七八一(天応元)年、光仁は譲位し山部(桓武《かんむ》)が即位した。桓武の母高野新笠《たかののにいがさ》は百済《くだら》系下級氏族の出身で、天皇の母の出自としては劣っているとの意識が貴族層には存在した。即位後半年余りで、塩焼王《しおやき》と不破内親王《ふわ》(聖武《しょうむ》天皇の娘)とのあいだに生まれた氷上川継《ひかみのかわつぐ》の謀反事件が起こったのもその現れであろう。

桓武はこの危機を二つの対応で臨んだ。そのひとつが、天武《てんむ》系から天智《てんち》系への皇統の変化を天命による王朝交替になぞらえることであった。古代中国で冬至の日に都の南郊で皇帝が昊天上帝《こうてんじょうてい》を祀ることにならい、七八五(延暦四)年と七八七(延暦六)年の十一月の二度にわたって河内国交野《かわちかたの》でおこなわれた郊祀祭天《こうしさいてん》では光仁天皇が祀られた。光仁を新王朝の創始者に見立て、桓武がそれを継承する立場にあることを宣言したことを物語っている。

もうひとつが、新都長岡京《ながおかきょう》の造営である。七八四(延暦三)年五月、藤原小黒麻呂《おぐろまろ》・藤原種継《たねつぐ》らに山《やま》背国《しろ》乙訓《おとくに》郡長岡村を視察させ新都造営を開始し、十一月には長岡京に遷都した。長岡の地が選ばれたのは、桂川《かつらがわ》・宇治川《うじがわ》・木津川《きづがわ》の水運を利用でき、東山《とうさん》・北陸《ほくりく》・山陰《さんいん》・山陽《さんよう》の各道にもつながる交通の要衝であったことによる。七八五年、造営事業の中心にいた藤原種継が何者かに射られ暗殺される事件が発生し、皇太子早良《さわら》親王もこの事件に関与したとされ乙訓寺に幽閉され淡路《あわじ》に送られる途中で没する。

長岡への遷都からわずか一〇年で平安京《へいあんきょう》への遷都の準備がふたたび開始される。七九三(延暦十二)年正月、山背国葛野《かどの》郡宇太《うだ》村の視察がおこなわれ、十月には桓武は新京に行幸《ぎょうこう》し遷都の詔《みことのり》が発せられた。なぜ長岡京を廃棄したのか確定的なことは不明である。ただ、平安京は古代の道を軸に飛鳥《あすか》から藤原京《ふじわらきょう》、平城京《へいじょうきょう》、長岡京と北に展開した都の流れと、淀川《よどがわ》の水系を難波京《なにわきょう》、長岡京とさかのぼった都の流れを総合したものといわれている。

光仁・桓武天皇を中心とした天皇略系図

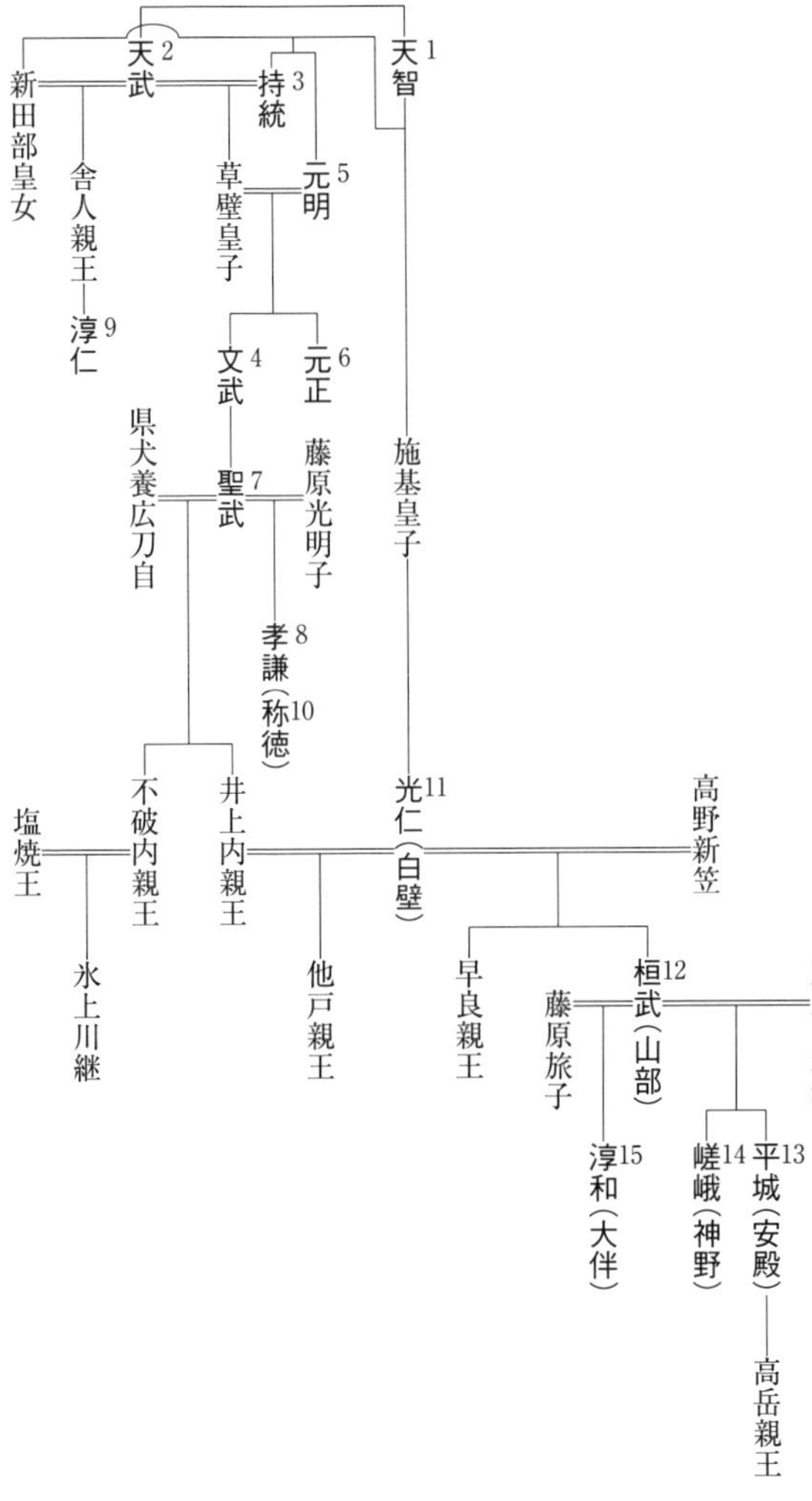

太字は天皇、数字は即位の順を示す。

平安京は、条坊《じょうぼう》の各町が四〇丈(約一一八メートル)四方に統一され、京内の宅地面積が規格化されたことなどが特徴として指摘されている。宮についても、内裏《だいり》は大極殿《だいごくでん》の北東に切り離されて配置され、大極殿の南にあった回廊と門は撤去されて龍尾壇《りゅうびだん》が設けられ、大極殿と朝堂院《ちょうどういん》が一体化した構造をもつことになった。大極殿―朝堂院が儀礼空間、内裏が天皇の日常政務をとる空間となり、のちの政務形態の変化をもたらすことになる。

八〇五(延暦二十四)年、桓武の前でおこなわれた「徳政相論《とくせいそうろん》」の場で、藤原緒嗣《おつぐ》は「軍事と造作」の停止を主張し、菅野真道《すがののまみち》は異を唱えたが、桓武は蝦夷《えみし》戦争と平安京造営の停止を決定した。七八〇(宝亀十一)年、陸奥《むつ》国上治郡(此治郡《これはる》)の郡司伊治公呰麻呂《これはるのきみあざまろ》が反乱を起こし多賀城《たがじょう》を攻略するなど戦争状態が続いていたが、七八九(延暦八)年・七九四(延暦十三)年・八〇一(延暦二十)年の三次におよぶアテルイ率いる蝦夷に対する軍事行動をへて、緒嗣の建議によって大規模な征討は中止された。軍事と造作を中止することが天下の苦しみを救うことになるという緒嗣の主張の背景には、軍事動員や兵糧《ひょうろう》運搬での坂東《ばんどう》諸国をはじめとする人民の過重な負担があったとみられる。

平城太上天皇の変と国家機構の再編

「徳政相論」から三カ月後の八〇六(大同元)年桓武は七十歳で没し、安殿《あて》親王(平城《へいぜい》)が即位し、皇太子には神野《かみの》親王が立てられた。平城は、地方政治を立て直すため六道観察使《ろくどうかんさつし》をおき、東海道《とうかいどう》以下の各道を視察させ国司《こくし》行政の実情を報告させた。翌年には参議《さんぎ》の号も廃止され、有名無実な小規模官司を廃止し、重複機能をもつ官司を統合するなど官司制度を改め、貴族層の俸禄の削減や要劇料《ようげきりょう》・馬料《めりょう》・時服《じふく》の制の改革を進めた。この改革によって中央政府における財政支出は大幅に抑制された。平城の国政改革は徹底したものであったが、平城の政策は貴族たちに必ずしも歓迎されたわけではなかった。

八〇九(大同四)年平城は神野(嵯峨《さが》)に譲位し、高岳《たかおか》親王(平城の子)が皇太子に定められた。平城太《だい》上《じょう》天皇は、旧平城京に宮を造営し公卿《くぎょう》の一部と外記局《げききょく》は平城宮に移され、国政に関与して「二所《にしょちょう》朝廷《てい》」と呼ばれる天皇権力の分散状況が出現した。これに対し嵯峨は、蔵人所《くろうどどころ》を設置して太政官《だいじょうかん》との連携を強化する方策をとった。

八一〇(弘仁元)年、上皇《じょうこう》が平城遷都を命じたのをきっかけに、嵯峨は、参議藤原仲成《なかなり》・尚侍《ないしのかみ》藤原薬子《くすこ》の兄妹を主謀者として、仲成を拘禁し薬子の尚侍を解任する強硬措置をとった。上皇は東国に赴いて挙兵しようとするが、天皇方に阻まれ平城に還《かえ》り出家、薬子は自殺し、仲成も射殺される(平城太上天皇の変)。皇太子高岳は廃され、大伴《おおとも》親王が皇太子に立てられた。この結果、天皇権力の分散状況は解消した。

八二三(弘仁十四)年、嵯峨は大伴(淳和《じゅんな》)に譲位する。淳和は嵯峨に太上天皇の尊号を贈ったが、これ以後譲位した天皇に太上天皇号を贈る制度が確立し、太上天皇が天皇権力のもとに位置することになった。嵯峨は国政の権能を淳和にゆずったものの皇室の家父長として君臨しつづけ、皇位は嵯峨・

淳和系の両統迭立《りょうとうてつりつ》のかたちをとることになる。

　八四〇（承和七）年五月、淳和上皇が没すると皇太子恒貞《つねさだ》親王と近臣は後ろ盾を失い、八四二（承和九）年七月に嵯峨上皇が没したその二日後、春宮坊《とうぐうぼう》の官人《かんじん》伴健岑《とものこわみね》・橘逸勢《たちばなのはやなり》らの謀反が発覚した。恒貞を奉じて東国で兵をあげ政権を奪取しようとしたとされる。恒貞は皇太子を廃され、仁明《にんみょう》と藤原良房《よしふさ》の妹順子《じゅんし》とのあいだに生まれた道康《みちやす》親王が皇太子に立てられ、健岑・逸勢ほか春宮坊の官人ら六十数人が配流された。

　この承和《じょうわ》の変の真相は不明なところがあるが、変の結果、淳和と仁明による両統迭立の構想が破棄され、仁明—文徳《もんとく》（道康）—清和《せいわ》—陽成《ようぜい》という嵯峨直系の皇位継承が続くことになる。また、良房は道康親王の外戚として地位を固め、伴氏をはじめとする八世紀以来の氏族や文人・良吏は姿を消すことになる。八四八（嘉祥元）年良房は右大臣《うだいじん》にのぼり、その娘明子《あきらけいこ》を皇太子道康の妃とした。八五〇（嘉祥三）年仁明が没すると、道康（文徳）が即位し、明子の生んだ惟仁《これひと》親王が生後八カ月で皇太子に立てられた。良房は、天皇と皇太子の外戚《がいせき》となり、左《さ》大臣源常《みなもとのときわ》の事実上の引退もあり、政権を掌握するところとなった。文徳は八五三（仁寿三）年まで東宮《とうぐう》で、ついで梨下院《なしもといん》、冷泉《れいぜい》院で暮し、即位以後一度も内裏に入れなかったことに示されるように、外戚良房によって制約されていたとされる。翌八五八（天安二）年、文徳は三十二歳で没し、九歳の惟仁が即位し清和天皇となった。

儀式の整備と法典の編纂

平城は、即位の翌年、八〇七（大同二）年、正月七日と十六日の節会《せちえ》を停止した。さらに、翌年には三月三日の節会が先帝（桓武天皇）と皇太后《こうたいごう》（藤原乙牟漏《おとむろ》）すなわち平城の父母の登遐《とうか》の月にあたるとの理由で停止している。正月の二節は弘仁期《こうにん》になって早いうちに復興されたものと思われるが、三月三日の節会は以後復活しなかった。「三月三日の節を廃するは、大概費を省かんがためなり」（『類聚国史《るいじゅうこくし》』）とされるように、節会費用の節約を意図したことが理由のひとつでもあった。

平城が廃止した正月の二節、七日と十六日の節を復活した嵯峨は、神泉苑《しんせんえん》において花樹をみて文人に命じて詩を賦させた花宴を新設した。また、後殿《こうでん》に曲宴して、文人に命じて詩を賦させた、後世の子日宴《ねのひのうたげ》にあたる宴もおこなっている。文人を取り込んだ積極的な宴の整備政策と評価されている。

嵯峨は、八一六（弘仁七）年には、朝賀不参者の懲罰規定を強化し、八一八（弘仁九）年には官人に朝賀の儀式作法をあらかじめ毎年十二月に教習させるなど、朝賀の挙行にあたって厳しい処断をもって臨み、天皇を頂点とする君・臣の上下関係秩序の保持・強化をめざした。儀式の整備に対応して、儀式書の編纂も開始された。『内裏儀式《だいりぎしき》』として集成され、八二一（弘仁十二）年には内裏式も撰進されたことは、この時期に独自の儀礼秩序が形成されたことを示している。

嵯峨から淳和の時期の政治は、新しい法典の編纂ももたらした。『弘仁格式《こうにんきゃくしき》』の編纂がそれである。七〇一（大宝元）年以来の法令が官司ごとに集成されて格一〇巻となり、官司の実務細則が式四〇巻にまとめられた。養老令《ようろうりょう》の公定注釈書『令義解《りょうのぎげ》』一〇巻も編纂され、八三三（天長十）年に奏上、八三四（承和元）年に施行された。律令を修正しつつも律令に基づく国政の運営を基本とすることがめざされていた。

法典整備とならんで、「文章は経国の大業」といわれた、『凌雲集《りょううんしゅう》』『文華秀麗集《ぶんかしゅうれいしゅう》』『経国集《けいこくしゅう》』の勅撰漢詩集が、宮廷を中心として生み出された。空海《くうかい》の『秘密曼荼羅《まんだら》十住心論《じゅうじゅうしんろん》』『文鏡秘府論《ぶんきょうひふろん》』、最澄《さいちょう》の『顕戒論《けんかいろん》』などの高度な著述が生み出されたのもこの時期であり、平安仏教の誕生とも連動していた。仁明の時期、八三四年、空海は毎年正月の宮中御斎会《ごさいえ》の七日間、真言《しんごん》を持誦《じじゅ》する護国の修法《しゅほう》が認められた。翌年から恒例化した後七日御修法《ごしちにちのみしほう》で、道場として内裏の西に真言院が建立された。また、承和の遣唐使《けんとうし》に加わって太元帥法《たいげんのほう》を将来した常暁《じょうぎょう》は、八四〇（承和七）年にはじめてこれを修し、八五一（仁寿元）年には後七日御修法とならぶ恒例仏事の地位を得た。太元帥法は新羅《しらぎ》海賊、蝦夷の反乱、承平《じょうへい》・天慶《てんぎょう》の乱など、「賊難」の降伏法として九世紀後半以降しばしば修された。空海・常暁らによって祈念された護国の修法は、九世紀末葉からは、貴族への私的修法として広くおこなわれるようになる。嵯峨から仁明にいたる前後の時期は、最新の中国文化を貴族社会に適したものとして選択・改変することによって、のちの王朝文化への道を開いたといえる。

幼帝の即位と前期摂関政治

九歳で即位した清和天皇は、太政大臣《だいじょうだいじん》良房の庇護のもと、八六四（貞観六）年の元服まで母明子と東宮に居し、翌年内裏に移った。

天皇家・藤原氏関係略系図

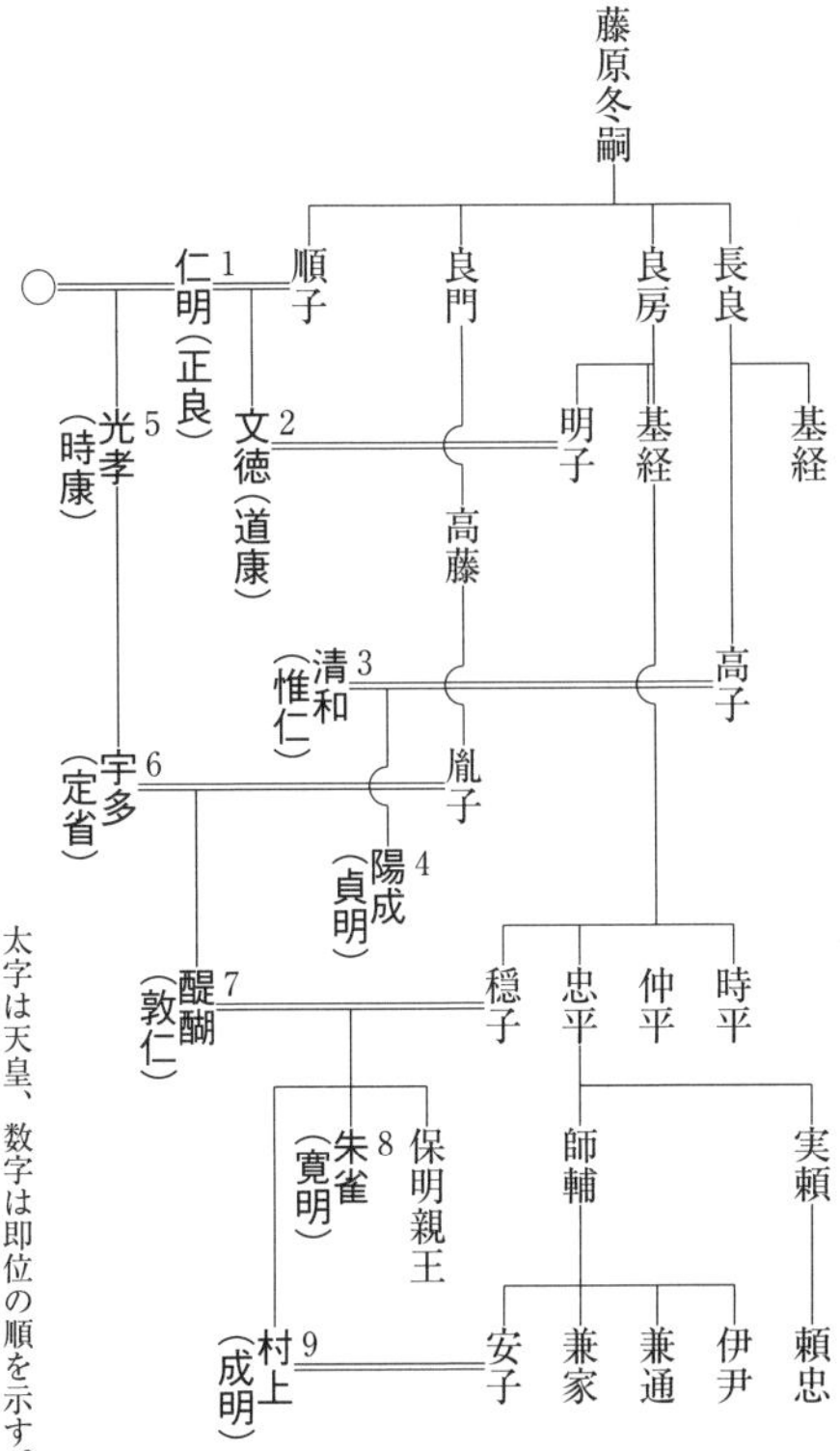

太字は天皇、数字は即位の順を示す。

八六六(貞観八)年閏三月、朝堂院正門の応天門《おうてんもん》が放火により焼失した。藤原良相《よしみ》と伴善男《よしお》は左大臣源《みなもとのまこと》信に罪をかぶせようとはかったが、良房の容れるところとならず企ては失敗に終わる。ところが八月、大宅鷹取《おおやけのたかとり》が主犯は伴善男・中庸《なかつね》であると告言する事態が起こる。取り調べの最中、鷹取の娘が善男の従者生江恒山《いくえのつねやま》と共謀者伴清縄《きよただ》によって殺害される事件が起こった。恒山と清縄は、応天門事件は善男とその子中庸が信を失脚させるために共謀して放火したと自白してしまったのである。善男・中庸は配流され、紀夏井《きのなつい》らも縁坐し配流となり、善男は八六八(貞観十)年伊豆《いず》の配所で死去する(応天門の変)。

この事件進展中のさなか、良房は「天下の政《まつりごと》を摂行《せっこう》せよ」との勅を得て、清和天皇の大権代行を再確認された。応天門の変を利用して良房は大権を確保し、事件落着後の十二月、良房は養子基経《もとつね》の妹高子《たかいこ》を清和の女御《にょうご》とし、基経を中納言《ちゅうなごん》に進めた。良房は八七二(貞観十四)年に死去するが、右大臣にのぼった基経は、清和の「万機《ばんき》を助理」することになった。

八七六(貞観十八)年、清和は九歳の貞明《さだあきら》(陽成天皇)に譲位し、基経は右大臣ながら摂政《せっしょう》として、陽成にかわって国政を総攬《そうらん》することとなった。しかし、基経の権力は必ずしも安定したものではなかった。陽成には奇行が多く、八八三(元慶七)年近臣を内裏で殴殺する事件が発生する。これを機会に基経は、翌年二月陽成を譲位させ、仁明皇子で五十五歳の時康《ときやす》親王(光孝《こうこう》天皇)を擁立した。即位した光孝天皇は、諸道の博士《はかせ》らに太政大臣の職掌の有無、唐《とう》のいずれの官にあたるかを勘奏させ、基経の太政大臣の職掌について、太政官で国政を統べて内裏で天皇を補弼《ほひつ》すること、奏上事項・勅宣事項は必ず基経にはかることとする詔を出した。これはのちの内覧《ないらん》の権限に相当し、関白《かんぱく》の職掌とも共通するもので、基経は国政の重要事項を掌握することになった。

良房が切り開いた新しい権力掌握の形態が、基経のもとで強化されたのである。藤原北家の良房・基経の権力掌握の過程で、承和の変・応天門の変を契機に、奈良時代以来の貴族の没落が進んだ。光孝は死の直前まで皇太子を定めなかったが、八八七(仁和三)年、光孝の死去前日、源氏として臣籍に降下していた定省《さだみ》が親王に戻され皇太子に立てられ、光孝の死去によって即位して宇多《うだ》天皇となった。

2 古代国家の動揺と承平・天慶の乱

唐帝国解体期の東アジア情勢

八四〇年代、唐《とう》と同盟関係にあったウイグルと吐蕃《とばん》の王朝があいついで崩壊したことから東アジアの変動が始まる。東アジア地域では民間貿易が活発化し、唐や新羅《しらぎ》商人の日本への来航があいついだ。なかでも黄海《こうかい》・東シナ海を舞台とする新羅商人の活躍にはめざましいものがあった。はじめて新羅商人が日本に来航したのは、八一四(弘仁五)年のことである。その後も大宰府《だざいふ》や西日本沿岸諸国にしばしば来航し、交易活動をおこなった。彼らの交易活動により、唐の文物は八世紀以上に国内に流入するようになっていった。

八四〇（承和七）年、円仁《えんにん》とも交流のあった張宝高《ちょうほうこう》は、使者を日本に派遣して馬鞍などの方物《ほうぶつ》を献じた。宝高は、新羅の王位継承争いにも介入し、新羅王朝に影響力をもつ巨大な海上勢力として黄海に君臨したが、翌年対立する閻丈《えんじょう》に暗殺される。八四二（承和九）年、閻丈の部下李小貞《りしょうてい》らが宝高方の人物の身柄や財貨の引渡しを要求して来日した。そのおりに宝高の部下の財貨を前筑前守文室宮田《ちくぜんのかみふんやのみやた》麻呂《まろ》が押収していたことが判明し、返却させられる事件が起こった。この事件の翌年、宮田麻呂は謀反を密告されて伊豆《いず》国に配流される。宮田麻呂と宝高との直接的関係は認めがたいものの、朝鮮半島における政治的事件との結合を危惧する政府の危機感は強まり、新羅人の国内移住を認めず、商人は交易のみを許すという法令を出し、紛争に巻き込まれることを回避する方策をとった。

九世紀後半になると新羅人には海賊化する者があらわれ、これに呼応する国内の動きも活発化する。八六六（貞観八）年には、肥前《ひぜん》国の郡領が新羅人とともに新羅に渡り対馬《つしま》を襲撃しようと企て、八六九（貞観十一）年にも隠岐守《おきのかみ》越智貞厚《おちさだあつ》が新羅人とともに反乱をはかったとされ、八七〇（貞観十二）年には、大宰少弐《だざいのしょうに》藤原元利万侶《ふじわらのもとりまろ》が新羅国王に通じて国家転覆を企てるという事件も続発した。新羅社会の変動の日本への波及は現実のものとなっており、対新羅政策は排外性と閉鎖性を格段に強めることになった。

こうしたなかで、日本が外交関係を保っていた唯一の国家が渤海《ぼっかい》である。日本からの遣渤海使《けんぼっかいし》は八一〇(弘仁元)年にとだえたが、渤海からの遣使は九二六(延長四)年の渤海滅亡まで続いた。渤海の来航は交易が目的で、八二四(天長元)年には一二年一貢の年限を定めたが守られなかった。しかし、渤海から唐や西域の物資が運ばれただけでなく、唐にいる日本人との書状や金品のやりとりを渤海が仲立ちする機能もはたしていた。

八七五(唐乾符二)年に唐で黄巣《こうそう》の乱が勃発すると、各地の藩鎮《はんちん》が自立の動きを強め、その後七〇年間にわたって五代十国《ごだいじっこく》の混乱期に入り、宋《そう》が九七九年に中国を統一するまで続く東アジア激動の時代をむかえた。黄巣の乱のなかで台頭した朱全忠《しゅぜんちゅう》は、九〇七年唐の昭宣帝《しょうせん》から禅譲《ぜんじょう》を受けて即位した。後梁《こうりょう》の太祖《たいそ》である。中国東北部では、契丹《きったん》族が九一六年に中国最初の征服王朝遼《りょう》を建国、九二六年には渤海を滅ぼしてその地に東丹《とうたん》国を建国した。

朝鮮半島でも新羅が九世紀末に衰退し、西南部で甄萱《しんけん》が峰起し、北部で弓裔《きゅうえい》が自立の動きをみせ、九〇〇年には甄萱が後百済《ごくだら》を、九一八年には弓裔の部下王建《おうけん》が高麗《こうらい》を建国し、九三六年の高麗による半島統一まで、新羅を含めた三国の鼎立状態が続いた。

このような情勢のなかで、九二二(延喜二十二)年・九二九(延長七)年に甄萱の使者が来航したが、日本は朝貢を拒絶した。九二九年には東丹国使も来航した。使者は、かつて渤海国使として来日した裴璆《はいきゅう》であったが、「無礼」として放却した。朝鮮半島の動乱の余波がおよぶことを警戒し、北東アジ

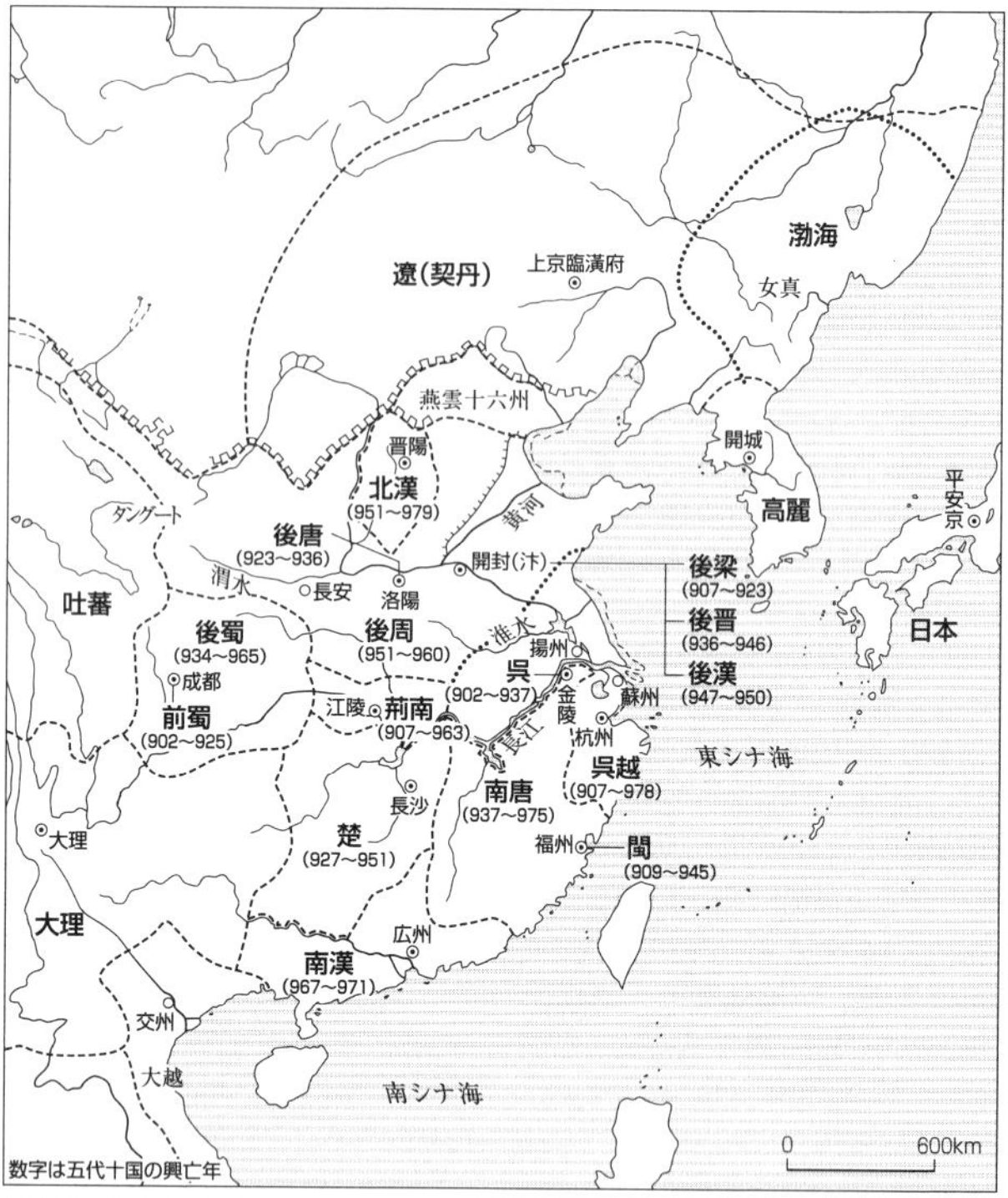
遼(契丹)
上京臨潢府
渤海
女真
燕雲十六州
晋陽
北漢
(951~979)
開城
高麗
平安京
タングート
黄河
後唐
(923~936)
開封(汴)
後梁
(907~923)
後晋
(936~946)
後漢
(947~950)
渭水
長安
洛陽
吐蕃
後蜀
(934~965)
後周
(951~960)
淮水
揚州
日本
成都
呉
(902~937)
金陵
蘇州
江陵
荊南
(907~963)
前蜀
(902~925)
長江
杭州
東シナ海
呉越
(907~978)
南唐
(937~975)
長沙
大理
楚
(927~951)
福州
閩
(909~945)
大理
広州
南漢
(967~971)
交州
大越
南シナ海
0
600km
数字は五代十国の興亡年

10世紀の東アジア

アの争乱に巻き込まれることを防ぐためであった。

九三五年、新羅が、翌年には後百済が王建に滅ぼされ、高麗による朝鮮半島統一がはたされた。高麗は、九三七(承平七)年・九三九(天慶二)年・九四〇(天慶三)年の三度にわたり使者を日本に派遣し朝貢を希望したが、国家間の通交については拒否しつづけ、正式の国交をもつことはなかった。商人によりもたらされる唐物《からもの》の輸入と私的な海外情報の収集により、正式の通交なしで外交ルートを確保するという道を選び、動乱に巻き込まれることを回避する積極的な孤立策を採用しつづけた。

地方社会の変貌と国郡制

八世紀末から九世紀にかけて、在地の共同体内の農民には貧富の格差が拡大する。富をたくわえた人びとは「富豪之輩《ふごうのともがら》」と呼ばれ、律令《りつりょう》制以来の在地首長の系譜を引く有力な経営主のほか、私出挙《しすいこ》や営田《えいでん》経営をもとに在地首長の経営から自立化した経営を営む人びとからなっていた。彼らは口分田《くぶんでん》や治田《ちでん》・家地を垣内《かいと》としてこれを領有し生活の拠点とし、馬・牛・稲・銭などの動産や田畠を所有し、営田と私出挙によってさらに私富を形成し、没落した農民を隷属させ、経営のなかに取り込んでいった。

「富豪之輩」のなかには、国司《こくし》在任中に任地に大規模な私営田を集積し、任期終了後も任地に「留住」した前国司などもあった。前豊後介中井王《ぶんごのすけなかいおう》などのように、日田《ひた》郡に私宅をもち、諸郡の私営田を経営している例もみえている。中井王の場合は結局は帰京させられたが、留住国司のなかには任地に土着した者も多かった。

「富豪之輩」には富豪農民のほかにも、非農業的分野での活躍もみられる。九世紀後半には、美作《みまさか》国・備前《びぜん》国で従七位上伴吉備麻呂《とものきびまろ》なる人物が銅を採掘してそれぞれの国に進上し、石見《いわみ》国では散位従五位上陽侯永岑《やこのながみね》が銅の採掘に成功するなど民間の採銅が知られるが、陽侯永岑は留住した国司である可能性が強い。

彼らは、しばしば国司の官物《かんもつ》徴収を拒否する行動をとり、田地の寄進《きしん》や宅の売与にことよせて中央の院宮王臣家《いんぐうおうしんけ》と身分的関係を結び、勢家《せいか》の権威を背景に国司と対抗した。一方、院宮王臣家の側をみると、九世紀に入り山野や未墾地を対象とする大規模な土地の占取の動きが盛んにみられる。八六八(貞観十)年に王臣家の印が公認され、公式文書の「家牒《かちょう》」を発給できるようになったことは、彼らの地方における活動に合法性を与え、在地で力をたくわえてきた「富豪之輩」との結合を促進した。「富豪之輩」が王臣家の家人《けにん》となり国司に対抗する状況を引き起こしたのである。

延喜《えんぎ》の荘園整理令《しょうえんせいりれい》の主要な目的のひとつは、国司の徴税を妨げる王臣家と「富豪之輩」との結びつきを断つことにあったが、一方で「富豪之輩」を国司の側が国務に使役することも公認した。土地掌握機能などの面で九世紀にあらわれていた国と郡の行政機能の同質化が進んだことにより、それを背景として国衙《こくが》機構へ雑色《ぞうしき》人として「富豪之輩」を結集させ、国衙機能を強化することをも企図したものでもあった。「富豪之輩」を国司側か、王臣家側か、いずれが組織するかが争われたのが、この時期の在地社会の焦点であった。

寛平・延喜の政治改革と摂政・関白制の確立

八八七(仁和三)年、即位した宇多《うだ》は基経《もとつね》を光孝《こうこう》のときと同様ふたたび関白《かんぱく》に任ずるが・辞退の上表を提出した基経への勅答《ちょくとう》に「阿衡《あこう》(中国の官名)の任をもって卿《きょう》の任となすべし」(『日本紀略《にほんきりゃく》』)とあったことに対して、基経は「阿衡の任」には職掌がないとして出仕をとどめ政務がとどこおる事態が発生した。翌年宇多は「阿衡」の文は自らの意に背くとし前勅を改め、基経を重ねて関白とし政務に就かせることになった。これを契機に太政大臣《だいじょうだいじん》の具体的な職掌として「関白」があり、天皇の代替りごとに詔《みことのり》で定めるという先例が確立した。

しかし、八九一(寛平三)年の基経の死後、宇多は摂政《せっしょう》・関白をおかず、菅原道真《すがわらのみちざね》や良吏として名高い藤原保則《やすのり》らの人材を登用して「寛平の治《かんぴょうのち》」と呼ばれる政治刷新をはかった。寛平期の政治改革は、院宮王臣家の地方進出や富豪層との結合を抑制する地方政策や、国司の政務を励行する内容をもっており、地方政治がその焦点としてあった。

八九七(寛平九)年宇多は譲位し、十三歳の敦仁親王《あつぎみしんのう》(醍醐《だいご》)が即位した。同時に、基経の子時平《ときひら》を大《だい》納言《なごん》、信頼あつい菅原道真を権《ごん》大納言として醍醐を補弼《ほひつ》させた。八九九(昌泰二)年、二人はそれぞれ左右大臣に昇進するが、九〇一(延喜元)年醍醐を廃し斉世《ときよ》親王の擁立をはかったとして菅原道真が大宰権帥《だざいごんのそち》に左遷された。道真が醍醐の弟斉世親王に娘を配したことで斉世の擁立をはかったとみられたのである。宇多は時平の妹穏子《おんし》の入内《じゅだい》をめぐって対立しており、宇多—道真の関係を時平が排除する目論見《もくろみ》であったのであろう。

醍醐と時平による政権は、九〇二(延喜二)年、延喜の荘園整理令と呼ばれる一連の法令を発布した。班田《はんでん》の励行、内膳司《ないぜんし》の臨時の御厨《みくりや》と院宮王臣家の厨の停止、勅旨開田《ちょくしかいでん》の禁止、院宮五位以上官人《かんじん》による百姓の田地舎宅の買得と閑地荒田の占取の禁止、院宮王臣家による山川藪沢《さんせんそうたく》の占取の禁止などの内容を含み、院宮王臣家による大土地所有の進展と、諸国の百姓が中央の院宮王臣家と結びつき私的土地所有の確立をはかる動きを抑制することを意図したものである。

時平は、九〇九(延喜九)年に三十九歳で死去するが、その死は道真のたたりと恐れられた。九二三(延長元)年皇太子保明《やすあきら》親王が病で死去。道真の怨霊によるとの噂が広まり、道真を右大臣に復して正二位を贈り、左遷の詔書を破棄した。九三〇(延長八)年、清涼殿《せいりょうでん》に雷が落ち大納言藤原清貫《きよつら》と右中弁平希世《ちゅうべんたいらのまれよ》が即死するという事件も起こり、これも道真の怨霊であると恐れられた。醍醐も衝撃により重病に陥り、穏子の生んだ八歳の寛明《ゆたあきら》親王(朱雀《すざく》)に譲位、時平の弟忠平《ただひら》を摂政としたが、醍醐は譲位の七日後に死去する。

このときの譲位の詔では「幼主を保輔して政事《まつりごと》を摂行《せっこう》すべし」とされた。忠平の父基経が清和《せいわ》の詔によって陽成《ようぜい》の摂政となった前例にならったもので、天皇幼少期に摂政をおく制と譲位の詔によって宣せられる方式が定着することになった。九三七（承平七）年、朱雀天皇の元服とともに摂政を辞したが許されず、九四一（天慶四）年にいたり摂政を辞して関白に任じられた。これも「仁和《にんな》の例に准じて、関白の事あり」とされ、基経の関白の例にならったものであった。忠平の摂政・関白の任命を通じて、基経のときには明確化していなかった、天皇の大権を代行しうる摂政、天皇の補佐としての関白というそれぞれの役割が明確になり、天皇幼少時には摂政をおき、成人後にはそれを改めて関白とするという形式が成立した。

承平・天慶の乱

「富豪之輩」が院宮王臣家と結託し国司の徴税に対抗する動向は、国司の国内支配との衝突を引き起こした。八五七（天安元）年、郡司《ぐんじ》率いる三〇〇人に対馬守が殺害され、八八三（元慶七）年には筑後《ちくご》守が国司館で同国掾《じょう》に射殺され、八八四（元慶八）年には、石見守が邇摩《にま》郡大領《だいりょう》や百姓に襲撃されて国印・鑰匙《やくし》・駅鈴《えきれい》などを奪取されるなど、国司を襲撃する事件が全国的に頻発していたころ、坂東《ばんどう》諸国では、八八九（寛平元）年に群盗の首領物部氏永《もののべのうじなが》が蜂起し、昌泰年間（八九八〜九〇一年）まで十数年にわたって追捕《ついぶ》された。坂東の群盗のなかでも、馬による物資運送に従事した富豪集団で僦馬《しゅうば》の党《とう》と呼ばれた集団が大きな存在であった。

坂東における治安状態に影響を与えたもうひとつの要因が、俘囚《ふしゅう》の反乱であった。俘囚とは律令国家に服属した蝦夷《えみし》で、八四八（嘉祥元）年に上総《かずさ》で起こった俘囚丸子廻毛《まりこのつむじ》の反乱では、上総・下総《しもうさ》・相模《さがみ》・上野《こうずけ》諸国に対して征討命令がくだり、二日後には上総国司が俘囚五七人を惨殺したと報告されているが、丸子廻毛の反乱以後も反乱が続いた。

このような治安状況のなかで、平将門《たいらのまさかど》の乱が起こった。将門は桓武《かんむ》の曽孫高望《たかもち》王の孫、鎮守府《ちんじゅふ》将軍平良将《よしまさ》の子で、下総国豊田《とよた》郡を中心に猿島《さしま》郡・相馬《そうま》郡にも私領をもち、各地に営所をおいて農業経営をおこなっていた私営田領主であった。九三五（承平五）年ころから、将門は父の残した所領をめぐって伯父の下総介平良兼《よしかね》ら平氏一族との争いを続けていたが、武蔵《むさし》国でも武蔵権守興世《おきよ》王・武蔵介源経基《みなもとのつねもと》と、武蔵国足立《あだち》郡司判官代《ほうがんだい》武蔵《むさし》武芝《たけしば》の争いが起きた。争いの発端は、興世王・経基が官物の欠負・納入の違期を理由に慣例を無視して足立郡に乱入し財物を奪い取り舎宅を検封したことにある。将門の仲裁により竹芝と興世王は和解したが、経基は将門が反乱を起こしたとして都へ訴え出た。

その間に常陸《ひたち》国で起こったのが、藤原玄明《はるあきら》と常陸介藤原維幾《これちか》との紛争である。玄明は大規模な私営田を経営し、官物納入をめぐって維幾と対立していた。玄明と維幾との紛争仲介のため、将門は一〇〇〇人余りの兵を率いて常陸国府《こくふ》に向かったが合戦となり、常陸国府を占領して印鎰《いんやく》を奪い取り国司を追放してしまう。将門はその後下野《しもつけ》国府・上野国府も占領し印鎰を奪っている。印鎰は国司の行政の象徴である国印と正倉《しょうそう》の鎰であり、それを奪うことは国家に対する謀反をはかったことになる。

将門は、上野国府占領後、除目《じもく》をおこない坂東八カ国と伊豆国の国司、左右大臣・納言《なごん》・参議《さんぎ》などの文武百官《ぶんぶひゃっかん》を任命し、内印・外印を鋳造し、坂東に京を模した国家を樹立しようとしたとされている。九四〇（天慶三）年、大将軍藤原忠文《ただふみ》が将門追討のため京を出発する。坂東では藤原秀郷《ひでさと》・平貞盛《さだもり》が兵を進め、将門は秀郷に惨敗し猿島郡の北山《きたやま》の戦闘において敗死した。乱鎮圧の功績者である秀郷を従四位下下野守、貞盛を従五位上右馬助《うまのすけ》に任じた。謀反を報告した賞として経基も従五位下に叙位された。

瀬戸内海では、水運の発展に応じて活発化した海賊の活動をおさえるため九三二（承平二）年に追捕海賊使が定められ、翌年には南海道《なんかいどう》諸国に警固使《けいごし》が派遣される。伊予掾《いよ》をつとめた藤原純友《すみとも》が海賊追捕に加わったことにより、九三六（承平六）年小野氏彦《おののうじひこ》ら海賊は配下を引きつれて投降した。しかし九三九（天慶二）年海賊を平定する側であった純友は海賊と結び、彼の郎党が摂津《せっつ》国で備前介・播磨《はりま》介を襲撃した。東西で同時に勃発した事件に衝撃を受けた中央政府は、当初純友を従五位下に叙位し海賊の活動をおさえる方策をとった。将門滅亡後は純友を追捕する方針をとったが、純友軍は大宰府を焼き払い略奪をおこなうなど反乱は長期化した。しかし九四一（天慶四）年小野好古《よしふる》によって博多《はかた》津で撃破され、逃亡した純友は伊予で警固使　橘　遠保《たちばなのとおやす》に斬《き》られ、残党も年内には掃討される。

将門の乱は一族の内紛から反乱へいたったが、常陸国衙の官物納入要求を拒否した藤原玄明や武蔵国司と対立した武蔵武芝への荷担にみられるように、その矛先《ほこさき》が受領《ずりょう》に向けられていたことも特徴のひとつである。純友の乱も、「承平南海海賊《じょうへいなんかいかいぞく》」平定の勲功者と受領との対立がその発端であった。乱を鎮圧した勝者たちやその子孫は、以後諸国の受領や鎮守府将軍などを歴任し、中央では検非違使《けびいし》・衛府《えふ》・馬寮《めりょう》の官人として、武力が必要とされる国家的な大事件に動員される「都の武者」となった。経基や貞盛を祖とする源平両氏のような武門の家柄を生み出したことも、承平・天慶《てんぎょう》の乱の帰結であった。

3 摂関政治体制の確立

安和の変と摂関常置への道

九六九(安和二)年、左大臣《さだいじん》源高明《みなもとのたかあきら》が婿の為平親王《ためひらしんのう》を皇位に即《つ》けようとした謀反の嫌疑をかけられ大宰権帥《だざいごんのそち》に左遷される事件が起こった。この安和《あんな》の変は、有力な皇位継承者であった為平の後ろ盾である高明を中央政界から追放しようとする、藤原師輔《ふじわらのもろすけ》の弟師尹《もろまさ》、師輔の子伊尹《これまさ》・兼家《かねいえ》らによる陰謀とされる。変の発生から五カ月後、冷泉《れいぜい》は退位し、守平《もりひら》(円融《えんゆう》)が即位、師貞《もろさだ》親王が立太子《りったいし》した。師尹・伊尹の没後、兼家の兄兼通《かねみち》は内大臣に任じられ政務の実権を握り、九七四(天延二)年には太政大臣《だいじょうだいじん》に就任し関白《かんぱく》となった。九七七(貞元二)年、病に倒れた兼通は関白を左大臣藤原頼忠《よりただ》にゆずり、兼家の右近衛大将《うこのえのたいしょう》の官を奪い藤原済時《なりとき》に与えた。兼通・兼家兄弟の「骨肉の争い」との見方もあるが、太政官《だいじょうかん》筆頭の左大臣頼忠が関白となることは公卿《くぎょう》層の合意としても存在したであろう。

九八四(永観二)年円融が譲位し、師貞(花山《かざん》)が即位、兼家の娘詮子《せんし》が生んだ懐仁《やすひと》親王が皇太子となり、太政大臣頼忠は引き続き関白に任じられた。花山は即位直後から、延喜《えんぎ》の荘園整理令《しょうえんせいりれい》後の新立荘園の停止をはじめ、破銭《はせん》(悪銭)をきらう風潮に対する禁制や、京中の沽価《こか》を定め流通の安定をはかるなど新制を実施した。九八六(寛和二)年、寵愛していた女御《にょうご》怟子《しし》の死をきっかけに出家の意志を固めていた花山を兼家はひそかに出家させ、懐仁(一条《いちじょう》)を即位させた。外祖父兼家が摂政《せっしょう》となるとともに、皇太子には娘超子《ちょうし》の生んだ居貞《いやさだ》親王が立てられた。右《う》大臣であった兼家の上席には太政大臣頼忠・左大臣源雅信《みなもとのまさのぶ》がいたため、彼は右大臣を辞して大臣の序列から離脱し、「一座宣旨《いちざのせんじ》」によって摂政という地位のみで国政上の最高の権能をもつ者として、太政大臣の上に列せられるという措置が講じられた。この措置によって、従来は大臣を本官とするポストであった摂政・関白は律令《りつりょう》官職を超越した最高独自の地位となり、摂関《せっかん》と分離された太政大臣の地位は実質的権力と一致しない公卿内部の長老を処遇する名誉職的な色彩が強くなった。

九九〇(正暦元)年兼家が死去したのち、その子道隆《みちたか》が摂政に就くが、九九五(長徳元)年、疱瘡《ほうそう》の流行が続くなか、道隆は死去した。道隆死去後、弟道兼《みちかね》が関白に就任したが、これもわずか一〇日余りで死去、弟の道長《みちなが》に内覧《ないらん》の宣旨がくだった。道長と道隆の子伊周《これちか》との政権をめぐる対立のさなか、伊

安和の変前後の藤原氏略系図

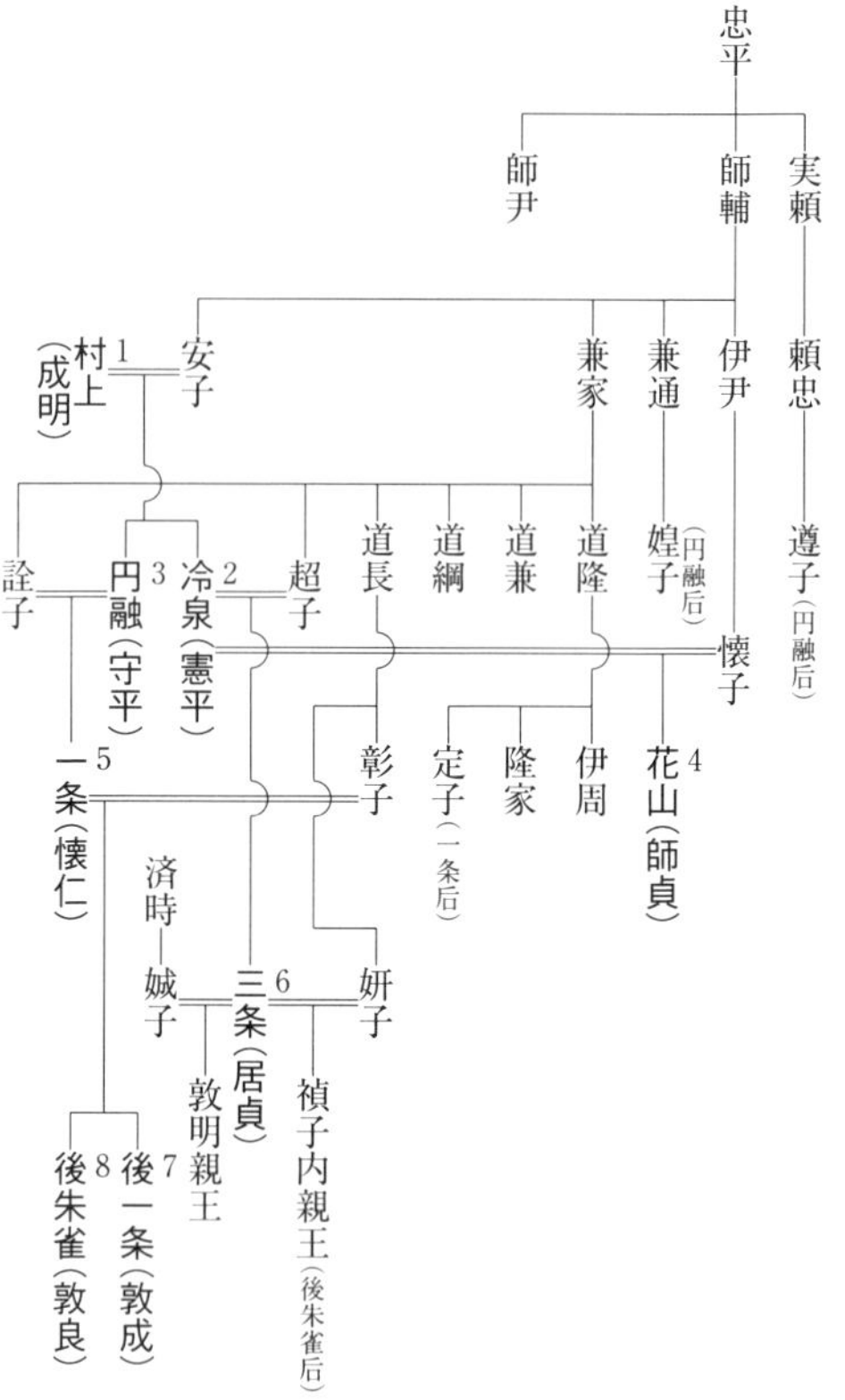

太字は天皇、数字は即位の順を示す。

周の弟隆家《たかいえ》による花山法皇《ほうおう》狙撃事件、伊周による太元帥法《たいげんのほう》修法《しゅほう》事件などを機に伊周・隆家兄弟は左遷され、道長は左大臣に転じ彼の覇権が確立した。

一〇一一(寛弘八)年一条の死去により三十六歳の居貞(三条《さんじょう》)が即位した。道長は、眼病をわずらっていた三条に譲位を迫り、三条も譲位とひきかえに子の敦明《あつあきら》親王の立太子を実現することで道長と妥協をはかり、一〇一六(長和五)年譲位し、後一条《ごいちじょう》の摂政として外祖父の道長が就任した。三条上皇《じょうこう》は譲位の翌年に死去するが、その三カ月後に敦明は皇太子を辞退し、後一条の弟敦良《あつなが》親王(のちの後朱雀《ごすざく》)が皇太子となり、道長は次代の天皇の外戚《がいせき》の地位を確保したのである。一〇一八(寛仁二)年、三女の威子《いし》が後一条の中宮《ちゅうぐう》に立后《りっこう》された。長女彰子《しょうし》は一条天皇の中宮として後一条・後朱雀を生み、次女妍子《けんし》は三条の中宮となり、ここに「一家三后」という事態が出現した。一〇二一(治安元)年には嬉子《きし》を敦良の妃とし、この嬉子が生んだのが親仁《ちかひと》(のちの後冷泉《ごれいぜい》)である。歴代天皇の後宮《こうきゅう》を制して次代の天皇の外戚としての地位を保ち、道長は他家を圧倒する権威を確立していった。

摂関政治の構造

十世紀の後半から十一世紀にかけて、摂関政治体制と呼ばれる政治構造が確立する。この摂関政治期の政治のあり方、政務処理のあり方は、政《せい》の系統と定《さだめ》の系統とに大別できる。政は、諸司・諸国から上申された事項を天皇や太政官が聴き決裁する政務処理であり、定は、公卿が参集して議定をおこなうものである。

天皇が諸司・諸国の政務報告を受け決裁した朝政の場は、九世紀に入ると朝堂《ちょうどう》から内裏《だいり》内の紫宸殿《ししんでん》をその場とするようになり、一日・十一日・二十一日と十六日に天皇が出御《しゅつぎょ》して政をみる旬政《しゅんせい》へと変化し、天皇の出御も減少し出御そのものが儀式化・形式化していく。

太政官の構成員による公卿聴政のうち中心となったのは、八二二(弘仁十三)年に制度的に確立した、上卿《しょうけい》・参議《さんぎ》・弁官《べんかん》・少納言《しょうなごん》・外記《げき》・史《し》などが参加し政務の決裁にあたった外記政《げきせい》である。外記政終了後、太政官候庁《こうちょう》の南にある南所《なんしょ》(侍従所)での南所申文《もうしぶみ》と呼ばれる政務もおこなわれた。南所申文で決裁できなかった申文を処理する、内裏の陣座《じんのざ》でおこなわれた陣申文と呼ばれた政務処理手続きもあった。南所申文・陣申文にかけられた諸司・諸国の上申文書は、天皇への奏上が必要と判断されたことがらについて官奏《かんそう》で勅裁を受けたが、それ以外は上卿が決裁すればよく、また官奏に入れるべきか否かも上卿が指示した。

政の系統とならぶもうひとつの政務の系統が定の系統である。そのなかでも摂関期において中心を占めていたのが、陣座でおこなわれた陣定《じんのさだめ》と呼ばれる公卿による合議体である。陣定では、参加した公卿の発言内容を書き記した定文《さだめぶみ》が作成され蔵人《くろうど》に付して奏聞された。議定の場には先例を調べあげた続文《つぎぶみ》・勘文《かんもん》も準備された。公卿の意見が分かれた場合には、それぞれの意見を列挙した定文が作成された。この陣定は九世紀末の仁和年間(八八五〜八八九年)には成立していたとされる。陣定の発議権は天皇にあり、天皇からくだされた諮問に応えるという形式をとり、天皇が議定の結果を拒否することも皆無ではなかった。しかし形式的であろうと、受領《ずりょう》関係の案件や外交案件など、陣定の審議をへなければならない事項は決まっており、これを無視することはできないものであった。

十一世紀なかば以降、陣定は国衙《こくが》・権門《けんもん》間あるいは権門間相互の所領相論の審理をおこなうようになり審議対象が拡大する。しかし院政《いんせい》期には陣定が十分機能しなくなり、それにかわる新しい定の形式があらわれてくる。一部公卿のみの参加による「御前定《ごぜんのさだめ》」がそれであり、その初見は一〇六八(治暦四)年とされる。白河《しらかわ》が譲位して上皇となると、院御所での議定(院御前定・院殿上定)も日常的に開かれるようになってくる。

このような新しい定の出現とならんで政務の流れにも変化があらわれる。十一世紀後半から院政期にかけて、弁官の大夫史《たゆうのし》が上卿をへることなく直接蔵人頭《くろうどのとう》に付して上奏する奏事の重要性が増し、伝奏《てんそう》を通じて院に奏上されるという院政特有の上奏形態も成立する。奏事が盛んになることは、上卿が決裁する案件が減少し、天皇や院が直接指示し決裁するあり方へと変化し、上卿の変質をもたらしていった。

国家機構・貴族社会の再編と年中行事

国家機構の運営のあり方は、九世紀を起点として大きな変化があらわれ、律令官僚制とは異なる編成原理をもつ官職体系が生み出されてくる。その変化は、個別の行政執行の課題を担う官司(所)の出現というかたちをとり、別当《べっとう》を頂点とする編成をとっていることがその特徴である。

官職体系の再編により、官司に勤務する官人《かんじん》の任官方式と位階昇進方式も変化する。年労加階《ねんろうかかい》制と年労叙爵《じょしゃく》制と呼ばれる官職の年労に基づく方式がそれである。年労加階制とは、特定の官職にある期間在職することにより位階昇進の資格を得るシステムである。年労加階制は、在職する官職や昇進する位階ごとに必要とされる年限が異なる、律令制的な位階昇進方式とは大きく相違するものであった。九世紀後半に成立したとされる年労叙爵制には、特定官職の六位の官人から年労の高い順に毎年一人ずつを五位に叙位する巡爵《じゅんしゃく》や、諸司在職者・諸衛在職者のグループの最上臈者《さいじょうろうしゃ》が毎年一〜二名叙爵される例もあった。

叙位任官システムの変遷とならんで、貴族社会の再編成も進んだ。その契機となったのが清涼殿《せいりょうでん》の殿上《てんじょう》の間にのぼる資格を与える昇殿《しょうでん》制である。昇殿制は弘仁年間(八一〇〜八二四年)に成立したが、宇多《うだ》のときに整備が進み、天皇との関係によって帰属が保証される集団原理へと変化する。昇殿制の導入は公卿・殿上人と六位以下の貴族層との大きな階層差を発生させ、貴族社会の再編をもたらした。後者は、明経《みょうぎょう》・紀伝《きでん》・明法《みょうぼう》・算道《さんどう》などの諸道の技能によって特定の官職を占め始める。十世紀に入るころには、所領から固定的・直接的に収取される給与・財源が安定的存在となったことにともない、実務官人の官職も父子継承に傾いていき、十二世紀ころには独占的家業として世襲されるようになる。

院政期には各種の官途の成立と官職の世襲化を軸として、貴族社会の階層的構成の基本となった摂《せっ》家《け》・清華《せいが》・羽林《うりん》・名家《めいか》などのさまざまな家格が形成されてくる。固有の家職・家業をもって官人集団が国家を支える独特な奉仕形態をかたちづくるとともに、家格の形成によって家業世襲化は五位以上官人の全体をも覆うようになった。

摂関期には、日常政務そのものが儀式化し、政務と儀式はわかちがたく結びついていたとされる。政務に奉仕する貴族・官人たちにとって、その儀式次第は先例にのっとっておこなわれることが求められた。光孝《こうこう》期に藤原基経《もとつね》に命じて清涼殿に立てさせた「年中行事御障子《ねんじゅうぎょうじのみしょうじ》」には、八八五(仁和元)年時点での一年間の公事のほか、三月十一日の射礼《じゃらい》・翌日の賭射《のりゆみ》をはじめ、元正四方拝《がんしょうしほうはい》・四月中子《なかのね》日吉田《ひよしだ》祭・八月五日北野宮《きたののみや》祭など、これ以後定められた行事も組み入れられていく。その行事は『西《さい》宮記《きゅうき》』『北山抄《ほくざんしょう》』『小野宮年中行事《おののみやねんじゅうぎょうじ》』などの儀式書の項目立ての基本となっており、年中行事の体系の基礎が定められた。

宮中行事の整備が進み、儀式に参加し執行する貴族には細部にわたる具体的な行動規範が求められるようになる。その積重ねである故実の継承に重要な役割をはたしたのが貴族たちが記し残した日記である。彼らが記した日記の内容は、主として公事に関する内容であり、宮廷の儀式の記録であって、彼らがのちのちの参考とするために記録したという性格が強いものであった。基経の儀式を忠平《ただひら》に伝えた仁明《にんみょう》皇子本康《もとやす》親王の『八条式部卿私記《はちじょうしきぶきょうしき》』が貴族の私日記としてはもっとも古い例であるが、藤原道長の日記『御堂関白記《みどうかんぱくき》』は二〇年余り、藤原実資《さねすけ》の『小右記《しょうゆうき》』は六〇年余り、藤原宗忠《むねただ》の『中《ちゅう》右記《ゆうき》』も五〇年余りにわたり書き継がれた。継承すべき行為の規範として書き継がれた日記は、伝領した子孫によって先例参看のために利用され、また貴族同士で貸借もされている。

日記は長い年月にわたり書きつづけられたことから、集積された日記を儀式に関する知識の源として活用するために、本人あるいはその後継者が日記の文章を抄録し、目録を作成し、項目を立てて該当の記事を抄出類聚《るいじゅう》した部類記《ぶるいき》も作成された。

4 地方社会の変容と中世への胎動

受領の富

十世紀になると、中央政府へ一定額の貢納物納入をうけおわせることで、任国内の支配を国司《こくし》に委ねる体制が確立した。国司は、租税収納の単位として名《みょう》を編成し、納入責任者として負名《ふみょう》を把握し官《かん》物《もつ》(租《そ》・出挙利稲《すいこりとう》・調《ちょう》などの系譜)・臨時雑役《ぞうやく》(雑徭《ぞうよう》などの系譜)を賦課《ふか》するようになった。そのため彼らにとっては、尾張国郡司百姓等解《おわりのくにぐんじひゃくせいとうげ》にみられるようなさまざまな手段を講じて自らの私富を蓄積する基盤ともなった。

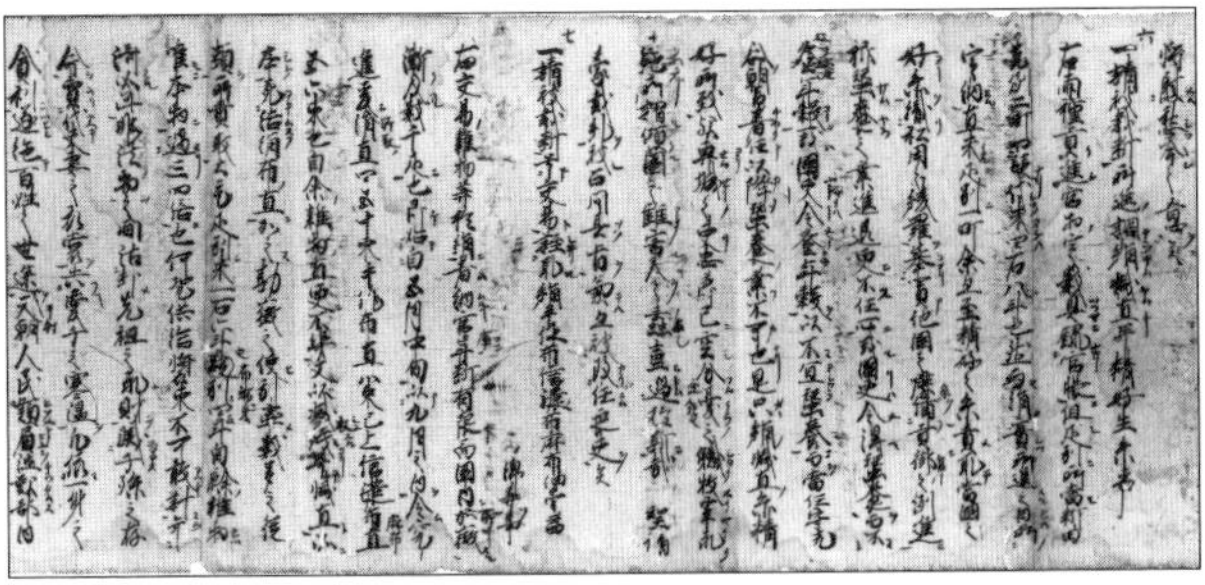

尾張国郡司百姓等解　郡司・百姓が31カ条の非法を列挙したうちの第６条と第７条である。第６条では，田別に賦課されていた絹の賦課基準を改訂して増徴した，第７条では，年料のほかに絹数千疋の交易雑物を加徴したと訴えられている。

九八八（永延二）年、尾張国の郡司・百姓らは国守《こくしゅ》藤原元《ふじわらのもと》命《なが》に三一カ条の非法ありとして太政官《だいじょうかん》に訴え出た。これまで尾張国で慣行として定着していた「国例」をこえた新しい収奪をおこない、新しい賦課も創出し国内からの租税増徴をはかったことから、国内の人民の抵抗を受けたのである。元命の行為は、国司の行政執行上の認定権・裁量権を乱用した行為であった。九世紀後半から末にかけて、国司官長に国内支配の権限と責任が集中し、任国において国務一切をうけおう受領《ずりょう》が誕生したことがその背景にある。

　受領は除目《じもく》によって任命されるが、十世紀も中ごろになると受領希望者が増加し、つぎの任官までの待機の期間が長期化する。どの国に任じられるかは、それによって収入に大きな差が生じることから、彼らにとって大きな関心事であった。任官希望者たちは、除目に際して自らの功績を主張し、欠員のある国に任じられることを希望する申文《もうしぶみ》を提出しただけでなく、摂関《せっかん》・公卿《くぎょう》など発言力をもつ者に対して財を提供し、彼らとの関係を強める動きとなってあらわれる。受領の財力を取り込むため、院・宮や摂関をはじめとする公卿は、彼らを院司《いんし》・家司《けいし》に採用して受領に推挙したり、摂関の場合は女院《にょいん》・天皇との関係を利用しつつ、全国的な受領任官のネットワークを形成していたとされる。受領の側からすれば、摂関との関係を保持することでこれら諸国の受領の地位が保証される関係でもあった。公卿にとって家司を受領に任ずることで間接的に彼らの富を手中にすることのみでなく、庶子を受領とする事例もあり、公卿の経済に受領の富を直接取り込む手段であった。

　国内での政治、中央への租税納入を終え、交替政《こうたいせい》と呼ばれる後任者との事務引継ぎを完了した受領は、解由状《げゆじょう》もしくは不与解由状《ふよげゆじょう》（本来の解由状が発給できない理由を列挙した文書）をもって帰京する。受領の在任中の成績、中央への貢納物納入の実績を判定する陣　定《じんのさだめ》が受領功《こう》過定《かさだめ》である。中央への納入額だけでなく、九四五（天慶八）年には、国内の正税《しょうぜい》官物（留国官物）も功過定の判定材料とされるなどの改定をへて、赴任時の受領数と交替時の分付《ぶんづけ》数とが比較されて任期中の増減が功過の対象とされることになった。これと並行して、受領功過定の監査項目につぎつぎと中央財源に必要なものを取り入れる動向もあらわれてくる。穀倉院《こくそういん》勘文《かんもん》・修理職《しゅりしき》勘文・大《おお》炊寮《いりょう》勘文などである。しかし現実の功過定は、「過」の判定がくだされたのち、受領が申文を提出し、再審査がおこなわれたり、一度で決定できず継続審議となるものも多くあらわれてくるなど、公卿議定の形骸化が進んでいく。

平忠常の乱と武門の台頭

一〇二八（長元元）年六月、平忠常《たいらのただつね》とその子常昌《つねまさ》らを追討する宣旨《せんじ》がくだされた。追討を受けるにいたったのは、忠常が安房国守惟忠《これただ》を襲撃し焼殺したことによる。下総《しもうさ》・上総《かずさ》を勢力基盤としていた忠常が、安房《あわ》に侵入して国府《こくふ》を襲撃して国司を殺害する行動をとった背景には、国司の収奪に反対する安房国の人民と国司との衝突があったが、中央への反乱の意識はなかったとみられる。八月には忠常の従者が京内で捕えられた。忠常は中央貴族に対し追討停止の工作をおこなっていたのである。その工作の中心は、捕えられた従者が藤原頼通《よりみち》の弟教通《のりみち》・権中納言《ごんのちゅうなごん》源師房《みなもとのもろふさ》・運勢《うんせい》らに宛てた書状四通をもっていたことからも、忠常が主君とあおいでいた教通であったことは明らかである。追討使派遣を中止させることが忠常の主眼で、中央政府に対して反乱を起こした意識はなかったことを示している。

忠常の乱の勃発とその後の展開に影響を与えたのが、坂東《ばんどう》の地で勢力を拡大していた貞盛《さだもり》流平氏《へいし》とそれに対抗する良文《よしふみ》流平氏の動向である。貞盛流平氏は、貞盛が平将門《たいらのまさかど》の乱以後中央政界で活躍したことにより、その子孫たちは受領となって中央の貴族と主従関係を取り結ぶものが多かった。一方の良文流平氏は、忠常の父忠頼《ただより》が貞盛の弟繁盛《しげもり》と旧敵であったとされる。父忠頼と繁盛との確執以来の、良文流と貞盛流の房総《ぼうそう》三国を含めた坂東における覇権争いが、乱の底流にあったことは確かであろう。

坂東にくだった追討使は思うような成果をあげることができなかった。翌一〇二九(長元二)年、東《とう》海《かい》・東山《とうさん》・北陸道《ほくりくどう》諸国と追討使に対して、追討の促進を命じる太政官の命令が出されている。しかし事態は好転せず、一〇三〇(長元三)年にいたり、追討使平直方《なおかた》を召し返すことが決定され、甲斐《かい》守源頼信《よりのぶ》が追討使に任じられ、改めて坂東諸国に忠常追討官符《かんぷ》がくだされた。中央政府は事態収拾のため、かつて忠常が頼信に降伏し名簿《みょうぶ》をたてまつっていたという関係の存在を利用したのである。翌一〇三一(長元四)年には、頼信が忠常の投降について報告してきた。頼信は忠常を同行して京都に向かったが、忠常が美濃《みの》国厚見《あつみ》郡で死去したため、忠常の首をもって入京した。

忠常の乱は、人民の反国司の運動が安房国守の焼殺という事態にいたり、中央政府にとっては反乱と認識されてしまった。そこに坂東の覇権をめぐる貞盛流と良文流の平氏の争いの要素が加わって、房総三国全体を巻き込んだ戦闘が引き起こされたものであろう。房総三国は戦乱の舞台として荒廃が著しく、忠常の乱が終息した最大の理由をそこに求めることができよう。忠常の乱後、房総三国の復興・開発の過程で、開発した地を私領とする領主があらわれ、新しい中世的な社会が展開することになる。またこの乱の結果、忠常追討に成功した武名を梃子《てこ》に、坂東武士とのあいだに主従関係を築き彼らを編成した頼信の坂東進出もはたされることになる。

王朝国家の財政と収取体系の転換

十世紀になると律令《りつりょう》税制は、二つの側面から変化をみせる。そのひとつが『延喜式《えんぎしき》』に規定された中央への貢進数量(延喜式数)の定数化であり、もうひとつが田租《でんそ》・正税《しょうぜい》・地子《じし》から官物、交易雑物《こうえきぞうもつ》および雑徭系負担から臨時雑役への税目の編成替えである。

延喜式数による諸国から中央への貢進量の定数化は、一方で地方における国司による収奪の強化をもたらし、他方で中央財政にも直接的な影響を与えた。地方においては、十世紀末の国司検田権《けんでんけん》の確立という国司の権限強化としてあらわれる。検田権の強化をめぐる在地社会との軋轢《あつれき》に対して、国司の収奪に枠をはめる政策として立案されたのが、一〇四〇年代に田率《でんりつ》で賦課される諸税目を組み込んだ官物を原型に成立した公田官物率法《こうでんかんもつりっぽう》である。

これを受けて、恒常的な税源の確保と増加、また臨時の行事にかかる経費調達が、中央財政にとって課題となってくる。毎年国司がおさめる額から一〇分の一を割《さ》いて別納させる正蔵率分制《しょうぞうりつぶんせい》、正月御《ご》斎会《さいえ》などの年中行事の用途として確保するため宣旨がくだされた永宣旨料物《えいせんじりょうもつ》、臨時の国家的造営事業や行事の経費を諸国に割りあてた国充《くにあて》、天皇行幸《ぎょうこう》や大嘗祭《だいじょうさい》などの経費をまかなうために、行事所《ぎょうじしょ》が諸国に対して賦課した行事所召物《めしもの》などによって財源確保がはかられた。これに対して国司は、国解《こくげ》を提出して中央からの経費調達命令を辞退したり負担軽減を申請することもあった。その行きつく先が、荘園《しょうえん》・公領《こうりょう》を問わず一律に賦課する権限を国司が申請する事態の出現である。荘園・公領を問わず臨時に加徴をおこなう申請について、一〇四〇(長久元)年に中央政府も全面的に認める政策転換をおこなった。

国司の臨時加徴を認める一国平均役《いっこくへいきんやく》の政策は、国司による賦課の強行によって、荘園領主からの訴状提出という別の問題も生み出していった。課役免除・賦課停止の官符を獲得したり、公領を出作《しゅっさく》・加納《かのう》により浸食しようとする荘園領主の動向のなかで、国司の側は公領の再編成により対抗した結果、一〇四〇年代には国衙《こくが》に直結する単位所領として別名《べつみょう》や保《ほ》・村・島・浦などが郡とならんで存立する郡郷《ぐんごう》制の改編が進められる。

一〇四〇年の一国平均役とともに発令された長久《ちょうきゅう》の荘園整理令《しょうえんせいりれい》は、荘園・公領を問わず一国平均に賦課をおこなうため、前任の国司までが認めてきた国免荘《こくめんのしょう》を荘園として認定して荘園と公領とを区分したうえで、荘園・公領を問わず造内裏役《ぞうだいりやく》を賦課しようとしたものであった。一〇四五(寛徳二)年には新しい荘園整理令が発令される。この荘園整理令は、前司《ぜんじ》任中以後の新立荘園を停止するとしたもので、前司のときに立荘された荘園が新司の任国支配にとって桎梏《しっこく》となっていたことを示している。この寛徳令《かんとくれい》を基準としたのが、一〇五五(天喜三)年に発令された天喜《てんぎ》の荘園整理令である。その特徴は「寛徳二年以後」という特定の年次で区切ったことにある。それまで「前司任中以後」という国司の代ごとに繰り下がってしまうことや、国司任期によって国ごとに異なる整理基準となることを回避し、全国一律の基準とする荘園整理をおこなう方策を中央政府が打ち出した点に画期性がある。

整理令	発令年月日	内　容
延喜	902(延喜2)年3月12日	臨時の御厨・諸院宮王臣家の厨を停止。
	902(延喜2)年3月13日	当代以後の勅旨開田および諸院宮五位以上官人による百姓の田地・舎宅を買い取り，閑地・荒田を占請することを禁止。ただし券契分明なもので国務に妨げないものは除く。 諸院宮王臣家が百姓の私宅を荘家と号して稲穀を蓄積することを禁止。ただしもともと荘家で国務に妨げないものを除く。 諸院宮王臣家が山川藪沢を占取することを禁止。
永観	984(永観2)年11月28日	格後の荘園(延喜の荘園整理令以後の新立荘園)を停止。
永延	987(永延元)年3月5日	王臣家が荘園・田地を設けて国郡の妨げをなすことを制止。
長久	1040(長久元)年6月8日	当任国司以後の新立荘園を停止。
寛徳	1045(寛徳2)年10月21日	前司任中以後の新立荘園を停止。 官符違反の輩は，国司は現任を解却，百姓は重科に処す。
天喜	1055(天喜3)年3月13日	寛徳2年以後の新立荘園を停止。 官符の旨を勤めおこなわない国司は解却，公田を籠作する輩は，搦め取りもしくは姓名を注進させる。
延久	1069(延久元)年2月22日	寛徳2年以後の新立荘園を停止。 瘠せた荘田と肥えた公田を不当に交換したもの，籠作した公田，浮免荘田など，諸荘園の所在・領主・田畠の総面積を注進させる。
	1069(延久元)年3月23日	寛徳2年以後の新立荘園を永く停止。 往古の荘園でも券契不分明で国務に妨げあるものは停止。
	＊1069(延久元)年閏10月23日，はじめて記録荘園券契所を太政官朝所に設置。	
承保	1075(承保2)年閏4月23日	寛徳2年以後の新立荘園を停止。 加納田畠は起請(寛徳の荘園整理令)の前後を論ぜず，一切禁止。 起請(寛徳の荘園整理令)以前の荘園でも，国務に妨げあるものは停止。
寛治	1093(寛治7)年3月3日	諸国濫立の荘園を停止。「延久・応徳・寛治元年」の例により停止するとの基準があげられている。
康和	1099(康和元)年5月12日	薪立荘園を停止。

荘園整理令一覧　全国的に施行された，11世紀までの荘園整理令を掲げた。詫間直樹「『荘園整理令』とは何か」(『新視点　日本の歴史』3)参照。

この荘園整理令は後世たびたび発令される荘園整理令にも影響を与えていくものとなる。

尊仁の立太子と院政への道

一〇三六(長元九)年、後一条《ごいちじょう》は二十九歳で死去し、弟敦良《あつなが》(後朱雀《ごすざく》)が即位した。後朱雀には藤原道長《ふじわらのみちなが》の娘嬉子《きし》とのあいだに親仁《ちかひと》(のちの後冷泉《これいぜい》)と、三条《さんじょう》と道長娘妍子《けんし》とのあいだに生まれた禎子内親王《ていしないしんのう》とのあいだに尊仁《たかひと》(のちの後三条《ごさんじょう》)が生まれていた。後朱雀・後冷泉とも皇子が誕生せず、一〇四五(寛徳二)年、後冷泉即位により、尊仁が立太子《りったいし》する。一〇六八(治暦四)年、後冷泉が死去し、二四年間にわたり皇太子の地位にあった尊仁が後三条として即位する。藤原氏を生母としない天皇として即位することになったのである。

後三条の進めた新政は、荘園整理によって荘園と公領の区分の明確化をはかり、国家財源を確保することを課題としていた。一〇六九(延久元)年には、太政官に記録荘園券契所《けんけいしょ》(記録所)が設置された。これまで諸国に委ねられてきた荘園の認可・停廃の審査を記録所でおこない、公卿議定をへて後三条が裁可することにより、荘公区分の明確化をおこなった。

また、あらたに畿内各国に一段から五〜六段の御稲田《みいねだ》を設定し、内廷財政の強化、内廷経済の充実のための政策もとられた。財政政策の一環として、一〇七二(延久四)年には国家的公定枡として宣旨《せんじ》枡《ます》を定め、京都の東西市の公定価格や交換比率を定めた沽価法《こかほう》を制定した。さらに、京都の官町に対する検非違使庁《けびいし》下部の乱入や門並夜行役《かどなみやこうやく》の賦課の停止、獄中の非違の有無の検察など、京都の治安警察権の把握もはかられた。

仏教界との安定した関係を樹立するため、一〇七二年には延暦寺《えんりゃくじ》と園城寺《おんじょうじ》に御願寺《ごがんじ》を建立し、円《えん》明寺《みょうじ》(円宗寺《えんしゅうじ》)において天皇行幸のもと最勝会《さいしょうえ》・法華会《ほっけえ》を修した。このち北京三会《ほっきょうさんえ》として営まれ、この講師をつとめることで僧綱《そうごう》に任ずるコースも新設し、延暦寺と園城寺から隔年で講師を請《しょう》じて、山門《さんもん》・寺門《じもん》の対立を緩和する試みをおこなった。

一〇七二年、後三条は皇太子貞仁親王《さだひとしんのう》に譲位し、白河《しらかわ》が即位した。後三条が上皇《じょうこう》として院政《いんせい》をしき政治の実権を把握しようと意図していたのか否かについては議論があるところである。しかし、皇太子にはわずか二歳の実仁《さねひと》親王が立てられている。後三条は、白河を中継ぎとして、実仁を皇位継承者として構想していたことを意味する。彼の構想は翌年四十歳で死去することにより実現をみることはなかったが、皇位継承決定権という院権力の根源を握って天皇を後見し、院として活動する政治形態へ向かう可能性をもったという点においては、後三条の譲位は院政の開始といえよう。

白河は、後三条死後も皇位にとどまり実仁に譲位しなかった。一〇八五(応徳二)年、実仁が死去すると、後三条が実仁のつぎの皇位継承者に構想した実仁の弟輔仁《すけひと》親王をおいて、わずか八歳のわが子善仁《たるひと》親王を皇太子に立て、立太子の当日、白河が譲位することで堀河《ほりかわ》が即位した。白河の意図は、堀河即位後も皇太子を定めなかったことから知られるように、堀河の子に皇位継承させることにあった。

後三条天皇関係略系図

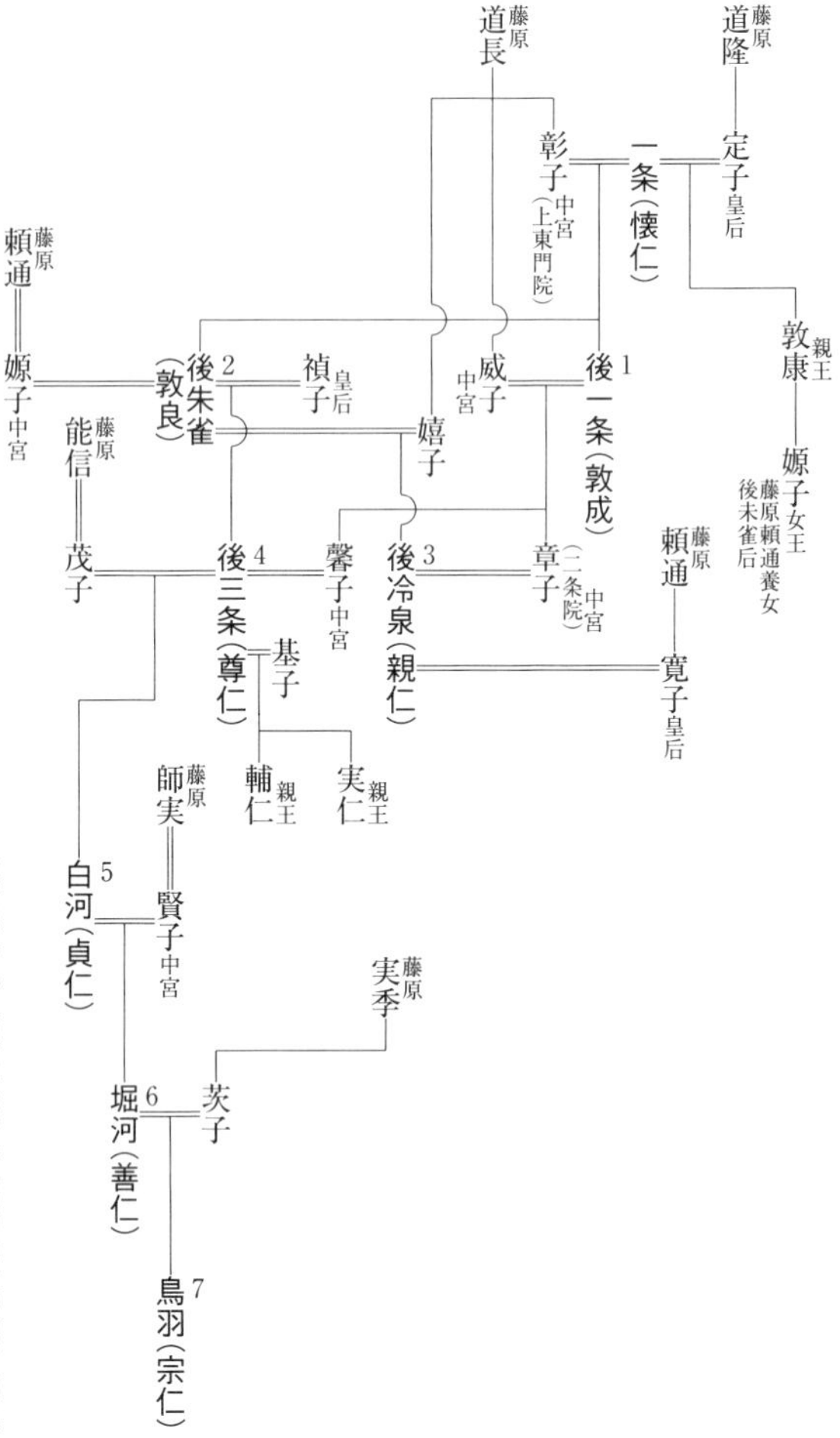

太字は天皇、数字は後一条以後の即位の順を示す。

一一〇七(嘉承二)年、堀河が死去すると、白河は堀河の子で五歳の宗仁《むねひと》親王(鳥羽《とば》)を即位させた。後三条が始めた皇位継承者を自ら定めるという権力の発動を、堀河・鳥羽と二代にわたり行使するにおよんで白河の立場は強固なものになっていった。院政が本格的に開始されたのである。

第四章　権門の分立と「武者の世」

1　権門の分立と荘園公領制

院政――「中世」の出発

中世的な政治形態の特徴は、家を原理的な構成要素とする点にある。中世国家の頂点に立つ機関である院《いん》・摂関《せっかん》は、おのおの天皇家と摂関家の家長であり、それ以下のクラスの貴族たちもそれぞれ家を形成していた。朝廷はそれらの家の集合体にすぎず、国政のさまざまな機能も、ほとんどが家によって分掌されていた。換言すれば、特定の家が特定の国政上の権能、すなわち「家業」を担うようになった。

それらの家がそれぞれ「家産」をもち、それを子孫に伝えていく。その主要な形態が荘園《しょうえん》であった。荘園に編入されなかった国衙領《こくがりょう》(国領、公領)も、国単位で特定の家の家産となった。荘園公領制とは、国家が家の集合体に変貌をとげたことに対応する大土地所有の体系であった。

家の論理はやがて貴族社会の外部にも浸出し、社会の最上層を構成する諸勢力が、武士社会であれば「武家」、寺院・神社であれば「寺家」「社家」など、家のアナロジーで呼称された。こうした権勢のある広義の家を「権門《けんもん》」と呼ぶので、中世の国家体制を「権門体制」と名づけることができる。各権門は分立してしばしば対立・紛争をくりかえす一方で、相互に依存しながら国家体制を構成していた。それぞれの内部には独自の色彩をもつ主従制が形成され、中世の人的関係の軸をつくっていた。

前代の「摂関政治」も、「院政」と同様、王の後見人が権力の主体となる政治形態である。しかし、王の外祖父による後見政治である摂関政治は、摂関の娘に皇子が生まれることを前提条件とするから、偶然に左右されがちであった。

藤原道長《ふじわらのみちなが》の嫡子頼通《よりみち》は、養女嫄子《げんし》を後朱雀《ごすざく》天皇(父は一条《いちじょう》天皇、母は道長の娘彰子《しょうし》)に、娘寛子《かんし》を後《ご》冷泉《れいぜい》天皇(父は後朱雀天皇、母は道長の娘嬉子《きし》)に入内《じゅだい》させたが、待望の皇子は生まれなかった。後冷泉天皇の即位時に皇太弟となった尊仁親王《たかひとしんのう》は、母が三条《さんじょう》天皇の皇女禎子内親王《ていしないしんのう》で、藤原氏の外孫ではなかった。尊仁は頼通の圧迫に耐えて、二四年間も東宮《とうぐう》の地位を守りとおした(一三六ページ系図参照)。

一〇六八(治暦四)年、後冷泉天皇が死去し、尊仁が皇位に即《つ》いた(後三条《ごさんじょう》天皇)。藤原教通《のりみち》が関白《かんぱく》に立ったが、外祖父の圧力から解放された後三条は、積極的に親政を推進した。その中心政策が、記録荘園券契所《けんけいしょ》(略して記録所)を設置して実行した荘園整理で、目的は摂関家の勢力削減にあった。一方で王家領の充実をはかり、各地に勅旨田《ちょくしでん》を設定した(後三条院勅旨田)。後三条は在位四年半で皇太子貞仁《さだひと》親王(母は藤原能信《よしのぶ》の養女)に譲位した。『愚管抄《ぐかんしょう》』以来、この譲位を院政開始を意図したものとする解釈がある。その可能性はあるが、病身の上皇《じょうこう》は実権をふるうことなく、一〇七三(延久五)年死去した。

一〇七二(延久四)年即位した貞仁すなわち白河《しらかわ》天皇は、父後三条の指名した皇太弟実仁《さねひと》(白河の異母弟)が八五(応徳二)年病死すると、実仁の同母弟輔仁《すけひと》を退けて、翌年自身の子善仁《たるひと》を皇太子に立て、即日譲位した。善仁すなわち堀河《ほりかわ》天皇はまだ八歳の幼少だったから、白河上皇が政務をみることになった。『愚管抄』は「この時より、かく太上《だいじょう》天皇にて世を知食《しろしめ》す事久しきなり」と書いている。

院政は王家の家長による後見政治であるが、王の直系尊属が、王に任命される官職以外の立場から権力をふるうのであるから、摂関政治よりはるかに安定的であった。院は、皇位にともなうもろもろの制約から自由に恣意を貫くことができたので、お気に入りの近臣や侍を登用・抜擢して自らの権力基盤に取り込んだ。これが社会階層の流動化をうながし、大規模な内乱を誘発することになり、結果的に武士の台頭を招いた。

院は、仏教を中心とする宗教勢力の頂点に立つ存在でもあった。護持僧《ごじそう》や即位灌頂《かんじょう》の制度化は後三条天皇から始まっている。寺社勢力は、院をターゲットに自分たちの要求を突きつけ始める。これを嗷訴《ごうそ》という。寺社が握る呪力の政治的意味は肥大化し、軍事力に匹敵するものになった。院は六勝《ろくしょう》寺《じ》以下の造営に財力を注ぎ込み、多数の法会《ほうえ》を創設してその財源に荘園を寄進し、国家的仏事を王権のもとに再編していった。

普通、白河・鳥羽《とば》・後白河《ごしらかわ》の三代を院政時代というが、院政はいまだ確固たるものではなかった。一一五九（平治元）年の平治《へいじ》の乱を引き起こした要因のひとつが、二条《にじょう》（後白河皇子）の親政か後白河の院政かという対立にあったように、天皇の直系尊属でも自動的に実権が握れるわけではなかった。家父長権の未確立は、この時期の政治史を彩る父子の相克としてあらわれる。それは、白河が父後三条の遺志を無視した皇位継承をおこなったのをはじめ、白河と鳥羽、鳥羽と崇徳《すとく》、後白河と二条など、四世代にわたって続いた。王家のみならず、摂関家では忠実《ただざね》と忠通《ただみち》、清和源氏《せいわげんじ》では為義《ためよし》と義朝《よしとも》に、同様の父子相克が認められる。

院政が通常の政治形態となるのは、むしろ院権力が幕府に敗北を喫した承久《じょうきゅう》の乱（一二二一〈承久三〉年）ののちである。幕府は、倒幕に関与した者を排除して後堀河《ごほりかわ》天皇を皇位に即け、皇位に即いたことのない後堀河の父を院政の主とした（後高倉《ごたかくら》院）。この段階では、院政があるべき政治形態と観念されていたこと、また、幕府による治天《ちてん》（政務をとる院）の指名が不可欠であったこと、がわかる。これらが院政を長続きさせていく要因になった。一三五二（観応三）年、南朝による束の間の一統が破れ、幕府が後光厳《ごこうごん》天皇を擁立して北朝を再建したとき、後光厳の祖母広義門院《こうぎもんいん》をむりやり治天にすえた。

先例を無視してまでも治天による皇位決定という形式に固執した点に、院政が正統性を獲得していたことがうかがえる。

権門領荘園群の成立

九世紀なかば以降、国家に対する貢納物の未納が深刻となり、朝廷は国司《こくし》長官に管国の政務を委任するあらたなシステムに移行することで、乗切りをはかった。この段階での国司長官を「受領《ずりょう》」と呼ぶ。国内の土地を丈量して賦課を定める検田《けんでん》権も受領に委任されたので、特定の土地を不輸《ふゆ》(免税)と認定したり、その認定を取り消したり(収公)することも、受領の権限となった。国家が不輸を認可した「官省符荘《かんしょうふしょう》」については、もともと国司は検田権をもっていなかったが、国司の受領化にともなって、官省符荘田も受領が独自に不輸の認定・収公をおこなうようになった。さらに、十世紀以降には、受領が自己の判断で不輸を認める「国免荘《こくめんしょう》」も登場する。

しかし、十一世紀前半以前、すなわち摂関時代の荘園は、受領が交代すると収公されてしまうことが多かったうえに、土地面積に占める割合も小さく、不安定で例外的な土地制度にすぎなかった。摂関以下の貴族の財源の中心は、あくまで封戸《ふこ》などの国家から与えられる給付にあり、荘園からの収入は補助的なものだった。摂関政治の基盤となった土地制度を荘園制に求める通念は、大いなる誤解である。

十一世紀中葉以降、公領の田堵《たと》(有力百姓)が、荘園に認められた免税特例を目当てに荘園に帰属することを求めたり(田堵の寄人《よりうど》化)、逆に荘園に属する人びとが公領に出作《しゅっさく》したりする動きが進んだ。その結果、土地面積に占める荘園の割合が増大すると同時に、「集落を核に田畠と山野河海を結合する」といった領域的完結性を備えた荘園が多くなる。これを初期荘園に対して「領域型荘園」と呼ぶことにしよう。

荘園が量的にふえる一方で、受領による収公の危険性がつきまとう不安定性を克服しようとする動きもあらわれてくる。その方策として有効だったのが、上位者の保護を求めて所領を寄進《きしん》するという行為だった。寄進が法的に確認される(立券《りっけん》)と、半不輸・出作など限定的ないし不安定な支配しかおよんでいなかった領域が、荘域に取り込まれることが多かったから、寄進の盛行は荘園の領域的完結性を一層進展させることになった。「寄進地系荘園」と呼ばれるこのタイプの荘園は、十二世紀前半から中葉にかけて爆発的に増加した。

各権門ごとに家領荘園群の成立時期をみると、荘園設立の動きが目立ち始める摂関政治期に実権を握っていた藤原摂関家が早く、摂関家領の根幹的部分は十一世紀中葉から後半にかけてできあがってくる。伊勢神宮《いせじんぐう》領の場合、圧倒的部分を占める伊勢国内およびその近国の所領は、白河院政期(一〇八六~一一二九年)までに形成されたが、東国の所領はやや遅れて、十二世紀に入ってからが多い。王家の場合は、摂関時代に後院領があったが、その規模は小さかった。王家領が急激に増加するのは鳥羽院政期(一一二九〜五六年)で、つぎの後白河院政期にかけて院・女院《にょいん》や御願寺《ごがんじ》に厖大な所領が寄進され、中世を代表する権門領荘園群として成長をとげる。中世最大の荘園領主である王家が巨大荘園領主となった鳥羽院政期を、荘園制成立の最大の画期としてよいだろう。

荘園寄進は同一の土地に対して上下二つの権利者を発生させ、これがくりかえされることによって、重層的な土地支配関係が生じてくる。在地領主が所領保全をはかって貴族や寺社に寄進をおこなうと、彼は「下司《げし》」という地位を与えられて年貢収納や勧農にあたった。貴族・寺社のなかでも、下位者から上位者への寄進がおこなわれ、下位者は「預所《あずかりどころ》」または「領家《りょうけ》」と呼ばれて荘園支配に関与し、上位者は「本家《ほんけ》」として一定の得分の取得とひきかえに荘園支配に保護を与えた。

こうして多くの寄進地系荘園は、「本家—領家(預所)—下司(のちに地頭《じとう》)」という重層的な支配および得分獲得の系列をもつようになる。中世では、一定の職務が得分取得権と一体となったものを「職《しき》」といったので、それぞれの地位は「本家職」「領家職」「預所職」「下司職」と呼ばれた。このようなシステムを「職の体系」と呼んでいる。

十二世紀に寄進によって重層的な土地支配体系が形成されてくると、荘園領主のあり方にも変化があらわれる。最上位の領有主体である「本家」は、十一世紀には現地の荘園支配に直接関与する場合が多く、かつ最上級の貴族・寺社に限られてはいなかった。ところが十二世紀になると、本家は領有体系の頂点に立つ者という意味合いが強くなり、現地の支配には直接関与しなくなると同時に、本家になりうる階層も、院・女院・摂関家・御願寺・大寺社といった、王権を分有する権門に限定されてくる。

十一世紀後半に五度にわたって出された荘園整理令では、いずれも最初の整理令である一〇四五(寛徳二)年令以降の新立荘園を認めないと定めている(一三三ページ表参照)。荘園を国家制度としては認めない、というのが原則であった。ところが、一一五六(保元元)年の保元《ほうげん》の乱直後に出された新制では、停止される荘園は前年の後白河即位以後に限定されている。つまり、それ以前に立てられた厖大な荘園は合法化されたわけで、事実上荘園制は国家制度として容認されたといえる。

一方、後白河即位後の荘園については、勅旨《ちょくし》によるものしか認めないと定めている。その前提として、新制の冒頭には「九州の地は一人の有なり、王命の外《ほか》、何ぞ私威を施さん」と、王権による全国土の領有が宣言されている。院は、諸権門の上に立つ「王」として、荘園領有の最終的な裁定者に自己を位置づけたのである。

中世村落の形成と在地領主制

十一世紀の荘園では、荘官と住民とが共同で荘園領主に対して「住人等解《げ》」を提出し、国司の干渉の排除などを求める運動が広くみられた。この運動の前提には、住人たちが荘園を単位に地縁的に結合している状態がある。これが、前述した「領域型荘園」の登場を居住者の面からみたときの姿である。

十二世紀なかばになると、上申文書の差出人から荘官層が消え、「百姓等解」あるいは「百姓等申《もうし》状《じょう》」と呼ばれる、百姓身分の住民たち自身を主体とする形式の文書に変化する。荘官に任用されるような有力層が住民集団から分離し、百姓層を自らの支配の対象として位置づけると同時に、荘園を単位とする地縁的結合の主体が百姓層に移行したのである。また、荘内の屋敷や耕地が、役賦課の単位である「名《みょう》」に編成され、上層の百姓が「名主《みょうしゅ》」となって、村落運営の主導権を握った。「名」は、編成時に百姓の名前をつけて「何某名」と呼んだことからきた名称である。

この段階での地縁的結合を中世村落、それを現地で支配する荘官層を在地《ざいち》領主と呼ぶ。むろんこのモデルは、一荘が一村からなるような小さな荘園を念頭においているが、より大きな荘園の場合は、荘内に存在する複数の村落ごとに百姓結合が生まれ、荘レベルの百姓結合と重層するかたちになる。それに応じて在地領主の側も、分出した庶子《しょし》家が各村落の支配を分有し、それらを惣領《そうりょう》と呼ばれる家督が統合するという形態で、荘園支配を実現していくことになる。

こうして、中世村落は在地領主の館《たち》を百姓名が取り巻く景観を呈することになるが、むろん村落の構成員は在地領主と名主だけではなかった。名主は、名内に屋敷を構え、村内に散らばって居住し、百姓の共同の管理下にある山野を優先的に利用する権利を有した。これに対して、百姓身分ではあるが名主からははずれた層が、各名主との個別的な縁に頼って居住していた。これを小《こ》百姓とか脇名《わきみょう》百姓と呼ぶ。彼らは佃《つくだ》と呼ばれる荘園領主の直営地や、名主の名《な》を負《お》う名田を請作《うけさく》（小作）し、不安定ではあるが一応自立した経営を営んでいた。さらに、在地領主や有力名主に人格的に隷属していた下《げ》人《にん》・所従《しょじゅう》層がいた。彼らは、経営の実態は小百姓とさほど変わらない者もいたが、「主《ぬし》もち」として百姓身分から排除され、それゆえ村落運営にかかわることもできなかった。

主をもたない「自由民」身分である百姓（小百姓を含む）にとって、村落に属することが生存の条件であった。なんらかの理由で村落から排除されると、浪人となって流浪するか、隷属民や乞食に転落するか、といった運命が待っていた。それだけに、村落は百姓身分の連帯性をはぐくむ場となった。「百姓の習い、一味なり」というスローガンのもとに、荘園領主に対する負担軽減などの要求や、隣村との境界や用水をめぐる争いや、在地領主の押妨《おうぼう》をはねかえそうとする運動が、くりひろげられた。

在地領主層は、荘官として与えられた権限をこえて、直営地の拡大（それを耕作したのが村落構成員から排除された下人・所従層である）や百姓身分の所従化をはかり、また百姓や名田に対してさまざまな名目による賦課を試みた。これらは人の支配、土地の支配の両面から、家父長的支配を荘内全域におよぼそうとするものであった。しかし、百姓層が荘園領主に提訴して裁判となると、そうした行為は不法として排除された。

ところが、十二世紀末の内乱で在地領主層の衝動をおさえる国家的規制が弱体化し、荘園全体が在地領主の私領のごとき状態となり、百姓の逃亡や耕地の荒廃が深刻なものとなった。こうした混乱を収拾した鎌倉幕府は、在地領主層の結集した権力体という基本的性格を有しながらも、彼らの自由な行動に一定の枠をはめ、荘園にあらたな秩序を確立しようとした。幕府が在地領主を「地頭」に任じ、荘園内に一定の権益を保障すると同時に、非法行為には厳しく臨むという、「地頭制」がこうして登場する。

平泉藤原氏と蝦夷社会

平安中期以降、国の守《かみ》などトップクラスの地方官は、京都の貴族が就任し、現地には行かずに代官に支配を任せ、収入だけを受け取るのが普通で、これを「遙任《ようにん》」といった。八〇二（延暦二十一）年に坂上田村麻呂《さかのうえのたむらまろ》が多賀《たが》城から胆沢《いさわ》城に移した鎮守府《ちんじゅふ》でも、平安中期以降将軍の遙任化が進んだ。その過程で、将軍のもと奥六郡（胆沢・江刺《えさし》・和賀《わが》・稗貫《ひえぬき》・志波《しわ》・岩手《いわて》）を管轄していた俘囚《ふしゅう》（帰順した蝦夷《えみし》）長の安倍《あべ》氏が、国家への負担をおさめず自立化し、さらに陸奥国府《むつこくふ》の直轄支配地域までもうかがう気配をみせた。

一〇五一（永承六）年、陸奥国府軍が安倍頼時《よりとき》に大敗を喫し、危機感を強めた朝廷は、源頼義《みなもとのよりよし》を陸奥守に任じて鎮圧にあたらせた（五三〈天喜元〉年鎮守府将軍を兼任）。一〇五四（天喜二）年以降、頼時の子貞任《さだとう》・宗任《むねとう》が頼義の軍に激しく抗戦し、一時は絶体絶命のところまで追いつめたが、頼義は出羽《でわ》山北《せんぼく》三郡（山本・平鹿《ひらか》・雄勝《おがち》）の俘囚長清原《きよはら》氏の援けを得て、六二（康平五）年ようやく厨川柵《くりやがわのさく》（岩手県盛岡《もりおか》市)に貞任を殺し、宗任を降伏させた。これを前九年合戦《ぜんくねんかっせん》という。

合戦後、恩賞として鎮守府将軍の地位を与えられた清原氏は、一〇七〇(延久二)年、陸奥国府軍と連合して、三陸海岸の「閉伊《へい》七村山徒」や「衣曽別島《えぞべつしま》(北海道南部か)荒夷《あらえびす》」を征服した。日本国家は征服地に郡などの行政区画を設置し、ここに日本国の支配はようやく本州北端にまでおよぶようになった(延久北奥合戦《えんきゅうほくおうかっせん》)。

一〇八三(永保三)年、清原氏の家督をめぐって一族に内紛が起こった。陸奥守源義家《よしいえ》(頼義の子)がこれに介入し、八七(寛治元)年にいたって金沢柵《かねざわのさく》(秋田県横手《よこて》市)に家衡《いえひら》(父は武貞《たけさだ》、母は安倍頼時の娘)以下の清原一族を滅ぼした。これを後三年合戦《ごさんねんかっせん》という。

家衡の母は、武貞に嫁ぐ前に、秀郷《ひでさと》流藤原氏の流れをくむ亘理権大夫経清《わたりごんのたいふつねきよ》とのあいだに清衡《きよひら》という子を儲けていた。金沢柵の戦いで、清衡は義家の側について異父弟家衡を討ち、その後義家が京都政界で苦境に陥ったのを尻目に、奥羽の覇者への道を踏み出した。一〇九一(寛治五)年、清衡は関白藤原師実《もろざね》に馬二疋を贈って中央政権と連絡をつけるとともに、このころから清原姓を捨てて実父の姓藤原を名乗るようになる。

一一〇〇(康和二)年ころ、清衡は奥六郡の南に接する平泉《ひらいずみ》の地に宿館を構え、白河関《しらかわのせき》(福島県白河市)から外が浜《そとがはま》(陸奥湾西岸)にいたる奥羽《おうう》の全体を国土とする王国の建設に着手した。国土の両端を結ぶ奥大道《おくだいどう》には、一町(約一〇八メートル)ごとに笠卒塔婆《かさそとば》が立てられ、その中心として平泉に中尊寺《ちゅうそんじ》が

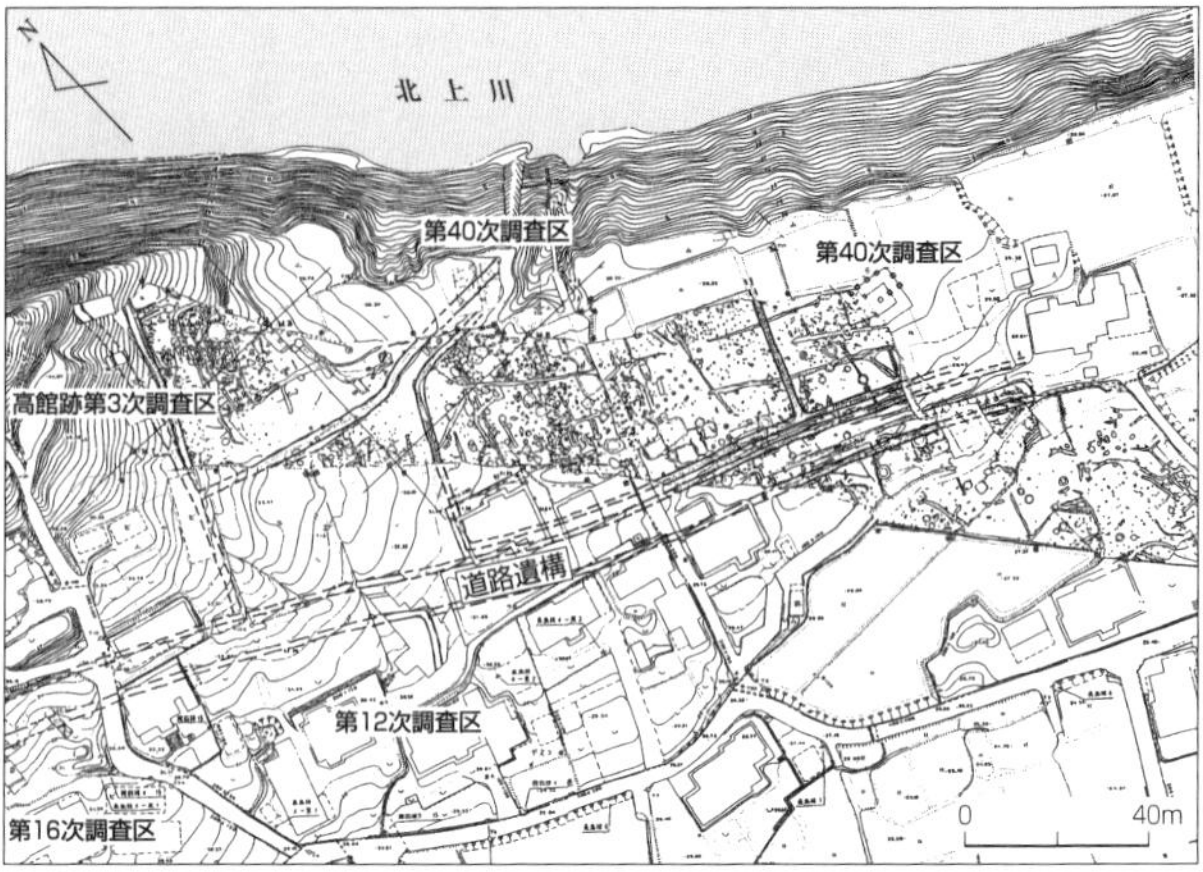

平泉柳之御所遺跡平面図　「柳之御所」は初代清衡・二代基衡にゆかりの地と伝えられてきたが，発掘調査の結果，『吾妻鏡』にみえる三代秀衡の「平泉館」に比定された。

造営された。入間田宣夫は、『法華経《ほけきょう》』の世界像をこの世に具現しようとしたものと解釈している。

一一二六(大治元)年の中尊寺完工式に際して、清衡は京都の文人貴族藤原敦光《あつみつ》に供養願文《くようがんもん》を起草させた。そこで清衡は、「東夷《とうい》の遠酋《おんしゅう》」「俘囚の上《じょう》頭《とう》」と称し、安倍・清原の流れを受ける俘囚の統括者として、白河院を頂点とする国家秩序のなかに自らを位置づける。同時に、「出羽・陸奥の土俗は風に従う草の如く、粛慎《しゅくしん》・挹婁《ゆうろう》の海蛮(蝦夷をさす)は陽に向かう葵の類《ごと》く」、三〇余年ものあいだ安寧を享受した、と治績を誇る。とくに、「粛慎・挹婁の海蛮」の居住域は日本国の境界の外に広がっていたから、彼の王国は、単純に日本国の下位に位置づけるだけではすまない自立性を備えていた。

清衡の子基衡《もとひら》は、父の中尊寺建立の先例にならって、京都白河の法勝寺《ほっしょうじ》をモデルに毛越寺《もうつじ》を建立し、基衡の子秀衡《ひでひら》は、京都鳥羽の勝光明院《しょうこうみょういん》をモデルに無量光院《むりょうこういん》を建立した。白磁《はくじ》や一切経《いっさいきょう》など中国からの渡来品をはじめ畿内や東海地方の陶磁器などの財物が平泉に集中し、また、豊富な産金を筆頭に、駿馬・鷲羽・海獣皮・絹織物などの特産品が京都に供給された。秀衡代の平泉館は、加羅御所《からのごしょ》・無量光院とセットになって、莫大な富を消費する中心だった。現在北上《きたかみ》河畔で、大堤防計画による遺跡消失の危機を乗りこえて、発掘調査が進められており、豪奢な生活ぶりをうかがわせる遺構・遺物が出土している。

2　武家政権の成立

保元新制と「武者の世」の到来

一一五五(久寿二)年、近衛《このえ》天皇が夭折し、崇徳上皇《すとくじょうこう》が後継に子重仁《しげひと》を推したのを退けて、後白河《ごしらかわ》天皇が鳥羽法皇《とばほうおう》(崇徳・後白河・近衛の父)・関白藤原忠通《かんぱくふじわらのただみち》・近臣藤原信西《しんぜい》に支持されて皇位に即《つ》いた。崇徳は、同じく鳥羽に冷遇されていた左大臣頼長《さだいじんよりなが》(忠通の弟)と結んで後白河に対抗した。翌年七月に鳥羽が死ぬと、謀反の噂を立てられた崇徳は、源為義《みなもとのためよし》・為朝《ためとも》父子や平忠正《たいらのただまさ》らの武力を頼りに挙兵したが、為義の嫡子《ちゃくし》義朝《よしとも》や忠正の甥清盛《きよもり》らの優勢な武力を擁する後白河方にあえなく敗れた。崇徳は讃岐《さぬき》に流され、頼長は戦傷死、為義らの武士は多く死刑に処された。

保元《ほうげん》の乱と呼ばれるこの事件について、天台座主慈円《てんだいざすじえん》は『愚管抄《ぐかんしょう》』に「保元元年七月二日、鳥羽院ウセサセ給《たまい》テ後、日本国ノ乱逆ト云《いう》コトハヲコリ(起)テ後、ムサノ世ニナリニケルナリ」と記し、すぐつづけて「こういうふうになった順序の筋道をこの本は一番の重要な点と考えて書いたのです」(古典文学大系本頭注)と述べる。都が戦場となって、トップレベルの貴族が戦死し、上皇が流罪となるといった異常事態だけでなく、武者の力が中央の政治情勢を大きく左右するようになった点に、慈円は時代を区切るしるしを見出したのである。

閏九月、後白河政権が公布した「保元新制」七カ条の冒頭には、前述のように、国土のすべては天子の所有物だと高らかにうたわれている。この法令をもって中世王権の確立と評価し、古代から中世への移行の指標とする学説が、現在の多数説である。天皇がかつてない絶対的な権力を握ったかにみえるこの事態は、しかしながら他方で、慈円のいうように「武者の世」への突入でもあった。

一一五八(保元三)年、後白河は第一皇子の二条《にじょう》に譲位したが、信西やその武力的な後ろ盾であった清盛はむしろ二条の親政を支持しており、後白河は強力な院政の主体にはなれなかった。そして翌年、後白河の寵臣藤原信頼《のぶより》が保元の乱の功労者源義朝を騙《かた》らって政敵信西を滅ぼしたが、義朝のライバル清盛の反撃の前にあえなく没落した(平治《へいじ》の乱)。信頼・義朝は殺され、義朝の嫡子頼朝《よりとも》は伊豆《いず》に流された。

『平治物語絵巻』(模写)　三条殿夜討巻。物語の発端部で，藤原信頼が後白河上皇の御所三条殿に押し入り，火を放つ。原品はボストン美術館蔵。

乱の結果、一人勝ちとなった清盛を中心に平氏《へいし》の発言権が著しく強まったが、清盛は院政派・親政派のいずれにも与《くみ》しないことで、かえって朝廷政治の主導権を握った。一一六七(仁安二)年、清盛は従一位太政大臣《だいじょうだいじん》まで登りつめたが、在任三カ月で太政大臣を辞した。その際、平氏のあらたなリーダーとなった重盛《しげもり》が、東山《とうさん》・東海《とうかい》・山陽《さんよう》・南海道《なんかいどう》の賊徒追討権を朝廷から認められた。院政のもとで武家の棟梁《とうりょう》が従士を率いて国家の軍事警察機能を担うという構造は、管轄範囲を全国に広げて、鎌倉《かまくら》幕府の諸国守護《しゅご》権へと引き継がれる。

一一六五(永万元)年、二条が二十三歳で急逝すると、後白河は二条の嫡子で二歳の六条《ろくじょう》天皇の後見として、ようやく安定した院政の主となった。清盛と後白河との連携も深まり、一一六六(仁安元)年には清盛の妻の妹滋子《しげこ》と後白河とのあいだの子憲仁《のりひと》が皇太子に立てられた。二年後、憲仁は即位し(高倉《たかくら》天皇)、一一七一(承安元)年清盛は娘徳子《とくこ》(のちの建礼門院《けんれいもんいん》)を入内《じゅだい》させた。

しかし、平家一門のめざましい勢力拡大は院近臣《いんのきんしん》の反発を買い、やがて両勢力の首長である清盛と後白河の関係も悪化の一途をたどった。一一七七（治承元）年には近臣たちのめぐらした清盛打倒の陰謀が露見したが、清盛は重盛の諫言《かんげん》によって後白河には手をつけなかった（鹿ケ谷《ししがたに》事件）。しかし一一七八（治承二）年に徳子が待望の皇子を出産し、七九（治承三）年に穏健派重盛が死ぬと、清盛は、関白藤原基房《もとふさ》を配流して娘婿《むすめむこ》基通《もとみち》を後任とし、院近臣三九人を免職し、さらに院政停止を断行して後白河を鳥羽殿《とばどの》に幽閉した。「平氏政権」が名実ともに成立したのはこの時点である。そして一一八〇（治承四）年、高倉が徳子の生んだ皇子に譲位して（安徳《あんとく》天皇）院政を始め、清盛はついに天皇の外祖父の地位を手に入れた。

西国の海洋国家構想

一一七〇（嘉応二）年、後白河法皇は平清盛の福原《ふくはら》山荘に赴いて、大輪田泊《おおわだのとまり》（神戸《こうべ》港の前身）に来着していた宋《そう》人に面会した。これを聞いた右《う》大臣九条兼実《くじょうかねざね》は、日記に「わが朝延喜以来未曽有の事なり、天魔の所為か」と怒りをぶちまけた。天皇は異国人とあいまみえてはならないという長年のタブーを、院自らが平氏と手を携えて踏みにじったのだ。

清盛の父忠盛《ただもり》は、鳥羽院政期（一一二九〜五六年）に、西国で海賊の取締りに功績をあげるなどして、院に認められた。忠盛は院司《いんし》として「備前守《びぜんのかみ》」の官途をもち、かつ王家領肥前《ひぜん》国神崎《かんざき》荘の預所《あずかりどころ》をつとめていたが、一一三三(長承二)年、この神崎荘に周新《しゅうしん》という宋商人の船が来着した。大宰府《だざいふ》の役人が律令法《りつりょうほう》の規定に従って手続きをとろうとしたところ、忠盛は、院からのおおせと称して、「神崎荘は院の御領だから大宰府の介入を受けない」という命を現地にくだした。平氏の急速な台頭は、ごく初期の段階から、院との政治的結びつきとともに、律令系支配システムからの独立性をもつ荘園を利用して貿易の利益を獲得することを通じて、達成されていったのである。

一一五八(保元三)年、清盛は望んで大宰大弐《だざいのだいに》の地位に就いた。遙任《ようにん》とはいえ、九州を重要視し大宰府のもつ外交権に注目した結果にちがいない。その証拠に、一一六六(仁安元)年、清盛の弟頼盛《よりもり》は大弐となって現地に赴いた。一一七〇年代、清盛は大輪田泊を整備して、宋の貿易船を入港させた。従来大宰府で応接するのが決まりだった中国船を、京都に間近い港まで招き入れたのだ。一一八〇(治承四)年に清盛の計らいで高倉上皇が厳島社《いつくしましゃ》に参詣したおりには、大輪田泊から「唐の舟」が加わって「唐人《とうじん》」が随行した。

一一七二(承安二)年に宋の明州沿海制置使《めいしゅうえんかいせいちし》(日本・高麗《こうらい》への窓口となる浙江省《せっこう》寧波《ニンボー》市におかれた地方官)が後白河法皇と清盛に書面と贈り物を送ってくると、翌年、清盛は返事の書面を出した。法皇は返事こそ出さなかったが、清盛とともに使者に贈り物をしている。もとより正式の国交を結んだわけではないが、九世紀以来の伝統だった自閉的対外姿勢は影をひそめている。一一八〇年、平氏政権が源氏《げんじ》軍の圧迫を避けて京都をすて、福原に遷都した行動も、たんなる逃避ではなく、海に密着し対外関係や貿易を国家権力の基盤としようとする、西国中心の「海洋国家構想」に基づくものと考えられる。

平氏が覇権を握ったころから、日本の社会に中国から輸入された銭貨(宋銭)が流通し始める。宋銭はどんなルートで日本社会に入ってきたのだろうか。陶磁器のように現物で証明するのは困難だが、宋商の「住蕃《じゅうばん》貿易」によったことはまずまちがいない。

古文書にみえる初期の銭貨使用例が奈良・京都に限られることは、九州荘園→荘園領主のルートで畿内に集中したようにもみえるが、平安時代の古文書自体が畿内に集中して残存しているので、九州方面での銭遣いがなかったとはいえない。十三世紀以降になると、銭の使用状況は中央集中型ではなく、地方社会にも広く浸透していった。これは各地の中世遺跡から出土する銭貨で証明できる。

物価を国定する「万物沽価《こか》法」をめぐる朝廷の議論は、一一七九(治承三)年と八七(文治三)年のあいだで論調が大きく変わり、銭貨停止という建前論が幅をきかせるようになる。この間に起こった大事件といえば、一一八三(寿永二)年の平家都落ち、八五(文治元)年の一門滅亡である。そうすると、一一七九年の会議で銭貨公認を主張したのは平氏一門であった、という推論が成り立つ。平氏が西国方面に重点的に所領を確保していたこともあわせ考えると、宋銭の受取り手の中心は平氏勢力であったと推断してもよいのではないか。

東国の独立国家構想

源頼朝が鎌倉に本拠を定めるにあたっては路線の対立があった。一一八〇（治承四）年、富士川《ふじかわ》合戦に勝利した頼朝が、そのまま京都へ攻めのぼろうとしたのに対して、千葉常胤《ちばつねたね》・三浦義澄《みうらよしずみ》・上総介広常《かずさのすけひろつね》ら関東の豪族領主層が、東国での足場固めが先だとして反対し、結局兵を鎌倉へ戻すことになった。頼朝は挙兵当初、後白河の皇子で朝廷に反旗をひるがえした以仁王《もちひとおう》の令旨《りょうじ》（平氏政権の打倒を呼びかける命令書）を正当性の根源とし、関東を朝廷の支配から切り離して自己の勢力範囲とした。こうした状況のなかで「東国の主」と呼ばれた頼朝は、ほとんど東国国家の「王」というべき存在だった。

しかし頼朝は、「朝敵」のままでいることを得策としなかった。一一八三（寿永二）年十月、東海・東山両道の本所《ほんじょ》領の年貢を納入することとひきかえに、両道の行政的権限を朝廷から認められた。一一八五（文治元）年十一月には、全国に守護《しゅご》・地頭《じとう》を任命する権限を朝廷から認められ、幕府は国家の軍事・警察機能を分担する組織体として確立した。一一八九（文治五）年には、義経《よしつね》をかくまった罪を問うという名目で、奥州平泉《おうしゅうひらいずみ》の藤原氏を、配下の御家人《ごけにん》を総動員して滅ぼした。この「奥州合戦」は、前年の「鬼界島《きかいがしま》征伐」とならんで、幕府が、日本国の果てまでも軍事的支配のもとにおさめたことをアピールする効果があった。こうして全国平定をなしとげた頼朝は、一一九〇（建久元）年に上洛して後白河と面会し、権大納言《ごんだいなごん》・右近衛大将《うこのえのたいしょう》に任じられた。

それでもなお幕府は東国の地域政権という性格を失わなかった。大番役《おおばんやく》につぐ重要な軍役である鎌倉番役（鎌倉殿の身辺を警護する）は、東国の御家人のみに課された。幕府の直接の支持基盤をなす関東の武士団は、将門《まさかど》の乱以来の豊富な経験できたえられた戦闘集団だった。その戦さぶりは、「親も討たれよ、子も討たれよ、死ぬれば乗り越え乗り越え戦ふ」と描かれている。これと対照的に「西国の戦さ」は、「親討たれぬれば孝養し、忌明けて寄せ、子討たれぬれば、その思ひ嘆きに寄せ候はず、兵粮米《ひょうろう》尽きぬれば、田作り、刈り収めて寄せ、夏は暑しと言ひ、冬は寒しと嫌ひ候」（『平家《へいけ》物語』富士川合戦の段）というものだった。

一二二一（承久三）年の承久《じょうきゅう》の乱に際して、幕府が軍事動員を発したのは、遠江《とおとうみ》・信濃《しなの》より東の一五カ国であった。他方後鳥羽院の催促に応じて、尾張《おわり》・美濃《みの》を含む畿内・近国一八カ国の守護が兵を出した。朝廷の幕府打倒命令にさからって京都を攻めるのは、東国武士にとっても勇気のいる決断だったであろう。幕府の地方官である西国守護が院にはせ参じるのにも葛藤のなかったはずはない。ところが、現実には東国の武士が院方に、あるいは西国の武士が鎌倉方についた例はほとんどない。西国の御家人は、鎌倉殿に従う御家人であると同時に、院が最終的な支配権をもつ荘園《しょうえん》・国衙領《こくがりょう》の「職《しき》」をおびる存在でもあったから、彼らが院の催促に応じたのは当然の結果ともいえる。

承久の乱をピークとする数多くの内乱や政変で、反幕府方の所領が没収され、東国武士に恩賞として与えられた。本領を離れて西国の新恩地に移住した御家人を「西遷御家人」という。西遷御家人には、大友《おおとも》・毛利《もうり》・小早川《こばやかわ》・吉川《きっかわ》・相良《さがら》・渋谷《しぶや》・熊谷《くまがい》・山内首藤《やまのうちすどう》・深堀《ふかぼり》氏ら、有力国人や大名クラスにまで成長していった者が少なくない。千葉・宇都宮《うつのみや》・二階堂《にかいどう》氏など、有力な庶流が西国に定着した例もある。彼らの本貫地《ほんがんち》は圧倒的に相模《さがみ》が多く、周辺の武蔵《むさし》・下総《しもうさ》・上総《かずさ》・駿河《するが》などが続く。幕府成立の最大の受益者が誰だったかがよくわかる。

御家人制と守護・地頭制

鎌倉幕府は二つの基本的な権力編成原理に支えられて存立した。御家人制と守護・地頭制である。

鎌倉殿と主従の関係を結んだ武士を御家人という。鎌倉幕府の特徴は、国家権力の一翼を担う公的支配機構でありながら、主従という私的かつ個人的な関係を、政権をかたちづくる基本原理とした点にある。主従関係そのものは、京都の貴族と従者とのあいだにも、寺社勢力の内部にも存在したが、御家人制の特徴は、戦場での命のやりとりできたえられた強固でかつ情宜的な絆にあった。それは東国の武士社会にはぐくまれた社会結合と倫理を、公的な権力を編成する原理に組み替えたものだった。

御家人の家はそれ自体自立性の高い社会団体だった。鎌倉殿は家の代表である惣領《そうりょう》を御家人とすることによって、この団体を権力の基盤に位置づけた。惣領には通常嫡子がなり、嫡子以外の庶子《しょし》たちは、惣領を通じて幕府とつながり、惣領の指揮のもとで軍役をつとめた。これを惣領制という。惣領制は、武士の家内部の結合・秩序を規制する私的論理であると同時に、家を幕府に結びつけ、軍役負担の単位とするための公的論理でもあった。

御家人制の本質が鎌倉殿と御家人の個人的関係にあったために、幕府は武士階級の全体を権力基盤とする論理をもたなかった。本所（貴族や寺社）領に基盤をもつ武士のなかには、御家人にならず本所に専属する者も多かった。これを本所一円地住人という。御家人になった場合でも、本所との関係を保ちつづけるのが普通だった。幕府は、東国でこそ武士のほとんどを御家人に組織したが、西国に多い本所一円地住人や本所の影響力の強くおよんだ御家人をどう扱うかは、難問であった。幕府は、本所一円地住人については基本的に管轄外とする立場を貫いた。本所と御家人との紛争に対しては、両者を超越した立場から判断をくだし、本所側を勝訴とすることも多かった。

御家人制を支えたのは、鎌倉殿・御家人間の御恩《ごおん》／奉公《ほうこう》の関係であった。鎌倉幕府の特徴は、奉公の見返りに与えられる御恩の中心に、荘園や国衙領の土地に対する強固な支配権（これを地頭職《しき》という）をすえたことである。地頭職は、俸禄《ほうろく》・動産あるいは無形の恩顧といったものとは違って、不動産物権の性格をもっている。このことが御家人制に封建的性格を与えることになった。そして地頭職の内容にも、西国と東国で対照的な違いがあった。西国においては、荘園・公領における地頭の得分は、多くの場合きわめて限定的でしかも法に規制されたものだった。これに対して東国の地頭の多くは、成文法による限定のない慣習的な権限を認められていた。

また、御家人制を軸とする権力編成を踏まえて、国ごとの行政的機能をはたしていくための制度として、守護が設置された。守護は、管轄を委ねられた国の御家人を率いて、幕府への軍役をはたす一方、国内で発生する重大犯罪を処断する検断権《けんだんけん》を行使した。軍役の中心は朝廷を守護する大番役であり、検断事項の中心は謀反《むほん》・殺害《せつがい》である。守護の権限の中心をなすこの三つを総称して「大犯三箇条《たいぼんさんかじょう》」と呼んだ。そして幕府法上は、守護の権限は大犯三箇条に限定され、荘園や律令系の地方行政機構である国・郡・郷《ごう》への干渉は禁じられていた。しかし現実には、国衙に守護の影響力がおよんだり、一定の荘園や郷・保《ほ》が守護領となったりする傾向は、とどめがたいものがあった。

以上の制度に基づいて、幕府は武士の相当部分を組織し、強大な軍事力を握った。幕府の項点に立つ鎌倉殿は、すべての守護と地頭を束ねる日本国総守護・総地頭であった。この力を背景に幕府は国家権力の軍事・警察部門を担当し、朝廷に対する発言権を強めていった。

『平家物語』の達成

中世にくりかえされた内乱と、その帰趨を決定づけた武士たちの戦いぶりは、合戦の描写を中心とする一連の文学作品を生み出した。なかでも十三世紀前半に成立した『平家物語《へいけものがたり》』全一二巻は、武家政権の誕生にいたる複雑な内乱の過程を、平氏の勃興と滅亡にしぼって描き出した傑作長編である。作者は不明であるが、信濃前司行長《しなののぜんじゆきなが》が天台座主慈円の庇護下に琵琶法師《びわほうし》の協力を得てつくったとする『徒然草《つれづれぐさ》』の説が有力である。

『平家物語』は、政治や戦争を知る貴重な史料であるだけでなく、ある時代を司る精神のありようまでも教えてくれる。また、広範な地域や階層によって享受されたという点でも、かつてない作品であった。琵琶の伴奏により名調子で語られる語り物として、また印象的なエピソードに満ちた読み物として、おびただしい数の異本（たとえば『源平盛衰記《げんぺいじょうすいき》』）が生み出されたことに、それが示されている。「平家語り」は、盲人の職能集団として中世社会の重要な一要素となり、一方流《いちがた》と八坂流《やさか》（城方《じょうがた》流）に分かれて長く続いた。

とくに印象的な壇ノ浦《だんのうら》合戦の場面を読んでみよう。平知盛《とももり》は「いくさはけふ（今日）ぞかぎり、物ども、すこしもしりぞく心あるべからず、……名将勇士といへども、運命つきぬれば力及ばず、されども名こそ惜しけれ、東国の物共によはげ（弱気）見ゆな、いつのために命をばおしむべき」と味方を励ました。清盛の妻二位《にい》殿は、いとけない安徳《あんとく》天皇を抱いて、「浪の下にも都のさぶらうぞ」と慰め、千尋の底へ沈んだ。家督の平宗盛《むねもり》とその子清宗《きよむね》は、重い鎧《よろい》や物の具をまとわずに海に入り、「なまじゐに究竟《くっきょう》の水練にておはしければ、しづみもやり給はず」、相手が沈まばわれも沈まん、相手が助からばわれも助からんと、「たがひに目を見かはしておよぎありき給ふ程に」、敵兵に熊手で引き上げられてしまう。これらの描写の最後におかれた知盛の有名なせりふ、「見るべき程の事は見つ、いまは自害せん」がよく利いている。

『平家物語』といえば、必ず冒頭の「祇園精舎《ぎおんしょうじゃ》の鐘の声、諸行無常《しょぎょうむじょう》の響あり、娑羅双樹《さらそうじゅ》の花の色、盛者必衰《じょうしゃひっすい》のことはりをあらはす」が引用され、仏教的無常感が全編を貫く基調だとされる。あるいは合戦の描写から、勇壮な武士たちの闘争心と死に際してのいさぎよさに賛嘆の声が発せられる。そうした読みも誤りではないが、人間の真実をかいまみせる宗盛父子の描写に、かえって共感をすら覚える。『平家物語』の「すごさ」はむしろこうしたところにあるのではないか。

3 公武の衝突と連携

北条氏の覇権と承久の乱

一一九二(建久三)年に後白河《ごしらかわ》が死去すると、天皇後鳥羽《ごとば》を関白《かんぱく》九条兼実《くじょうかねざね》が補佐し、兼実の弟慈円《じえん》が宗教界のトップ天台座主《てんだいざす》に就き、頼朝《よりとも》が征夷大将軍《せいいたいしょうぐん》として国家守護にあたるという、諸権門《けんもん》の協調体制が確立し、内乱状況はようやく終わりを告げた。その後幕府は西国御家人《ごけにん》の名簿《みょうぶ》や九州諸国の大《おお》田文《たぶみ》(土地台帳)を注進させるなど、西国の掌握につとめ、朝廷も幕府の支援のもと、平氏《へいし》に焼かれた興福寺《こうふくじ》・東大寺《とうだいじ》の再建に取り組んだ。

一一九五(建久六)年、頼朝は東大寺の完工式のため再度上洛したが、これには長女大姫《おおひめ》を後鳥羽の後宮《こうきゅう》に入れるという目論見《もくろみ》があった。頼朝が兼実をみすてて後鳥羽の近臣源通親《みなもとのみちちか》に取り入ってまで執心したこの計画は、大姫の夭折により挫折し、策士通親に朝廷政治の主導権を奪われる結果を招いた。一一九八(建久九)年、後鳥羽は土御門《つちみかど》に譲位して院政を始め、さらに一二一〇(承元四)年には対幕府強硬派の順徳《じゅんとく》(土御門の弟)を皇位に即《つ》けて、公武対決路線を推し進めた。一方頼朝は、一一九九(正治元)年落馬による怪我がもとで、五三年の生涯を閉じた。

頼朝の跡は十八歳になる嫡男頼家《よりいえ》が継いだ。このとき朝廷から頼家に与えられた宣旨《せんじ》には、御家人を指揮して国家を守護するという国制上の地位が明記されている。武芸は達者だが政治的思慮に欠ける頼家の登場は、御家人の不満を醸成して、頼家側近の梶原景時《かじわらかげとき》・比企能員《ひきよしかず》があいついで滅亡した。これらの事件の背後には後鳥羽による工作の影がちらついていた。危機感をいだいた頼家の母政子《まさこ》とその父北条時政《ほうじょうときまさ》は、一二〇三(建仁三)年の比企事件後、頼家を伊豆《いず》に幽閉し、その弟実朝《さねとも》を跡目にすえた。翌年、頼家は時政によって暗殺される。

一二〇三年、時政が鎌倉殿《かまくらどの》実朝の後見役である執権《しっけん》の地位に就いた。以後、この地位は北条氏に世襲される。一二一三(建保元)年には、時政の子義時《よしとき》が侍所《さむらいどころ》別当《べっとう》(長官)和田義盛《わだよしもり》を滅ぼして、政所《まんどころ》と侍所の別当を兼任し、御家人筆頭としての北条氏の地位をゆるぎないものとした。

一二一九(承久元)年、実朝が頼家の遺児に暗殺されて頼朝の血統がたえると、これを幕府打倒の好機ととらえた後鳥羽は、皇子を鎌倉殿にむかえたいという政子の要請を退けるとともに、寵愛する白《しら》拍子《びょうし》が領する摂津長江《せっつながえ》・倉橋《くらはし》両荘の地頭《じとう》停廃を幕府に要求した。咎《とが》のない地頭を罷免したのでは、地頭御家人制の根幹がゆるぎかねない。幕府がこれを拒否すると、後鳥羽は幕府が王朝監視のため京都においていた大内守護《おおうちしゅご》源頼茂《よりもち》(時政の孫)を突如誅殺《ちゅうさつ》して、幕府否定の姿勢を明瞭にした。

後鳥羽は、『愚管抄《ぐかんしょう》』を呈して「武者の世」到来の必然性を説いた慈円の制止にも耳を貸さず、近臣のみとはかって倒幕計画を練った。そして一二二一(承久三)年五月、直属の西面《さいめん》・北面《ほくめん》武士や畿内・近国の武士を動員して京都守護伊賀光季《いがみつすえ》を討ち取り、幕府融和派貴族西園寺公経《さいおんじきんつね》を拘禁し、さらに北条義時追討の命を諸国に発した。これを聞いた鎌倉では、政子が頼朝以来の恩顧を説いて御家人たちの結束を固め、義時の子泰時《やすとき》と義時の弟時房《ときふさ》の指揮下に東海道《とうかいどう》を進む一〇万人を主力に、東山《とうさん》道・北陸道《ほくりくどう》をあわせて計一九万人の大軍を、ただちに上洛の途に就かせた。幕府の自壊を期待していた後鳥羽側は、戦争準備に万全を期しておらず、予想外にすみやかな幕府軍の進撃にあいついで防衛線を突破され、開戦後わずかひと月で京都は幕府軍の手に落ちた。

敗者に対する幕府の処置は苛烈をきわめた。後鳥羽が挙兵直前に皇位に即けていた幼帝(順徳の子)を廃し、後鳥羽の兄行助親王《ぎょうじょしんのう》の子を皇位に即けて(後堀河《ごほりかわ》天皇)、行助に院政をとらせた(後高倉院《ごたかくらいん》)。皇位の経験のないものが治天《ちてん》となるのは、きわめつきの異例である。後鳥羽自身は隠岐《おき》に流され、彼の皇子たちも、土御門が土佐《とさ》、順徳が佐渡《さど》など、すべて流刑となった。倒幕の謀議にあずかった院近《いんのきん》臣《しん》たちや動員された武士たちは、多く死刑となり、彼らの所領三〇〇〇余カ所は没収され、東国系御家人に恩賞として与えられた。上洛軍を指揮した泰時・時房はそのままとどまって、朝廷の監視や洛中の警固、西国御家人の統制、西国関係の訴訟指揮などに任じた。これが六波羅探題《ろくはらたんだい》の始まりである。

東国と西国の激突というべき承久《じょうきゅう》の乱は、こうして東の完勝に終わった。国政において、幕府は朝廷に対し圧倒的な優位を占め、皇位継承すらも幕府の同意なしにはおこなえなくなった。また、東国系御家人の勢力が、承久没収地の獲得によって西国に広く深く浸透し、本所《ほんじょ》勢力との相論が頻発するようになった。

北条執権政治と後嵯峨院政

頼朝の死後、つねに幕府の最高意思決定の中心にいたのは政子である。頼家から決定権を取り上げたのも、父時政を引退に追い込んだのも、頼経《よりつね》を鎌倉にむかえたのも、承久の乱で徹底抗戦を選択したのも、すべて政子の意思によるものだった。『御成敗式目《ごせいばいしきもく》』第七条は、「右大将家(頼朝)以後代々将軍並びに二位殿(政子)」の所領給与・安堵《あんど》を絶対のものと宣言し、時政・義時の成敗も頼経の将軍在職もまったく無視している。実朝死後の実質的な将軍は政子だったのである。

だから一二二五(嘉禄元)年に政子が死んで、頼朝一族との同族関係という後ろ盾がなくなったことが、北条氏にとって大きな転機となった。時の執権泰時は、叔父時房を連署《れんしょ》(副執権)にむかえ、あらたに一一名からなる評定衆《ひょうじょうしゅう》をおき、両執権と評定衆からなる評定会議を、訴訟の判決以下の政務決裁の場とした。会議は合議制を旨とし、縁故を退け理非のみに基づく判断が求められた。こうして御家人たちの意思をくみあげる一方で、執権・連署は北条氏が独占し評定衆にも数名の一門が加わって、北条氏の主導権は確保した。以上のような政治体制を執権政治という。

とはいえ執権政治は、御家人の利害を特別に保護しようとするものではなかった。東国武士が勝利者として西国や奥羽《おう う》に展開すると、在地社会や本所勢力とのあいだで多くの摩擦を生じ、幕府に訴訟が殺到した。裁判の客観性と公平を確保するために、武家社会の「道理《どうり》の推すところ」を客観化し、「人の高下を論ぜず、偏頗《へんぱ》なく裁定せられ候はんため」の裁判規範として、一二三二(貞永元)年に『御成敗式目』が制定された。

この法典制定は「寛喜《かんぎ》の大飢饉《ききん》」と関連がありそうだ。真夏に雪が降るほどの異常気象は、一二三〇(寛喜二)年秋と翌年春の収穫に壊滅的なダメージを与え、餓死者が続出した。泰時は、おもに東国を対象に飢えた民衆の食糧を確保する「徳政《とくせい》」をおこなった。これは、為政者には民衆を撫育する責務があるとする「撫民《ぶみん》」の思想に基づくもので、式目の制定にも同じ論理が貫かれている。

承久の乱後、朝廷で主導権を握ったのは、鎌倉殿頼経の父九条道家《みちいえ》と頼経の外祖父(道家の岳父)西園寺公経であった。とくに道家は、一二三二年に外孫秀仁《みつひと》を皇位に即け(四条《しじょう》天皇)、摂政教実《せっしょうのりざね》の父でもあり、公武の取次役である関東申次《もうしつぎ》にも任じて、権勢をほしいままにした。ところが四条が一二四二(仁治三)年に夭折し、道家はつぎの皇位に順徳院の子を推したが、承久の乱の責任者順徳が治天として復活することをきらった幕府は、北条家と縁続きの土御門院の子を強引に推戴した(後嵯峨《ごさが》天皇)。公経はいち早く子実氏《さねうじ》の娘(のちの大宮院《おおみや》)を後嵯峨に配して外戚《がいせき》の地位を保ったが、道家のほ

北条氏略系図

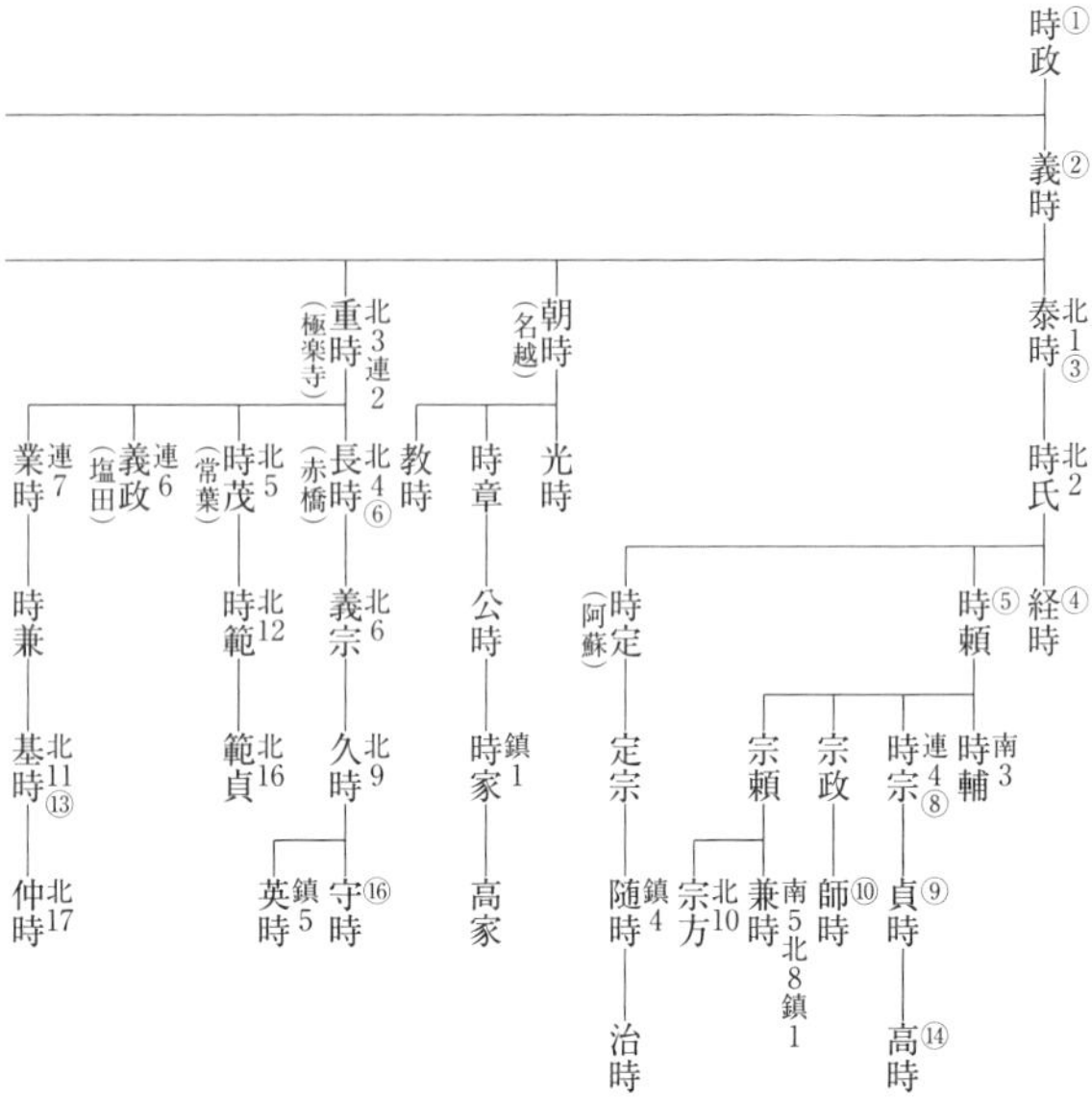

うは、一二四四(寛元二)年に頼経が鎌倉殿から退けられ、四六(寛元四)年には北条一門名《な》越光時《ごえみつとき》による反得宗《とくそう》の陰謀に頼経とともに加担したとして、その権勢は一気に凋落《ちょうらく》した。

同年、後嵯峨は大宮院の生んだ後深草《ごふかくさ》に譲位して院政を始め、幕府の支援のもと、幕府の定めた枠内での朝政改革に着手する。道家の跡の関東申次に西園寺実氏を指名し、以後この職は西園寺家嫡流に世襲される。政治機構としては、徳政興行をスローガンに、幕府にならって、実氏以下五人からなる評定衆を設置した。これが院評定制の始まりで、朝廷でも重要性を増しつつあった所領裁判に対応できる体制を整えたものである。

一二五二(建長四)年、幕府は後嵯峨の皇子宗尊《むねたか》を、九条家出身者にかえて鎌倉殿にむか

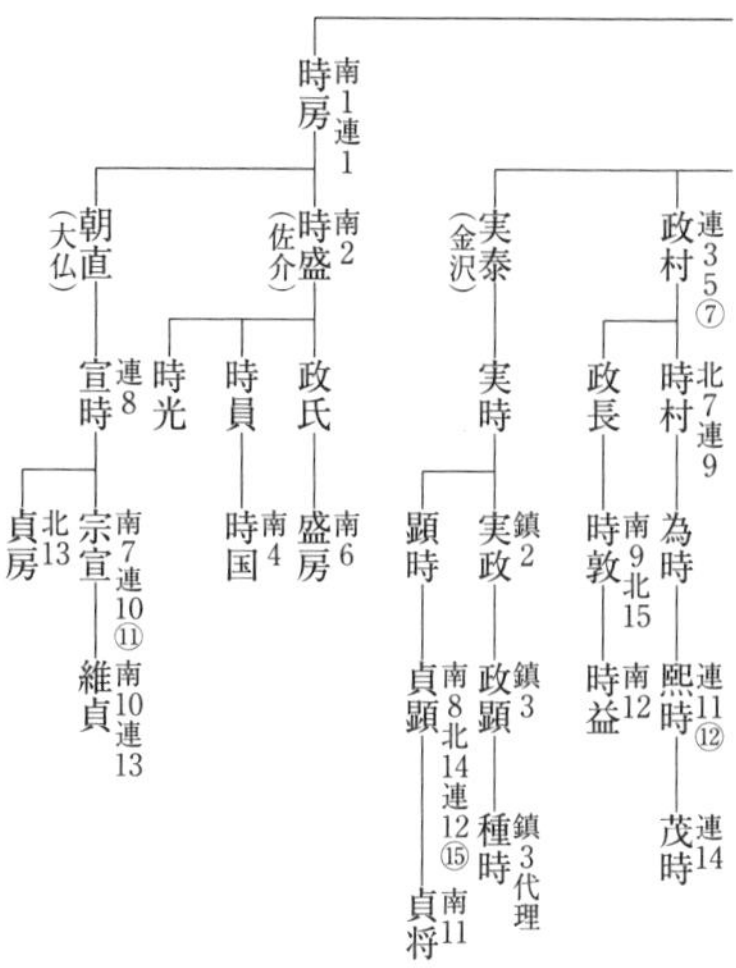

丸数字は執権の就任順。連は連署、北・南は六波羅探題北方・南方、鎮は鎮西探題の就任順。

えた。こうして、治天後嵯峨のもと彼の皇子が天皇と鎌倉殿に配置され、関東申次に王家の外戚西園寺氏があたるという、安定した枠組みが現出する。後嵯峨院政は、一二五九(正元元)年に後深草の同母弟亀山《かめやま》に皇位が移って以後も、七二(文永九)年の後嵯峨の死まで続いた。鎌倉殿は一二六六(文永三)年に宗尊からその子惟康《これやす》に交替したが、この枠組みは基本的に維持された。

東海道の賑わい

中世、鎌倉にもうひとつの政治的中心が生まれたことは、都/鄙という文化的優劣の座標軸に微妙な変化をもたらした。『東関紀行《とうかんきこう》』の作者は、三河《みかわ》の笹原で北条泰時が「みちのたよりのともがら（輩）におほせてうへをかれたる柳」をみて、その徳政を讃えている。なかでも「理非決断」を標榜する幕府の裁判には、朝廷をうわまわる道徳性の期待がかけられた。『十六夜日記《いざよいにっき》』は、阿仏《あぶつ》が所領訴訟のため鎌倉に赴いた際の紀行であるが、旅立ちの心情を「あづまの亀の鏡にうつさば、くもらぬ影もやあらは《（顕）》る丶と、せめておもひあまりて」と述べている。

　こうして京と鎌倉を結ぶ東海道は、二つの「首都」を結ぶ幹線として、特別な重要性をおびることになった。途中には、その遊覧が中世人の旅の目的とさえなった富士の眺めもあったから、『海道記《かいどうき》』を皮切りに重要な作品があいついで書かれたのも、もっともなことであった。蹴鞠《けまり》を家業とする飛鳥《あすか》井雅有《いまさあり》が『春能深山路《はるのみやまぢ》』に書いた一二八〇（弘安三）年の東下りも、「東宮《とうぐう》御前にて関のあなたにて申べき事がきなど給《たまい》ぬ」とあるから、おそらく東宮（のちの伏見《ふしみ》天皇）の即位を実現させるための根回しが目的であった。雅有自身、北条一族の金沢実時《かねさわさねとき》の娘を母とし、鎌倉に住んで頻繁に京とのあいだを往来した人である。

　雅有は京都の家を車で出発し、法勝寺《ほっしょうじ》の南門で馬に乗りかえ、粟田口《あわたぐち》をへて東へ向かった。京の東玄関にあたる粟田口は交通の要衝で、路面を掘り下げて通行を容易にしてあった。『海道記』は、出京の様子を「粟田口ノ堀路ヲ南ニカヒタヲリテ（折れ曲がって）、逢坂《おうさか》山ニカ、レバ、九重ノ宝塔（法勝寺の塔）ハ北ノ方ニ隠レヌ」と記している。

　近江《おうみ》路はしぐれれば水に浸かる悪路が多かったらしい。雅有は「山のまへ」の道を「こまのひづめかくる丶ほどなる水を、ながれのま丶に十よ町もやゆく《（行）》らん。ふみあげらる丶水のさはぎに、いたく袖はぬれぬ」と描いている。愛知川《えちがわ》のあたりでは、「人も馬もあしのふみ所もなくすべりてわろき」

あまり、「かた〻か《(片高)》なる所のことにすべる」地点で、ついに馬が「四のあしをひとつになしてたふれ」、雅有は「身のしろ衣袖もしとゞにな」ってしまった。しかし一方で「こと《(異)》馬にのりかへてぞゆきける」とあって、ただちに別の馬が確保できる程度の整備はおこなわれていた。

　東海道は墨俣《すのまた》で長良川《ながらがわ》を渡って、美濃《みの》から尾張《おわり》に入る。阿仏は、『うたたね』に描かれる暦仁（一二三八～一二三九年）ころの旅では渡し舟を利用したが、『十六夜日記』の一二七九（弘安二）年の旅では、「舟をならべて、まさきのつなにやあらん、かけとゞめたるうき橋あり。いとあやうけれどわた」った。川幅の広いところに橋をかけるには、当時の技術では、たくさんの舟を横に並べて綱でつなぎ、川縁の杭に固定し、舟の上に橋板を載せる浮橋・舟橋がせいぜいだった。当然ながらこういう橋は不安定で、翌年雅有がきたときはもうなかった。

　墨俣は喧噪に満ちた河港だった。『うたたね』は「ゆき〻の人あつまりて、舟をやすめずさしかへるほど、いとところせ《(所狭)》うかしがましく、おそろしきまでののしりあひたり。……あさましげなるしづ《(賤)》のを《(男)》ども、むつかしげなるものどもを舟にとりいれなどする程、何事にかゆ〻しくあらそひて、あるひは水にたふれいりなどする」と描いている。舟に乗せられた物品がなにか知りたいところだが、情景を「みなれずものおそろしき」と感じ、ここを渡ればますます都から遠ざかってしまうと、涙にくれる阿仏の眼には入っていない。

　今の名古屋《なごや》市東南部の鳴海《なるみ》は、渚を道がとおり、干潮を待って通過する難所だった。雅有は「あまの家にをし入て、しほひまつ《潮干待》ま《間》はうらがくれ《浦隠》ゐ《居》侍らんとて、さけとりよせつゝ、なごりをし《惜》みつゝ、あそ」んだあと、「今ひはじむ《干始》れば、馬のひづめつく《浸》ばかりになみながれ」るなかをとおっている。『海道記』にも、「朝ニハ入塩ニテ、魚ニ非ズバ游《およ》グベカラズ、昼ハ塩干潟、馬ヲハヤメテ忩《いそぎ》行ク」とある。

雅有は、三河の八橋《やつはし》宿を過ぎて、「うら《浦》路はれい《例》の浪のせきもり《関守》ゆるすひまなければ、山路にかゝ」った。海岸伝いの道は満潮でとおれなくなる可能性があるのを、「浪の関守」としゃれて表現している。ただし山道は「あらぬみち」で、「せばき道のかた〳〵《片方》はがけにて、海みおろさるれば、あやうきこときそぢ《木曽路》のはし《梯》よりも、猶心ぞうらびれゆく」体であった。このような路線の複数化は、『十六夜日記』に「あしがら《足柄》山はみちとをしとて、はこねぢ《箱根路》にかゝる」とあるのをはじめとして、随所にみられた。

仏教改革の波

仏教史のかつての通説では、天台・真言《しんごん》や南都六宗《なんとろくしゅう》など古代的・貴族的な旧仏教が、鎌倉時代にあいついで登場した中世的・民衆的な新仏教によって塗りかえられる、という構図が描かれてきた。これに対して黒田俊雄は、権門体制の一翼を担う寺社勢力は圧倒的に旧仏教＝顕密《けんみつ》諸宗派に属するのだから、これこそが中世仏教の正統派であるとし、いわゆる鎌倉新仏教諸派を異端と位置づけた(顕密体制論）。かつての通説が、現代で大きな勢力をもつ宗派の成立過程に遡及する通時的関心から、鎌倉新仏教の革新性を高く評価したのに対して、顕密体制論は中世人の生活や意識において大きな位置を占めた仏教のありように注目する共時的観点に立つもので、仏教史にとどまらず、国家機構や荘園《しょうえん》体制の理解にもつながる大きな視野をもっていた。

ただし黒田説は、旧仏教／新仏教から正統／異端へと、二項対立をおきかえたにとどまったきらいがある。対立項をわかつ基準はなにか、また両項を貫く中世的仏教のあり方はどんなものか、といった点で不明瞭な部分を残していた。そこで現在は、この黒田説をあらたなパラダイムとして、その修正や超克をめざす諸説が唱えられている。その際、鎌倉時代において、多様な改革運動の波が、両項の双方から、相互に鋭い対立・批判をはらみつつ、あいついで登場したことが、改めて注目される。

まず法然《ほうねん》に始まる専修念仏《せんじゅねんぶつ》説は、民衆に念仏という易行《いぎょう》を勧めた点に新しさがあるのではなく、念仏のみをおこなうべき行として選択し、余行を否定し排撃したところに特徴がある。これが他宗派を誹謗するものとみなされ、顕密諸派の外護者である俗権力の弾圧を呼ぶ結果となった。しかし専修念仏は、その主張の明快さと実践の容易さによって急速に社会に広まっていき、それを批判する側にも、日蓮《にちれん》の唱えた題目《だいもく》や道元《どうげん》の勧めた只管打坐《しかんたざ》のような、類似の一点集中的主張があらわれてくる。

さらに理論面からみると、念仏を唱えさえすれば往生《おうじょう》が約束されるというのだから、人間にはあるがままで仏性が備わっているとする本覚《ほんがく》論の現状肯定思想と、案外共通するところがある。そこから、念仏者はどんな悪をなしても往生の妨げにはならないとする本願《ほんがん》ぼこりや造悪無礙《ぞうあくむげ》の主張が出てくる。もとより、法然も親鸞《しんらん》もこれを逸脱としてくりかえし戒めているが、世俗と妥協して無用な弾圧を避けるという以上の、明快な悪の禁止原則を示せてはいない。

このように、本覚論と専修念仏には修行《しゅぎょう》や戒律《かいりつ》の軽視という共通点が認められるが、この点を改革の対象とする宗派が禅宗《ぜんしゅう》と律宗《りっしゅう》である。禅宗はひたすら座禅《ざぜん》の修行に励むことで悟りの境地に達しようとし、律宗は顕密諸派のなかで形骸化してしまった戒律の復興により仏教の活性化をはかった。禅律僧とは、もともと顕密仏教の底辺を支える諸活動をおこなっていた層の呼び名であるが、禅宗・律宗の宗派化は、それらの活動を「行」の観点から理論化し、仏教改革の梃子《てこ》としたものといえる。

禅律両派には専修念仏のような異端性はなく、むしろ俗権力、とくに新興の鎌倉幕府と密接に結んで、改革の実をあげようとした。また、同時代の中国に範を求めて海を渡り、また中国から師を招くなどして、大陸仏教の直輸入を改革の梃子としようとした点も大きな特徴である。もちろん両派には方向性の違いもある。禅宗が、おびただしい語りかけによって人を悟りに導くことに重心をおいたのに対して、律宗は、授戒《じゅかい》による救済への導きを軸としつつ、医療や土木などの社会活動を宗教的実践としておこなった。

浄土《じょうど》・禅・律から真言まで含めて他宗派を激しく罵倒し、法華経《ほけきょう》への一元的帰依《きえ》を説いてやまなかったのが日蓮である。ひたすら題目を唱えるよう勧める点では専修念仏ときわめてよく似ているが、彼の際立った特徴は、俗権力の中心であった得宗政権をまず法華経に帰依させ、その力で他宗派を排除し、蒙古《もうこ》襲来を筆頭とする国家の危機を乗りきろうとした点にある。主観的には彼はけっして異端ではなく、むしろ天台宗の正統派を自認していたが、その過激な語りは専修念仏が受けたのと同様の弾圧を招いた。

4　蒙古襲来と社会矛盾

ユーラシアの嵐

英雄チンギス・ハーンは一二〇六年にモンゴリアを統一して即位した。その後の三十数年間に、モンゴル帝国はチベットの西夏《せいか》、華北の金《きん》を滅ぼして中国大陸の半分を征服し、一時はヨーロッパまで脅かした。

朝鮮半島の高麗《こうらい》には一二三一年から侵略を始め、たちまち首都開京《かいきょう》を包囲した。当時高麗で実権を握っていた崔氏《さいし》《チェ》の武人政権は、翌年都を江華島《こうかとう》《カンファド》に移して抵抗を続けた。民衆も賤民を中心によく戦った。しかし約三〇年間、高麗の全土はくりかえし侵略にさらされ、「骸骨野を蔽《おお》う」惨状を呈した。一二五八年にクーデタで崔氏が滅亡すると、六〇年には高麗国王がモンゴルの新皇帝フビライに降伏して、講和が成立する。その後も「出陸」（江華島から開京に都を戻すこと）をめぐって押し問答が続いたが、一二七〇年に出陸が実行のはこびとなった。

そのとき、「三別抄《さんべつしょう》」と呼ばれる武人政権軍の中核部隊が、「蒙古兵大いに至り、人民を殺戮《さつりく》す、およそ国を輔《たす》けんと欲する者は、皆毬庭《きゅうてい》に会せ」という檄《げき》をとばして、反乱に立ち上がった。三別抄は高麗の正統政府を名乗り、江華島から珍島《ちんとう》《チンド》、さらには済州島《さいしゅうとう》《チェジュド》に本拠を移して抵抗を続けた。そのためモンゴル軍の日本征討は延期せざるをえなかった。一二七一年、三別抄は日本に援軍と兵糧を求めたが、朝廷は要請の意味を理解できず、なんの返答もしなかった。一二七三年、済州島の三別抄は、元《げん》・高麗連合軍によって全滅した。

高麗における武人の勢力を最終的につぶしたのは、元という巨大な外力だった。日本の武人勢力である幕府との大きな違いがここにある。これ以降、日本と高麗（朝鮮）のたどる道は、大きく分かれていく。

フビライの最大の目標は漢民族国家南宋《なんそう》だった。南宋を孤立させるべく、高麗とベトナムに重点がおかれた。一二五七年モンゴルははじめてベトナムに侵入し、六一年には国王をフビライの臣下とし、六二年には行政官のダルガチをおいた。この間、一二六〇年に高麗を屈伏させ、翌年南宋に宣戦している。一二六八年、モンゴル軍は漢水《かんすい》に臨む要害の地、襄陽《じょうよう》を包囲。六年間のつばぜりあいのすえ、一二七三年に襄陽が落ちる。同年、三別抄を破り、翌年十月、襄陽の降伏軍も投入して日本を攻めたが失敗(文永《ぶんえい》の役)。しかし、文永の役の前月に襄陽を出発した元(一二七一年、モンゴルは元という国号を建てた)軍は、漢水・長江《ちょうこう》を駆けくだり、七六年には南宋の首都臨安《りんあん》(杭州《こうしゅう》)を攻略した。

元のつぎの目標は日本と東南アジアにすえられた。一二八一年、日本征討にまたも失敗した(弘安《こうあん》の役)が、八七年にはミャンマーのパガン朝を滅ぼす。一二九四年にフビライが死ぬまで、元はくりかえし三度目の日本征討を計画したが、もとの南宋の地江南《こうなん》で反政府蜂起が起きたり、インドシナ方面の戦況が泥沼化したりで、そのたびに挫折した。一二八六年にフビライが日本征討中止を表明したとき、江南の人びとは雷のような歓声をあげたという。

一二八二年、元はチャンパを討とうとしてベトナムに協力を求め、拒否された。いったんはチャンパの都ヴィジャヤを占領したが、一二八四年、あらたにチャンパに送り込んだ兵一万五〇〇〇人、船二〇〇艘が、台風にあって壊滅してしまう。これをみたベトナムは、チャンパに二万人の援軍を送り、逆に元軍の侵入をこうむることになる。一二八五年、首都ハノイが元軍の手に落ちたが、三カ月で奪回。一二八八年にも元軍がハノイを占領したが、手ひどい反撃にあって撤退の途中、バックダンジャンで壊滅的な敗北を喫した。一二九二年のジャワ征討でも、元の海軍は暴風で大破し、撤退した。

「神風」は日本でだけ吹いたわけではない。補給路の延びきった前線、不得意な海戦、しかも兵士の主力は闘志を欠いた南宋の降伏兵、という悪条件のもとでは、元の敗北はむしろ必然だった。

外敵をむかえる幕府と朝廷

源《みなもとの》実朝《さねとも》の死後、北条《ほうじょう》氏嫡流(得宗家《とくそうけ》)は、身分は高いが実質的な権力のない鎌倉殿《かまくらどの》を擁立して、幕府内の主導権を握る戦略をとった。しかし、名目的な鎌倉殿も成人すると御家人《ごけにん》たちの結集の核となる。幕府の組織原則が鎌倉殿─御家人間の主従関係におかれているかぎり、北条氏には御家人一般を従属させる資格はない。得宗権力が、鎌倉殿を成人から幼児に取り替える行為をほぼ二〇年おきにくりかえしたのはこのためである。

実際、一二四六(寛元四)年から五一(建長三)年にかけて、もっとも有力な北条氏の庶流である名越《なごえ》家や、三浦《みうら》・千葉《ちば》・足利《あしかが》といった有力御家人が、藤原頼経《ふじわらのよりつね》をいただいて幕府の主導権を握ろうとする動きがくりかえされた。その背後には、つねに頼経の実家九条家の影がちらついていた。北条時頼《ときより》は、こうした動きを敏速な対応と謀略で封じ込め、一二五二(建長四)年に後嵯峨《ごさが》の第一皇子宗尊《むねたか》を鎌倉殿にむかえることにより、反対勢力の封じ込めを完成させた。同年、権勢を誇った九条道家《みちいえ》は失意のうちに死去する。

その間、幕府政治のあり方は、合議制を特徴とする執権《しっけん》政治から、得宗が執権という公職にかかわりなく権力を一手に握る得宗専制へと転換をとげる。一二五六(康元元)年、時頼は病を契機に執権を辞して出家したが、六三(弘長三)年に死ぬまで幕府の実質的な最高権力者でありつづけた。執権政治の合議制を支えた評定《ひょうじょう》は形骸化し、得宗亭に数名の側近が集う「寄合《よりあい》」「深秘沙汰」が実質的な最高意思決定機関となる。得宗を主君にいただく得宗被官層が膨張し、御家人と対抗しうるまでに力をつけてくる。そのような得宗権力（時頼の嫡子時宗を中心とする）が、かつてない規模の対外的脅威に軍事的に立ち向かうことになった。

高麗を屈伏させて日本に目をつけたフビライは、一二六六（文永三）年、国書を日本へ送って友好関係を結ぶよう求めた。もちろん、「兵を用うるに至りては、それたれか好む所ならん」という脅し文句を忘れてはいない。日本との戦争を望まない高麗の引伸し工作があって、使者が実際に大宰府《だざいふ》にきたのは、一二六八（文永五）年の初めになった。朝廷では後嵯峨院のもとで返答の可否が議論され、祈禱と神事の励行、そして徳政《とくせい》が実施された。幕府は西国御家人に蒙古《もうこ》への備えを命ずるとともに、時宗を執権にすえて体制固めをはかった。

一二六九（文永六）年に使者が到来してあらたな国書をもたらしたが、朝廷が出そうとした返牒《へんちょう》を幕府が握りつぶしてしまった。一二七一（文永八）年に使者趙良弼《ちょうりょうひつ》がきたときも、朝廷は返牒を送る決定をしたが、またも幕府の反対でとりやめになった。朝廷のもつ外交権が形式だけのもので、幕府の同意なしには発動できなかったことがわかる。

異国の脅威への対応として、朝廷や寺社では神仏の力を引き出すための祈禱がおこなわれた。幕府は軍事面を担当したが、一二七二（文永九）年に鎌倉と京都で起きた北条氏の内紛（二月騒動）の影響で、対策は後手にまわった。騒動がおさまったあと、九州の武士を動員して博多《はかた》湾岸を防備する異国警固《いこくけいご》番役《ばんやく》が始まる。一二七四(文永十一)年の文永の役中、幕府は西国の守護《しゅご》に「本所《ほんじょ》領家一円之地住人等」をも動員して防御にあたるよう命じた。本所一円地には介入しないという幕府の大原則がはじめて破られた。これは支配権の大幅な拡張だったが、同時に幕府のはたすべき責任も重くなった。

文永・弘安の役

肥後《ひご》国に竹崎季長《たけざきすえなが》という御家人がいた。彼は文永の役で一番乗りの戦功をあげたが、将軍への注進にもれてしまう。翌一二七五(建治元)年はるばる鎌倉まで赴いて御恩奉行安達泰盛《あだちやすもり》に直訴し、首尾よく恩賞地を得た。彼は弘安の役でも人があきれるほどの勇猛ぶりをみせた。一二九三(永仁元)年ころ、彼は泰盛への感謝の意をこめて、二度の合戦での自己の戦いぶりと、鎌倉行きの様子を絵巻物に描かせた。これが『蒙古襲来絵詞《もうこしゅうらいえことば》』である。モンゴルとの戦争をリアルに描いた絵画史料として、世界に例をみない。

一二七四(文永十一)年、元軍・高麗軍あわせて三万数千人は、対馬《つしま》・壱岐《いき》をひとのみにしたあと、十月二十日未明に博多湾岸に上陸を始めた。このとき鳥飼潟《とりかいがた》で苦闘する季長を描いた絵は、『絵詞』中もっとも有名な場面のひとつである。画面の右方に、後ろ足をはねあげた馬にまたがる季長がいる。彼も馬も矢傷を負い、鮮血が砂にしたたる。頭上を矢や投げ槍がとび、てつはう(鉄砲、球状の炸裂弾)が炸裂する。日本人はこのときはじめて火薬を使った兵器をみた。季長の前方に描かれるモンゴ

烏飼潟で季長奮戦の場面(『蒙古襲来絵詞』) 左側の３人のモンゴル兵は追筆と考えられている。

鷹島海底から出土した「てつはう」 数隻分の軍船の部材や碇などとともに，鷹島南岸の海底から引き揚げられた。長崎県松浦市鷹島町。

ル軍の陣では、前列に盾をならべて歩兵が整列し、そのうしろに騎兵が陣取り、信号を伝える太鼓やドラもみえる。日本軍とは対照的な、組織立った集団戦法がうかがわれる。

一二七五年四月、また元の使者がきた。九月、幕府は鎌倉の龍口《たつのくち》で使者の首をはね、国内は緊張につつまれた。西国沿海諸国の守護が大幅にすげかえられ、新任の守護は自ら軍勢を率いて任地へ向かった。これに呼応する首都防衛策として、六波羅探題《ろくはらたんだい》のスタッフが強化された。さらに幕府は、翌七六(建治二)年三月を期して高麗へ遠征軍を送ることとし、九州の武士に動員令を発した。当時これを「異国征伐」と称した。だが同じ三月には、博多湾岸に石築地《いしついじ》(いわゆる元寇防塁《げんこうぼうるい》)を築く工事が始まる。防御と攻撃の両面作戦には無理があったらしく、「異国征伐」はいつしか立ち消えになってしまう。

元の第二次日本征討(一二八一〈弘安四〉年、弘安の役)は、第一次よりはるかに規模が大きい。モンゴル人・華北人・高麗人からなり高麗の合浦《がっぽ》《ハッポ》を基地とする「東路軍」が四万人に対して、おもに南宋の降伏兵からなり寧波《ニンポー》を基地とする「江南軍」は一〇万人を数えた。

一二八一年五月に出征した東路軍は、対馬・壱岐をおかして、六月六日博多湾にあらわれた。陸上・海上での戦闘は約一週間続いたが、石築地の完成もあって日本側の抵抗は意外に手ごわかった。『絵詞』には、石築地の上に座る菊池武房《きくちたけふさ》らの前を、威風堂々と行進する季長主従が描かれている。石築地は、今津《いまづ》や姪浜《めいのはま》に今も痕跡を残すが、その完成直後の様子を描いた絵として貴重である。

上陸をあきらめた東路軍は、壱岐に退いて江南軍の到着を待った。六月の末、肥前《ひぜん》国平戸《ひらど》に集結した四四〇〇艘、一四万人の巨大な軍団は、付近で一カ月程休養をとったあと、七月二十七日に伊万里《いまり》湾の入り口にある鷹島《たかしま》を占領した。三十日から強くなった風は、翌閏七月一日、大船団を木の葉のように翻弄、船は破れ兵は溺れた。勢いにのった武士たちは、鷹島周辺で大掃討戦を展開し、溺死をまぬがれた兵を殺しまた捕えた。もちろん季長もこの戦いに勇み立って参加し、小舟で敵船に乗りつけて首二つをとった。その奮闘ぶりを描いた『絵詞』の絵は、中世の海戦の様子を知るまたとない史料である。

戦いのあとは、「おびただしい屍が潮に乗って入江を埋めつくし、水面を歩いて行けるほどだった」という。こうしてこの遠征もさんざんな結果に終わった。生還者は三万数千人にすぎなかったという。

公武徳政とその挫折

弘安の役(一二八一年)の三年後に北条時宗が死んで、得宗が若い貞時《さだとき》にかわると、貞時の外祖父安達泰盛は、「弘安徳政」と呼ばれる政治改革に着手した。泰盛は、異国の脅威のもと、幕府を全武士階級を結集した権力に高めることを目標に、御家人制の大幅な拡張を含む急進的な政策をあいついで打ち出した。その基軸となるのが、名目化した将軍権力の立て直しであった。しかし、この方向は得宗勢力から幕政の主導権を奪うことにつながる。やがて泰盛は得宗被官の筆頭である平頼綱《たいらのよりつな》との対立を深め、一二八五(弘安八)年十一月、貞時の命により一族・与党もろとも滅ぼされてしまう(霜月《しもつき》騒動）。

泰盛路線をくつがえしたものの、頼綱の政治に得宗を頂点とするあらたな「御家人制」を創出する展望はなく、所詮は弘安徳政への単純な反動でしかなかった。一般御家人層の同意なしに突っ走る彼の執政は、「諸人恐懼《きょうく》の外他事なく候」という恐怖政治となり、一二九三（永仁元）年、得宗貞時自身によって、一族もろとも滅ぼされてしまう（平禅門《へいぜんもん》の乱）。

大覚寺統《だいかくじとう》の亀山《かめやま》院率いる朝廷でも、幕府の政治改革と連携しながら、訴訟制度の整備を中心とする「徳政」が展開された。この改革は、朝廷が在地社会の現実に踏み込んで、「土地をあるべき者の手に戻す」という理念を実現しようとした点で、画期的である。しかし、亀山院の積極政治に警戒心をいだいた幕府は、一二八七（弘安十）年持明院《じみょういん》統の伏見《ふしみ》天皇を皇位に即《つ》けた。こうして朝廷の弘安徳政も未完のまま終わり、一方で大覚寺統と持明院統の対立が一層深まることになった。一二九〇（正応三）年には伏見暗殺未遂事件まで突発し、亀山が陰で糸を引いていたとささやかれた。

一二九二年、フビライはまたしても日本征討を決意し、日本にその旨を告げた。幕府は北条兼時《かねとき》・名越時家《ときいえ》を「異国打手《うって》大将軍」に指名し、彼らは翌年以降、九州全域にわたって軍事指揮権と一定の裁判権を行使した。これが鎮西探題《ちんぜいたんだい》の始まりである。日本征討自体は、一二九四年のフビライの死で立ち消えとなったが、鎮西探題は北条権力の九州支配を支える強力な機関として成長していく。

一二九三年の頼綱滅亡後、名実ともに得宗貞時の専制政治が展開する。裁判の最終的判断が貞時一人の手に握られ、貞時の裁定に対する異議申し立て(越訴《おっそ》)は一切受けつけないことになった。しかしこの措置が長続きしなかったことに、専制とはうらはらな彼の政治の不安定さがあらわれている。

貞時の政治の本質を集中的に表現した法に、一二九七(永仁五)年三月に出された有名な「永仁《えいにん》の徳政令」がある。この法は、(1)越訴の停止、(2)御家人所領の質入れ・売買禁止と売却地の売主への返却、(3)利銭出挙《りせんすいこ》関係訴訟の不受理、の三項からなる。(2)の立法趣旨はあくまでその前半、御家人の所領処分権の抑圧のほうにあり、「徳政令」の性格をもつ(2)の後半は、処分権抑圧の前提として失った所領を取り戻させておく必要から設けられた条項にすぎない。(1)と(3)も(2)と連関して、幕府への奉仕の財源となる御家人所領を幕府の定めた姿に固定する意図をもつ。極端な御家人保護策という外見の裏に、自己の所領を随意にさせないという御家人抑圧が潜んでおり、だからこそ翌年二月、越訴の禁、所領処分の禁、利銭出挙に関する提訴の禁の三点は、撤回せざるをえなかった。

この撤回令はしばしば徳政令の廃止と誤解されているが、所領取戻しの実例は撤回令以後により多く見出されるから、(2)の後半の徳政条項はまだ生きていた。幕府の立法意図の中心は失敗に帰し、幕府が付随的と考えていた所領取り戻しだけが一人歩きを始めたのだ。しかも、法文には対象者は御家人のみと明記されているにもかかわらず、この法令を根拠に所領を取り戻した人は御家人だけではなかった。

当時、土地が本来帰属すべき者(本主《ほんしゅ》)の手を離れて転々とする事態が全社会規模で急速に拡大していた。そうしたなかで、肥大化した専制権力の出した法は、条文の意味内容や立法者の意図をはるかにこえて、土地を本来あるべき場所に戻す「徳政」として、過大な社会的共感をもって受けとめられたのである。

『一遍聖絵』を読む

『一遍聖絵《いっぺんひじりえ》』全一二巻四八段は、全国をめぐって融通念仏《ゆうずうねんぶつ》を広めた一遍の生涯を、異母弟ともいわれる弟子聖戒《しょうかい》が、絵師円伊《えんい》に描かせた絵巻物である。詞書《ことばがき》の作者でもある聖戒は、一二七六(建治二)年ころ以降一遍の遊行《ゆぎょう》の旅に同行しており(聖戒自身も絵巻に登場する)、八九(正応二)年に摂津兵庫《せっつひょうご》島で一遍の入滅《にゅうめつ》をみとっている。もっとも親しい肉親の視線で、主人公の足跡を敬愛をこめて描いた作品である。

絵巻の完成は一遍没後一〇年目だから、描かれた風景はほとんどリアルタイムのものだ。しかも一遍の宗教が旅を通じて展開していったために、描かれた場所は、故郷の伊予《いよ》や京都はもちろん、大宰府、肥前清水《しみず》、信濃善光寺《しなのぜんこうじ》、四天王寺《してんのうじ》、高野山《こうやさん》、熊野《くまの》、筑前《ちくぜん》・大隅《おおすみ》、備前福岡市《びぜんふくおかのいち》、信濃伴野市《とものいち》、同国小田切《おだぎり》の里、下野小野寺《しもつけおのでら》、奥州白河関《おうしゅうしらかわのせき》、同国江刺《えさし》郡、鎌倉・片瀬《かたせ》、伊豆三島社《いずみしましゃ》、富士川《ふじかわ》、尾張甚《おわりじ》目寺《もくじ》、近江関寺《おうみせきでら》、丹後久美浜《たんごくみはま》、美作一宮《みまさかいちのみや》、河内《かわち》の聖徳太子廟《しょうとくたいしびょう》、大和当麻寺《やまとたいまでら》、石清水八幡宮《いわしみずはちまんぐう》、淀《よど》、摂津印南野《いなみの》、播磨書写山《はりましょしゃざん》、備後《びんご》一宮、厳島社《いつくしましゃ》、伊予大三島《おおみしま》、讃岐《さぬき》・阿波《あわ》、明石浦《あかしのうら》、そして兵庫の各地におよぶ。

一遍の事蹟の背景として描かれたこれら列島各地の風景は、一遍の宗教を離れても、それ自体が希有の絵画史料である。とくに資料の乏しい地方の生活ぶりについては、この絵巻をぬきに語ることはできない。

むろん、一遍の遊行は物見遊山ではなく、宗教的実践だったから、ストーリーの随所に宗教体験が力をこめて語られている。場所もよく知られた霊場が多い。青年時代以来いくどか修行《しゅぎょう》におとずれた伊予の菅生岩屋《すがおのいわや》、生家の河野《こうの》家ゆかりの伊豆三島社・伊予大三島、参籠《さんろう》して宗教的回心を得た善光寺、熊野権現《ごんげん》の化身《けしん》と出会って賦算《ふさん》という実践に確信を深めた熊野などの場面は、とくに生彩ある描写がみる者を引きつける。

しかしなかでも一遍の宗教を端的に表現するのは、踊り念仏のシーンであろう。一二七九(弘安二)年、信濃小田切の里の武士の家で、ふとしたきっかけから始まった踊り念仏は、相模《さがみ》片瀬や京都四条の辻では、やぐらを組んだ上で一遍を中心に時衆《じしゅう》たちが密集踊躍し、周囲に見物人が群集する風景として描かれる。一世を熱病のごとく風靡し、保守派・秩序派の憎悪の的になり(『天狗草紙《てんぐぞうし》』『野守鏡《のもりのかがみ》』など)、やがて急速に退潮していった時宗《じしゅう》信仰のエネルギーを、これらの絵からいかほどか感じ取ることができる。

むろん『一遍聖絵』の効用はこれにとどまらない。ストーリーとは直接関係しない点景や背景とし

片瀬の踊り念仏(『一遍聖絵』)

て描かれた風景にも、ある意味ではそれ以上の価値がある。

たとえば、鯵坂入道《あじさかのにゅうどう》という武士が富士川に入水《じゅすい》往生《おうじょう》する場面では、少し下流に舟橋がかかっている。右岸の木杭と左岸の大石のあいだに二本の綱をかけ渡し、その綱にたくさんの舟を舳先を上流に向けてびっしりならべてつなぎ、舟の上に直角方向に厚い大板をしき、さらにその上に舟と並行に幅の狭い板をしきつめる、という橋の三重構造が、手にとるように描写されている。中世の交通手段を知るまたとない史料である。

黒田日出男はこの舟橋を弘安の役をみすえた軍用施設と解釈する(一遍の一行が富士川を通過したのは弘安の役の約一年後)。その可能性もあるが、中世の紀行文では、惟康親王《これやすしんのう》室や足利義教《よしのり》など貴人が渡河する際に臨時にかけられるものとして、舟橋が登場する(『春能深山路《はるのみやまぢ》』『覧富士記《らんふじき》』)。

第五章　分裂・動乱と民衆の成長

1　政局の分裂と混乱

得宗専制と両統迭立

蒙古襲来《もうこしゅうらい》後の軍事的緊張は、戦闘終了後も長く続き、執権北条《しっけんほうじょう》氏の家督（得宗《とくそう》）の権力を肥大化させた。得宗権力はまれにみる専制をふるい、朝廷や本所《ほんじょ》、そして御家人《ごけにん》層を圧迫した。十四世紀に入ると、北条氏の内紛や、得宗家の被官である御内人《みうちびと》の専横が、醜い権力争いとしかいいようのない様相を呈してくる。

一三〇五（嘉元三）年、侍所《さむらいどころ》長官の北条宗方《むねかた》が連署《れんしょ》の北条時村《ときむら》を暗殺し、ついで北条（大仏《おさらぎ》）宗宣《むねのぶ》に討ちとられるという事件が起きた。一三二六（嘉暦元）年には、執権北条高時《たかとき》の出家後執権職を継いだ北条（金沢《かねさわ》）貞顕《さだあき》が、高時の弟泰家《やすいえ》の権幕に怖気《おじけ》づいて、たった一〇日で辞任するという茶番劇を演じた。一三三一(元徳三)年には、高時が御内人のトップの長崎高資《ながさきたかすけ》を討とうとして失敗し、御内人が得宗を圧倒するという事態さえ生じている。

制度的にはあくまで御家人の一員でしかない北条氏の権力が、袋小路から抜け出すには、得宗自身が将軍になる道を拓くしかない。だがそれは北条氏の出身身分の低さから御家人らの認知を得られない。得宗権力は、つぎの段階へ自己を高めていく展望を欠いていた。最後の得宗高時は、「頗《すこぶ》ル亡気ノ躰ニテ、将軍家《しょうぐん》ノ執権モ叶ヒ難キ」人物で、田楽《でんがく》にふけって政治をかえりみない、と酷評されているが、こうした彼の資質自体が、得宗権力のおかれた閉塞状況を反映していた。

一三二〇年代、津軽安藤《つがるあんどう》氏の内紛にからんで蝦夷《えぞ》の大蜂起が起こる。得宗政権はこれを鎮圧できず、対立する双方から賄賂《わいろ》をとるありさまで、紛争解決能力のなさを天下に暴露した。得宗にかわる統率者として武士たちの期待の的になったのが、清和源氏《せいわげんじ》の棟梁《とうりょう》の流れをくみ、幕府内でも北条氏と匹敵する家格《かかく》を誇る足利尊氏《あしかがたかうじ》である。

幕府が出口のみつからない混迷のなかであえいでいたころ、京都では王家が二つの流れに分裂し、幕府との関係のあり方をめぐって、路線対立がしだいにあらわになっていく。

一二七二(文永九)年、後嵯峨院《ごさがいん》は、幕府の同意を得て、王家の家長である「治天《ちてん》の君」に、亀山《かめやま》天皇を即《つ》けた。これが亀山と兄後深草院《ごふかくさ》との対立を招き、一二七五(建治元)年、幕府の調停で後深草の皇子を亀山の猶子《ゆうし》として皇太子に立てる、という妥協が成立する。この後、亀山の系統(大覚寺統《だいかくじとう》)と後深草の系統(持明院《じみょういん》統)との皇位をめぐる対立が、王家領荘園《しょうえん》群の相続問題もからんで、深まっていく。

両統は幕府を味方につけて相手の優位に立とうとした。幕府は不介入の方針を貫くことができず、結局、両統が原則として交互に皇位に即く、という案で収拾をはかった。これを両統迭立《てつりつ》という。だがこれでは譲位のたびに紛争が絶えないし、実質的な皇位決定権がますます幕府に握られてしまう。

王家両統略系図

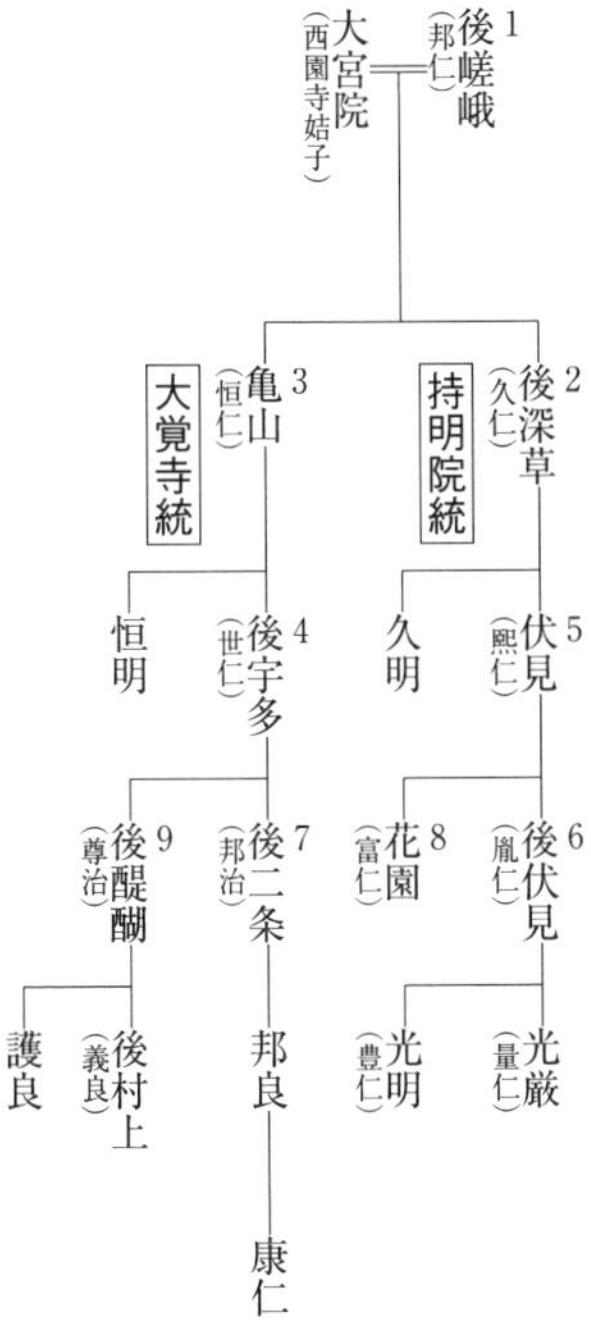

数字は皇位継承順。

こうしたなかで、幕府と一層密着するのか、幕府の打倒を模索するのかという、二つの途が浮かびあがってくる。

鎌倉幕府の滅亡

一三〇八(延慶元)年、大覚寺統の後二条《ごにじょう》天皇が若死にし、皇位は持明院統の花園《はなぞの》天皇に移り、後二条の弟尊治《たかはる》が皇太子となった。ただし大覚寺統の家長後宇多《ごうだ》院は、尊治を後二条の嫡子邦良《くによし》が成人するまでのつなぎと考えていた。一三一八(文保二)年、迭立の原則どおり花園は尊治に譲位する。後醍醐《ごだい》天皇の登場だ。後醍醐は、父後宇多の思惑を無視して、自分の子孫に皇位を継がせることを望んだ。一三二一(元亨元)年には親政(天皇自身が治天となること)を始め、皇位に干渉する幕府を打倒すべく、具体的な計画をめぐらし始める。

対外的脅威とならんで、中後期の幕府をなやませたのが「悪党《あくとう》」の略奪・放火・殺傷行為である。悪党の出自は、武士・荘官・僧侶・商人・運送業者などさまざまだったが、街道・港湾・関所など交通の要所での活動が目立つ。鎌倉末には行動がしだいに政治性をおび、兵庫《ひょうご》関・福泊《ふくどまり》関・尾道《おのみち》浦などで守護代《しゅごだい》の兵と合戦におよんだ。御家人・得宗被官・守護代など、幕府を支えるはずの勢力さえ悪党的行動にはしった。そして、悪党的武士楠木正成《くすのきまさしげ》が、密教僧の文観《もんかん》らを介して後醍醐とつながっていたように、大覚寺統による悪党勢力の組織化は、幕府にとって大きな脅威となった。

蒙古襲来後、国家間の戦争状態にもかかわらず、日中交流は未曽有の活況を呈した。往来する商船には禅僧が便乗し、南宋《なんそう》時代に儒教《じゅきょう》改革派としてあらわれた朱子学《しゅしがく》＝宋学の思想も、彼ら禅僧によって日本に定着した。王権の分裂という危機に直面していた日本の貴族層は、宋学を政治的実践の指針として受容した。両統のどちらにもそうした動きがみられる。たとえば、持明院統の花園院、大覚寺統の吉田定房《よしださだふさ》はともに、徳のない帝王が臣下に伐たれるのを当然とする孟子《もうし》の革命思想を前提に、皇太子あるいは天皇に「土崩瓦解《どほうがかい》」の危機を訴え、徳を修めることを求めている。

一三二一年に始まる後醍醐の親政は、京都を権力の直接の基盤とし、流通の要となる人や場所を直接掌握しようとする強い意欲に満ちていた。これも皇帝権力の絶対化という宋学の理念の実践であった。しかし彼が自己の政治を正当化する根拠は、「関東は戎夷《じゅうい》なり、天下管領《かんれい》然るべからず」ということばに明らかなように、伝統的な尊卑の観念に基づく天皇の絶対的神聖さであって、身に備わった徳ではなかった。

後醍醐の倒幕計画は、二度とも味方の密告によって幕府側にもれ(一三二四〈正中元〉年・正中《しょうちゅう》の変、三一〈元弘元〉年・元弘《げんこう》の乱)、彼自身も隠岐《おき》島に流されてしまう。だが状況の成熟は失敗さえも成功に変える。皇子の一人護良《もりよし》親王の呼びかけは、反幕勢力を奮い立たせ、北条氏に抑圧された御家人たち、楠木正成らの畿内・近国の非御家人や悪党、大寺社などが各地で決起した。一三三三(元弘三)年、足利尊氏が六波羅《ろくはら》を、新田義貞《にったよしさだ》が鎌倉《かまくら》をおとしいれて、幕府は滅びた。

建武新政から両朝の分立へ

京都に帰った後醍醐は、理想を実現すべく、思いきった政策をあいついで打ち出した。あらゆる所領の領有権を綸旨《りんじ》で再確認する「個別安堵《あんど》法」をはじめ、記録所や国司《こくし》制度の復興、「乾坤通宝《けんこんつうほう》」という貨幣の発行と二十分の一税新設による大内裏《だいだいり》の造営などである。その背後に流れているのは、家格の序列、官位相当、官職の家業化・相伝などを一切無視して、あらゆる決定を天皇自身がくだそうとする強烈な意思だ。一三三四(建武元)年正月に定められた新年号「建武《けんむ》」にちなんで、この改革を「建武の新政」と呼んでいる。

しかし「個別安堵法」発布のたったひと月後に、北条氏に味方した者以外の所領が一律に安堵されたように、性急な改革はみな現実の壁にぶつかって後退した。政治の正当性を自己の尊貴な血に求める天皇に、施政の善悪を反省する心意はなく、復古的理念はたやすく側近・寵姫や貴族・寺社の優遇策に堕落した。失望した武士たちの心は、急速に足利尊氏――六波羅の跡に奉行所《ぶぎょうしょ》を開いて戦功の認定をしながら、建武政府の中枢からは疎外されていた――に移っていった。

一三三五(建武二)年七月、北条高時の遺子時行《ときゆき》が信濃《しなの》で挙兵し、鎌倉を攻略した(中先代《なかせんだい》の乱)。鎌倉には成良《なりよし》親王を擁して尊氏の弟直義《ただよし》がよっており、そこに護良親王も拘留されていたが、直義は護良を殺して三河《みかわ》へ逃げた。尊氏はただちに出京して鎌倉を奪還、そのまま駐留して後醍醐の帰京命令を無視する。後醍醐は新田義貞に尊氏討伐を命じ、十二月、両軍は箱根《はこね》・竹下《たけのした》で兵をまじえ、足利方が勝利する。

足利軍は翌年初めに入京するが、陸奥《むつ》から追撃してきた北畠顕家《きたばたけあきいえ》らに敗れ、九州へ逃げる。その途上、尊氏は建武政府に没収された土地をもとの持ち主に返すという法令を発し、また持明院統の光《こう》厳上皇《ごんじょうこう》の院宣《いんぜん》を得て、「天下ヲ君ト君トノ御 争《あらそい》ニ」持ち込んだ。これは図にあたり、力を盛り返した尊氏は、摂津湊川《せっつみなとがわ》で義貞・正成軍を撃破し、八月、入京して光厳の弟光明《こうみょう》を皇位に即けた。十一月、後醍醐は叡山《えいざん》から京に戻って、光明に神器《じんぎ》を渡す。同月、尊氏は「建武式目《しきもく》」一七カ条を制定、幕府の再興を天下に表明した。翌月、後醍醐はひそかに吉野《よしの》へ脱出、光明に渡した神器は偽器だとして、自己の皇位の正当性を主張した。「一天両帝、南北京」、半世紀におよぶ南北朝《なんぼくちょう》内乱の幕開けである。

南朝は海賊や悪党の支持を得て、皇子や武将を各地に派遣し、地方に拠点をつくる戦略をとった。しかし身分観念にとらわれ、地方武士の要求に十分応えられなかったので、一時的に勢力を伸ばしても長続きしなかった。一三四三(興国三)年、常陸《ひたち》の関《せき》・大宝《だいほう》両城が、北畠親房《ちかふさ》らの奮闘もむなしく陥落するにいたって、南朝の劣勢は決定的となった。

尊氏は、幕府成立の当初から、軍事指揮や恩賞授与以外の政務を、直義に委ねていた。この二頭政治は、旧族大名や官僚層など寺社・本所に妥協的な勢力と、畿内・近国の新興領主層を基盤に荘園侵略を積極的に進める勢力との対立を生んだ。前者は直義、後者は尊氏の執事高師直《しつじこうのもろなお》に代表される。

一三四九(貞和五)年、師直が直義を引退に追い込んだことで、両派の亀裂は決定的となった。ついで直義が師直一族を滅ぼし、尊氏が直義を殺し、直義の養子直冬《ただふゆ》が京都に攻め込むなど、全国の武士層を巻き込んだ大乱に発展する(観応の擾乱《かんのうのじょうらん》)。

守護大名の台頭

長い内乱を通じて、幕府の地方支配の要をなす守護が、管轄国への権限を拡大し、幕府もしだいにこれを追認した。鎌倉時代の守護に法的に認められた権限は、「大犯三箇条《たいぼんさんかじょう》」と総称される、謀反・殺害人の追捕《ついぶ》と大番役《おおばんやく》(内裏《だいり》警衛)の指揮に限定されていた。しかし南北朝期に、主として軍事的要請から、使節遵行《しせつじゅんぎょう》(所領裁判の強制執行)・半済《はんぜい》給与・段銭《たんせん》徴収などあらたな権限が守護に与えられた。

守護は、これらを梃子《てこ》に、管轄国の武士たちを自らの被官《ひかん》とする二次的主従制を形成すると同時に、独自の課役として守護役や段銭・棟別銭《むなべちせん》を管轄国に課すようになる。有力な守護は、多くの場合隣接する複数の国の守護職をもち、しかもそれらを家内部で分割相伝した。このような状態を「守護領国制」と呼んでいる。

一方、幕府自体も有力守護の連合体が将軍をいただくという性格を強めるが、この側面に注目して「室町《むろまち》幕府・守護体制」という用語も使われる。一三六二(貞治元)年、斯波義将《しばよしゆき》が将軍家の執事となり、父高経《たかつね》が後見することになった。観応の擾乱までの執事は、将軍の主従制的支配の要となる職であり、足利家の被官筆頭である高《こう》氏が任じたが、足利一門中高い門地を誇る斯波氏の執事就任により、将軍の統治権の中核をなす裁判権をも掌握し、やがて名称も管領と変わる。こうして、有力な守護が管領となって将軍を補佐し、権力を将軍に一元化する制度が生まれ、二頭政治の矛盾は解決に向かった。

一三六三(貞治二)年、西国の有力大名大内《おおうち》・山名《やまな》両氏が南朝をすてて幕府に帰順すると、幕府の力はようやく全国におよぶようになった。とはいえ、両氏は南朝に味方したことで処罰を受けるどころか、山名氏のごときは守護国を加増され、「多く所領を持たんと思はば、只御敵にこそ成るべかりけれ」とそねまれる始末だった。幕府体制の一応の安定とは、数カ国におよぶ広域に支配を固めつつあった守護大名の実情を承認したうえに成り立っていたのである。

そのころ九州のみは南朝方の優勢な地域だった。懐良《かねよし》親王が菊池《きくち》氏・少弐《しょうに》氏ら九州武士に支えられて、一三六一(康安元)年大宰府《だざいふ》を奪取して征西府《せいせいふ》をおき、以後約一〇年間隆盛を誇った。ただしその支配の内容は、所領安堵にせよ使節遵行にせよ、北朝方の守護領国と本質的に異なるものではなかった。

『太平記』の人間形象

『太平記《たいへいき》』はよく『平家物語《へいけものがたり》』と比較される。二つの作品はともに、日本史の画期をなす内乱の時代を合戦を中心に描き出し、語り物として広く享受され、その過程で成長をとげて、多くの異本が生まれた。しかし、『平家物語』が平氏《へいし》一門の盛衰という主題を無常感をただよわせながら描いて、緊密なまとまりをみせるのに対して、『太平記』の場合、全四〇巻を貫く統一的な主題は認めがたく、大きく三つの部分が識別され、構成に破綻がないとはいえない。個々の章をみても、物語の筋をはずれた中国・日本の故事来歴が延々とくりひろげられ、故意の歪曲やいたずらな誇張も多い。

だがこの違いは描こうとする時代の特質にもよっている。源平《げんぺい》内乱期が、王朝の没落と武家権力の誕生という明瞭な相貌をもつのに対して、十四世紀の内乱では、社会の奥底からふきだすエネルギーが、政治過程をつぎつぎとあらたなステージへと導き、その果てになにが待っているのか見当がつかなかった。こんな時代を描くには、作者は視点を自由に移動させ、厖大な人物を登場させねばならない。

「此記の作者は宮方深重の者にて……」という今川了俊《いまがわりょうしゅん》の記述はよく引用されるが(『難《なん》太平記』)、了俊自身も含め武士たちは、自分や先祖の軍功を記した書として『太平記』を読んだ。もし作品が硬直した南朝正統史観で貫かれていたなら、そんなことは起こりえまい。作品のはらむ混沌自体に、「事あやまりも空ごともおほきにや」という批判にもかかわらず、動乱の世紀を理解する手掛りが豊かに含まれている。下は名もない野伏《のぶし》から上は万乗《ばんじょう》の君まで、『太平記』は印象深い人間形象に満ちており、しかも上下が直接対面し、あるいは意外なところでつながっていたのが、この時代だった。

一三三三(正慶二)年六波羅が滅び、光厳上皇自身が矢傷を負うというさんざんな逃避行を、逢坂《おうさか》関あたりで、野伏らしき五〇〇〜六〇〇人が待ち受けていた。一行を先導する中吉弥八《なかぎりやはち》が「一天の君の関東臨幸であるぞ、武装を解いて通し奉れ」というと、野伏どもはからからと笑って、「如何《いか》なる一天の君にても渡らせ給へ、御運已に尽て落《おち》させ給はんずるを、通し進《まい》らせんとは申まじ。輒《たやす》く通り度《たく》思食《おぼしめ》さば、御伴の武士の馬・物具《もののぐ》を皆捨させて、御心安く落させ給へ」といい終わらぬうちに、一同そろって鬨《とき》の声をあげた。落人《おちうど》になれば誰もみな身ぐるみはがれてかちはだし。ここには尊卑を突き混ぜた独特の平等性がある。

では時代の主役である尊氏と後醍醐の描き方はどうか。

北条高時の理不尽な上洛命令に接した尊氏はこう思い立つ、「時移り事変じて貴賤雖易位《くらいをかうるといえども》、彼は北条四郎時政《ときまさ》が末孫也、人臣に下て時久し。我は源家累葉の族也、王氏を出て不遠《とおからず》。……一家を尽して上洛し、先帝(後醍醐)の御方《みかた》に参て六波羅を責落して、家の安否を可定《さだむべき》者を」と。彼を支配しているのは、王家からの血の遠近ではかられる貴賤の観念である。彼の政治的判断の基準は、あらたな国家構想といった地平にはとどかず、あくまで「家の安否」におかれていた。彼は「東夷《とうい》」を滅ぼすべき「源家累葉の族」として、自己の意思をこえた力によって、歴史の表舞台に押し出されてきたのであった。

一方後醍醐は、島流しにあったときも、危篤状態に陥ったときも、当時の慣習や周囲の勧めにさからって、出家を拒否した。彼はあくまで世俗王権の主として、いかなるものへの従属も拒否して、生涯を貫いた。その最期に、「玉骨は縦《たとい》南山の苔に埋《うずも》るとも、魂魄《こんぱく》は常に北闕《ほっけつ》の天を望《のぞま》んと思ふ」という綸言《りんげん》を残し、「左の御手に法華経《ほけきょう》の五巻を持せ給、右の御手には御剣を按《あんじ》て」、冥途《めいど》へ旅立ったという。左手には仏法を象徴する法華経、右手には武力を象徴する剣。ともに自己の権力を打ち立てるための手段以上ではない。事実性の有無は別として、みごとに彼の人間をとらえきった形象である。

2　社会変動と地域の自立

「家」・社会・国家の分裂

観応《かんのう》の擾乱《じょうらん》以後、南朝《なんちょう》に国家としての実体も大きな軍事力もなかったのに、両朝並立は数十年も続いた。その原因は、南朝／北朝《ほくちょう》の分裂とはレベルを異にする亀裂が社会の奥深くまでとどき、それに連動して幕府内部や守護大名《しゅごだいみょう》間に対立が生じ、対立する一方が南朝を旗じるしに利用したからであった。亀裂は社会の各層におよんでおり、紛争は長期化・複雑化の一途をたどった。

天皇家では、北朝／南朝の対立だけでなく、北朝内部に立太子《りったいし》をめぐって崇光上皇《すこうじょうこう》と後光厳《ごこうごん》天皇（一三七〇〈応安三〉年）、南朝内部に北朝との和睦の是非をめぐって長慶《ちょうけい》上皇と後亀山《ごかめやま》天皇（一三八五

〈元中二〉年）という、それぞれ兄弟間の確執があった。将軍家《しょうぐん》に尊氏《たかうじ》対直義《ただよし》・直冬《ただふゆ》という分裂があったことはすでに述べた。管領家《かんれい》でも細川頼之《ほそかわよりゆき》と斯波義将《しばよしゆき》の対立が大きな政変につながった（康暦《こうりゃく》の政変、一三七九〈康暦元〉年）。近衛《このえ》・二条《にじょう》・西園寺《さいおんじ》・洞院《とういん》など上級貴族でも、家門相続をめぐる争いから一族内が大きく分裂し、その一方が南朝にはしる、というかたちが定着する。醍醐寺《だいごじ》では、報恩院《ほうおんいん》流の文観《もんかん》と三宝院《さんぼういん》流の賢俊《けんしゅん》がそれぞれ南北両朝のブレーンとして活躍した。肥後《ひご》の阿蘇大宮司《あそだいぐうじ》家では、南北双方から激しい工作がおこなわれ、惟時《これとき》・惟村《これむら》が北朝方に、惟澄《これずみ》・惟武《これたけ》が南朝方にと分裂した。

合戦を直接担った武士のあいだでは、激しい離合集散の結果、敵味方があいまいな状況が頻発した。庶子《しょし》家が南朝方に与《くみ》して惣領《そうりょう》家を圧倒しようとする傾向が、それに拍車をかけた。そこには、南北のいずれが勝利するかよりは、同族の保全を第一とする思考がみてとれる。そこから、降参人にも所領の半分の知行《ちぎょう》を許す（降参半分の法）、敵方についた武士の没収地をその同族に優先的に与える、などの法慣習が成立してくる。寝返りに対する倫理的非難よりは、家産の保持にウェイトをおく現実論が強くなったのである。

南北朝の内乱では、大規模な軍団が列島を移動しては合戦をおこなったので、戦乱が民衆生活に与えた影響もかつてないほど深刻になった。『太平記《たいへいき》』は、一三三八（延元三）年に北畠顕家《きたばたけあきいえ》軍が東海道《とうかい》を京上する様子をこう描いている。

正月八日鎌倉を立《たっ》て、夜を日についで上洛し給へば、其勢都合五十万騎、前後五日路《ぢ》、左右四五里を押て通るに、元来無慚無愧《むざんむぎ》の夷共《えびすども》なれば、路次《ろし》の民屋を追捕《ついぶ》し、神社仏閣を焼払ふ。総此《そうじて》勢の打過ける跡、塵を払《はろう》て海道二三里が間には、在家の一宇も残らず、草木の一本も無りけり。

五〇万騎の兵が街道の左右四、五里の幅に広がって、全軍の通過に五日もかかった、というのは極端な誇張だが、兵糧《ひょうろう》の現地調達が原則だったこの時代に、かつてない規模の軍団が往来すれば、民衆に筆舌につくしがたい苦しみを与えたであろうことは疑いない。

荘園の変貌と守護勢力

長期におよぶ戦乱のなかで、守護勢力によって荘園《しょうえん》が兵粮料所《ひょうろうりょうしょ》に指定されたり、年貢の半分を守護方が取得する半済《はんぜい》の措置がおこなわれたりして、本所《ほんじょ》の年貢取得に大きな打撃を与えた。荘園の現地管理者が在地武士である場合、彼らは将軍なり守護なりとの主従関係に基づいて、合戦の際軍事動員の対象となった。その際の費用は武士たちの自己負担だったから、荘園から上がる収益が充当されるのは必然だった。本所から管理者が下向して支配する直務《じきむ》荘園の場合も、荘民にかけられる軍役を完全に拒否することはむずかしく、また、合戦による荘内の荒廃も頻繁に起きたから、荘民たちの年貢減免要求に従わざるをえなかった。

観応の擾乱がおさまって支配体制の再建が幕府にとっての課題となったとき、有名無実化した本所の荘園支配を立て直すこともその重要な一部となった。一三五二(文和元)年を皮切りとする幕府半済令は、戦乱中に無秩序に設定された兵粮料所や既成事実化された半済を、本所の法的権利の削減とひきかえに整理して、本所・守護・給人《きゅうにん》(兵粮料所や半済を預けられた武士)の利害調整をはかったものと評価できる。その集大成が、足利義満《あしかがよしみつ》代初めの一三六八(応安元)年に実施された、いわゆる「応安《おうあん》の半済令」であった。

その趣旨は第一に、寺社本所領のうち、⑴王家領、⑵摂関《せっかん》の地位に付属する「殿下渡領《でんかのわたりりょう》」、⑶本家・領家職ともに寺社が保有する「一円仏神領《いちえんぶっしんりょう》」という三つの特殊なカテゴリーについては、一切の半済を排除し、設定されている半済分は寺社本所に返す。そして第二に、「其の外諸国本所領」については、半分の下地《したじ》を本所側に返して知行を実現させる。これによって残る半分の武士による知行は合法化されることになるが、長期の戦乱のなかで、本所が本来の権利を実現できていた所領は多くなかったから、本所の失うものは法文の見かけよりはずっと小さかった。

しかし、この法の実際の適用例をみると、寺社本所が下地知行を実現した例は見出せず、せいぜい取り分を若干回復した程度であった。そしてこの法を最後に、室町《むろまち》幕府法から所領政策を定めた法は姿を消し、経済的基盤を土倉役《どそう》・関銭《せきせん》などの都市的租税に求める法が優越してくる。そこには、幕府権力そのものの性格転換が暗示されている。

一三七七(永和三)年、前管領斯波義将が守護をつとめる越中《えっちゅう》国でひとつの騒動が起きた。守護代が国人《こくじん》と争い、敗れた国人が管領細川頼之の所領太田《おおた》荘に逃げ込む。これを追って守護代の勢が荘内に乱入し、国人を殺して在家を焼きはらう。憤激した頼之は、京都にいた太田荘の代官《だいかん》を下向させ、代官は南どなりの飛騨《ひだ》国で軍勢をつのる……。一地方荘園で起きた事件が、たちまち前管領と現管領の対立に発展し、亀裂はさらに広がっていく。

今夜また騒乱あるべきの由風聞と云々。人々推量の分は、越中の合戦に依り、武蔵守《むさしのかみ》（頼之）と越中守護（義将）向背の儀なり。これに依り両方大名等見継ぐべきの間、天下の珍事に及ぶべしと云々。（『後愚昧記《ごぐまいき》』永和三年八月八日条）

頼之と義将は、幕府を二分する派閥の頭領なので、大名らはみないずれかに味方し、ついには「天下の珍事」におよぶかもしれない……。この予想は二年後的中する。頼之が失脚して義将が管領に返り咲いた事件、康暦の政変である。さらにこの対立構造は一度の政変では解消されず、十五世紀初めにいたるまでくりかえしあらわれる。

遍在する一揆

右の事件は、都鄙《とひ》の連動のほかにも、新時代の到来を告げるもうひとつの状況を物語っている。守護勢力に対抗して地域の国人たちが連合を形成する動きで、それを集約的に表現することばが「一揆《いっき》」だった。一三七七（永和三）年、陸奥《むつ》国では、有力国人の伊達《だて》・留守《るす》両氏が一揆の契約状（一揆契諾《けいだく》状）を取り交わしている（A）。また同年、南九州でも、征西府《せいせいふ》勢力を打倒すべく下向した九州探題今《たんだいいま》川了俊《がわりょうしゅん》の工作に応じた国人たちが、南朝方に味方していた薩摩《さつま》・大隅《おおすみ》守護島津《しまづ》氏に対抗すべく、契約を結んでいた(B)。

これらの契約では、公方《くぼう》／一揆中という、公／私、外／内の区別が強く意識されている。公権力の分裂と連動した地域の軍事的・政治的緊張のなかで、どの公方に味方するかは地域の運命を左右する重大な決断であった。Bの前文に、「右、天下同事なれば、将軍家の御方として、一味同心《いちみどうしん》忠節を致すべく候」とあるように、彼らには自分たちの行動が天下の動向に連動しているという自覚があり、そのなかである公方を選んだ以上は、志をひとつにして忠節に励むのが当然であった。これを公方の側からみれば、国人たちに一揆を結ばせて自己の軍事力に組み入れた、ということになる。

しかし「私・内」の側面における一揆は、私の所務相論を「申し談じ、沙汰致す」(A)「多分の儀(多数決)を以て、理運に任せ、口入致す」(B)という、調停・裁定の主体であった。ただし、裁定に「上裁」をあおぐか否かでA・B間に微妙な相違があるが、Bでも「上裁」の前提に「各談合」があることを忘れてはならない。一揆構成員の相互関係を支配する倫理規範《エートス》は、「一味同心」して「見継ぎ見継がれ」るという、対等者相互が個々の利害対立をこえて意志を統一し扶助しあうというものだった。

このような一揆的結合は、国人に限らず、中世後期社会のどんな場所、どんな社会階層にも見出すことができる。

荘園を基盤に荘民の要求実現のため結ばれる一揆を荘家の一揆という。南北朝末期の播磨国矢野荘《はりまやの》は、有力名主層《みょうしゅ》(村落の指導層)からなる「惣《そう》」と、五〇余名の名主が一味同心した「惣荘《そうしょう》一揆」という、二重構造をもっていた。幕府の重臣団や守護大名の家臣団にも同様の結合があり、康暦の政変の際、義満のいる室町殿を包囲して細川頼之の罷免を要求した斯波・京極《きょうごく》・土岐《とき》・山名《やまな》らの大名たちも「一揆衆」と呼ばれている。さらに、寺院社会の基本構成員である大衆の嗷訴《ごうそ》や、神社に属する神人たちが要求貫徹のためにおこなう閉籠《へいろう》など、宗教勢力の行動にも、交通業者や芸能民など、第二次・三次産業にたずさわる人びとの職種別結合にも、一揆の要素を容易に見出すことができる。一四二〇年代以降の畿内では、階層を問わず債務を負った人びとが徳政《とくせい》(債務破棄)要求という一点で共同し、土倉などの金融業者に押しかけたり、為政者に徳政令の発布を求めたりした(徳政一揆)。

在地の紛争解決と自立する地域

在地領主の一揆は直接的には戦闘の単位であったが、その結成の際に作成された一揆契諾状は、在地的な成文法という性格を備えていた。それが南北朝期に出現するのは、「理非決断」で特徴づけられる整った鎌倉《かまくら》幕府の裁判制度が雲散霧消したことに原因があった。室町幕府や守護大名の裁許は、訴人の主張をそのまま認めるものがほとんどで、複雑にからみあった在地の紛争を解決する能力は十分でなかった。その欠落を埋めたのが、在地に生まれた、法定立の主体であり裁判機関でもある一揆であった。

一揆契諾状などをみると、一揆が在地の紛争を解決する際に依拠した法理をいくつか見出すことができる。その中心が、神仏への誓約をともなう「一味同心」であり、規定に背いた者の「擯出《ひんじゅつ》」(放逐)であることはいうまでもない。内部で意見が分かれたときは「多分の儀」すなわち多数決によった。メンバー間に不慮のいさかいが生じた場合、一揆衆中による調停がおこなわれた。調停は、一揆が明瞭に存在しない場合にも、然るべき第三者が「中人」に立つというかたちで、広くおこなわれていた。一三八八(嘉慶二)年の肥前《ひぜん》国松浦《まつら》一族一揆契諾状では、これが「一揆中において、所務・弓《ゆみ》箭《や》・境相論幷《なら》びに市町・路頭の喧嘩闘諍出来の時は、先ず近所の人々馳せ寄り、時儀を宥《なだ》むべし。若し猶以て難儀に及ばば、一揆一同会合せしめ、道理に任せて成敗せしむべし」というかたちで、審級制に整理されている。

このように、在地が自前の紛争解決能力を備えるようになったことを基底条件として、地域が京都の中央権力から自立する動きが進行する。それがもっとも顕著にあらわれたのが関東と九州の二地域である。

関東では、足利義詮《よしあきら》の弟基氏《もとうじ》が鎌倉に下向して、関八州と伊豆《いず》・甲斐《かい》を管轄する鎌倉公方の地位に就いた(以下二三六ページ系図参照)。以後氏満《うじみつ》—満兼《みつかね》—持氏《もちうじ》と父子相伝する。これは本来幕府の委任を受けた地方行政機関だったはずだが、代々の公方は将軍と同格という意識が強く、康暦の政変・応《おう》永《えい》の乱など、幕府が危機にみまわれるたびに、将軍の地位をうかがう不穏な動きをみせた。なかでも、籤《くじ》で将軍となった義教《よしのり》に敵意を燃やす持氏は、公然と挑戦的行動に出、諫止《かんし》した関東管領上杉憲実《うえすぎのりざね》を討とうとして、一四三九(永享十一)年幕府軍に敗れた(永享《えいきょう》の乱)。翌年結城氏朝《ゆうきうじとも》が持氏の遺児を擁して挙兵、一四四一(嘉吉元)年にいたって平定された(結城合戦)。

一四四九(宝徳元)年、持氏の子で俗体で唯一生き残った成氏《しげうじ》が鎌倉公方となり、五四(享徳三)年に関東管領上杉憲忠《のりただ》(憲実の子)を謀殺、以後二〇年以上も公方方と関東管領＝幕府方との戦いが続いた(享徳《きょうとく》の乱)。その間、成氏は一四五五(康正元)年に居所を下総古河《しもうさこが》に移して北関東を後ろ盾とし、南関東を地盤に幕府の後援を受ける上杉氏と対峙した。成氏以降を古河公方と称し、以後政氏《まさうじ》―高基《たかもと》―晴氏《はるうじ》―義氏《よしうじ》と父子相伝した。

成氏は京都方との和睦がなった一四八二(文明十四)年(「都鄙合体」)までのあいだ、京都での改元を無視して享徳年号を使いつづけた。その後も東国では、福徳《ふくとく》(一四九一年頃)・弥勒《みろく》(一五〇七年頃)・永《えい》喜《き》(一五二七年頃)・命禄《めいろく》(一五四二年頃)など、朝廷の定めた年号とは異なる「私年号」がしばしば使われた。また十四世紀から京暦と暦日がずれることのある「三島暦《みしまごよみ》」が用いられた。いずれも東国の地域的自立を象徴する事実である。

九州でも、観応の擾乱期に九州で一大勢力を築いた足利直冬や、南朝方の地域拠点づくりの唯一の成功例といえる征西府＝懐良《かねよし》親王が、幕府に敵対した。しかし彼らの場合、大宰府《だざいふ》に伝統的勢力をもつ少弐《しょうに》氏、肥後《ひご》の伝統的豪族菊池《きくち》氏、南九州の有力守護大名島津氏などにかつがれてはじめて、地域権力となりえた。その権力樹立は、幕府や南朝の指示で実現したわけではなく、突きつめれば九州の自立性・独立性の表現にすぎなかった。

一方、九州の地域的自立において、東国にはみられない特色は、対外的な契機が大きく働いている点である。南朝方討伐に大功を立てた九州探題今川了俊は、義満に反意を疑われて左遷されたが、その背後には、了俊が高麗《こうらい》と独自の外交関係をもったことが響いていた。少弐氏・征西府・島津氏・大内氏などと幕府方との対抗関係にも、明らかにそうした要素があった。この場合の「地域」とは、九州だけにとどまらず、朝鮮半島の南部、中国の江南《こうなん》地方、琉球《りゅうきゅう》列島などもつつみこんだ「環シナ海地域」という範囲を設定する必要がある。またその場合には、日本の中央権力との関係だけでなく、朝鮮・中国・琉球などの国家との連携や対抗も視野に入れなければならない。

3 倭寇と「日本国王」

東シナ海交易と文化交流

十三世紀なかばからの一世紀余りは、日中間を多くの禅僧たちが往来した時代である。とくに中国から、確認できるだけでも三〇人以上の禅僧が日本に渡来し、鎌倉《かまくら》や京都の禅寺で活躍したことは、前後に例をみない。さらに、日本から中国へ渡航した禅僧の数は、渡来僧の少なくとも一桁上である。その間元《げん》・高麗《こうらい》との戦争があったが、中国における仏教の中心地江南《こうなん》との往来はさほど打撃を受けず、むしろ十三世紀末〜十四世紀初めころ最盛期をむかえる。

この相互交流を通じて、日本に純中国的な禅宗《ぜんしゅう》文化が根づいていく。博多《はかた》や鎌倉や京都につぎつぎに建てられた禅宗寺院は、文学僧無住《むじゅう》が建長寺《けんちょうじ》を「唐《とう》僧渡り唐国の如し」と形容したように、さながら中国にいるような空間となり、中国語が日常的に使われていた。中国禅林《ぜんりん》の文化は、集権的官僚制を背景とする士大夫《したいふ》の文化と共通の根をもっていたから、禅宗界の交流によって、文芸・儒学《じゅがく》・出版・絵画・声楽・喫茶・建築などの諸分野におよぶ中国の士大夫文化が、日本に直輸入されることになった。

日本で士大夫に相当したのは、北条《ほうじょう》氏を中心とする鎌倉の武士たち、院・天皇以下京都の公家《くげ》たち、そして大友《おおとも》氏や少弐《しょうに》氏など西国守護《しゅご》層であった。なかでも北条氏は、渡来僧を積極的に招請するなど、中心的な役割をはたした。彼らパトロンたちが禅宗に求めたものは、むろん仏教的悟脱《ごだつ》もあったが、禅宗文化に含まれていた士大夫的要素、なかでも儒学的教養であった。北条時頼《ときより》が悟りを開いた一二六二(弘長二)年のある日、師の渡来僧兀庵普寧《ごったんふねい》が発した「天下に二道なく、聖人に二心なし、若し聖人の心を識得せば、即ち是れ自己の本源にして自性なり」ということばに、それがよく示されている。

禅僧たちの渡航手段は例外なく貿易船への便乗で、船の運航主体は博多に拠点をもつ中国人の貿易商である。兼好法師《けんこうほうし》は、『徒然草《つれづれぐさ》』で「もろこし舟のたやすからぬ道に、無用の物どものみ取り積みて、所狭《せ》く渡しもて来る、いと愚かなり」と皮肉っている。しかし「唐の物は、薬の外は、みななくとも事欠くまじ」とあるように、必需品の輸入は歓迎しており、京都周辺に「遠き宝」や「得がたき貨」があふれかえっていた様子もうかがわれる。

一九七六年、韓国・新安《しんあん》《シナン》の海底から沈没船が発見された。この船は一三二三年に寧波《ニンポー》で青磁《せいじ》・青白磁《せいはくじ》、銅銭、紫檀《したん》材などを積み込み、博多へ向かう途中難破した。船の様式や船材からみて、この船は江南でつくられ、所有者も江南の貿易商人とみられる。一方、荷札木簡《もっかん》に「東福寺《とうふくじ》」の文字の入ったものがあり、貿易利潤の一部は、一三一九(元応元)年に焼失した京都の東福寺の再建に投入されるはずだったことがわかる。木簡に記された荷主の名は、東福寺のほか、船主をさすらしい「綱司《ごうし》」が多数あり、その他博多の寺社や日本の僧俗もあった。積荷以外の遺物としては、中国式の炊事用具、高麗式の匙《さじ》、日本製の鏡・硯箱・漆絵椀・将棋の駒・下駄・刀の鍔《つば》・古瀬戸の瓶など、さまざまな生活用具があった。乗組員は中国・朝鮮・日本の三民族混成で、その中心は日本人だったらしい。

なにより衝撃的だったのは、たった一隻の船にこんなにも大量かつ良質の荷が満載されていたという事実そのものである。新安船は当時の貿易船としてずばぬけた巨船ではない。となると貿易のトータルな規模は想像もつかない。この時期に広がった「唐物《からもの》」への需要に支えられて、東シナ海域に登場した海上交通のネットワークは、従来の予想をはるかにこえて密なものだったと考えざるをえない。

明朝の成立と「日本国王」の競合

日本で観応《かんのう》の擾乱《じょうらん》が戦われていた一三五〇年、朝鮮半島の東南辺を倭寇《わこう》が襲った。この年を境に倭寇の回数と規模が急に増大したので、のちに朝鮮では、この年の干支《かんし》をとって「庚寅《こういん》以来の倭賊」という成句ができる。九州で南北両軍の戦いが激化した一三七〇年代、倭寇の活動はますます盛んになり、朝鮮半島西南部の海岸地帯は人影がなくなってしまったという。たまりかねた高麗政府は、日本側との外交交渉と、倭寇の軍事的封じ込めという二面作戦で対応した。後者の軍事活動のなかから台頭したのが、一三九二年に高麗にかわって朝鮮王朝を建国する李成桂《りせいけい》《イソンゲ》である。

倭寇の活動は朝鮮半島にとどまらず、中国の山東《さんとう》半島から江南にかけての沿岸にもおよんだ。一三六八年、元を北に追いはらって、南京《ナンキン》を都に漢民族王朝明《みん》を建てた朱元璋《しゅげんしょう》(洪武《こうぶ》帝)は、その年からくりかえし日本へ外交使節を送った。一三六九年の国書には「書を修して特に正統の事を報じ、兼ねて倭兵海を越ゆるの由を諭《ゆ》す」という文章がある。「正統の事」は自身の即位を、「海を越える倭兵」は倭寇をさしている。明が日本に求めたものは、中国支配の承認もさることながら、倭寇の禁圧にこそ重点があった。

加えて、当時、元末の内乱で朱元璋のライバルだった方国珍《ほうこくちん》や張士誠《ちょうしせい》の残党が、倭寇を引き込んで海賊行為を働いていた。明は沿海の民がこれら海上勢力と連携することを警戒して、人民が私に海に出ることを禁じる海禁《かいきん》政策をとった。建国まもない明にとって、倭寇とは外からの脅威にとどまらず、国内問題でもあった。

明の使者は、伝統的に日本の外交窓口であった大宰府《だざいふ》に到来した。当時は後醍醐《ごだいご》の皇子懐良親王《かねよししんのう》が率いる征西府《せいせいふ》が大宰府をおさえ、九州の過半を勢力範囲におさめていた。懐良ははじめ交渉を拒否したが、一三七一年にいたって、明の要求に応える使者を送り、翌年洪武帝から「日本国王」に封じられた。明が懐良を選択したのは、倭寇を禁圧しうる可能性のある政治勢力が征西府しかなかったからである。

ところが懐良を国王に封ずる使者が到来した一三七二年、征西府は九州探題今川了俊《たんだいいまがわりょうしゅん》によって大宰府から追い落とされ、南朝《なんちょう》勢力は最後の牙城九州でも没落する。使者はやむなく交渉相手を幕府・北朝《ほくちょう》に切り替え、翌年上洛する。足利義満《あしかがよしみつ》はこれに答えて外交使節を明に派遣し、倭寇の捕虜一五〇人を送還した。

しかし明は、懐良を「日本正君」とする態度を変えず、北朝天皇の臣下である義満には外交の資格なしとして、相手にしなかった。これを知った義満は、懐良が明の軍事力を背景に敵対してくる可能性があること、そのような外交権をめぐる競合関係を断ち切るには、自らが「日本国王」に認定されるしかないこと、を認識したであろう。

外交権をめぐる義満の競争相手は懐良だけではなかった。島津《しまづ》氏は義満と前後して独自に外交使節を明に送り、やはり外交の資格なしとして拒絶されている。大宰府陥落後、一種の対明通交証と化した「日本国王良懐」(明側は懐良をこう呼んだ)の名義を使って、北朝の後円融《ごえんゆう》天皇や島津氏が明に入貢した形跡がある。大内《おおうち》氏や今川了俊は、独自に高麗政府と交渉をおこない、兵を渡海させて倭寇を討伐した。

これに対して義満は、了俊に懐良や島津氏を討たせ、ついで自ら山名《やまな》氏を討ち(明徳《めいとく》の乱)、了俊を九州探題から解任し、最後の強敵大内義弘《よしひろ》を一三九九(応永六)年に堺《さかい》で滅ぼして(応永《おうえい》の乱)、最終勝者となった。また、北朝の確保していた国政上の権限を幕府に接収し、院・天皇を名ばかりのものにした。他方、一三九二(明徳三)年に南朝を北朝と合体させるというかたちで実質上解消させ、反幕府行動のよりどころをつぶすことに成功した。

義満はその間急速に官位を駆け昇って、一三九四(応永元)年には太政大臣《だじょうだいじん》に昇りつめ、わずか半年で辞任して出家、「道義《どうぎ》」を名乗った。出家は、天皇を頂点とする官制体系から離脱して、公家・武家双方に君臨することを可能にする手段であった。

「日本国王源道義」

一三九八年、晩年は外交に消極的になり、日本との断交を諭していた洪武帝が死ぬと、嫡孫の建文《けんぶん》帝が帝位に即《つ》いた。ところが、今の北京《ペキン》に封じられていた叔父燕《えん》王が帝位をねらって翌年挙兵し、明は内乱状態になった（靖難《せいなん》の役）。

一四〇一（応永八）年、義満は「日本准三后道義」の名でひさびさに明へ使者を送り、貢物を献じた。むろん倭寇の捕虜を還《かえ》すことも忘れてはいない。これを受けた建文帝は、翌年、祖父の遺訓に背いて義満を「日本国王」に封じた。燕王との対抗上、日本を味方につけておきたいという思惑によるものである。日本国王が中国天子から冊封《さくほう》を受けるのは、「倭《わ》の五王」以来じつに九〇〇年ぶりのことであった。

一四〇二（応永九）年、義満は北山《きたやま》殿で冊封の詔《しょう》をうやうやしく推し戴いた。翌年、明使節の帰国に使者を同行させ、「日本国王臣源」の名で正式の外交文書である表《ひょう》を明に送った。その際、建文帝宛と燕王宛の二通をもたせ、明の状勢に対応できるようにした。はたして一四〇二年、燕王は南京を落として建文帝を自殺させ、帝位を奪った。これが永楽《えいらく》帝である。

義満の使者は「新主を賀するの使」に早変わりし、永楽帝はこれに答えて「日本国王之印」という文字をきざんだ金印と、勘合《かんごう》一〇〇道を義満に与えた。以後、日本から明にいたる船は、一隻につき一道ずつこの勘合を携帯することが義務づけられた。この制度は、日本国王による対明貿易の完全な掌握・管理を可能にした。こうして始まったのが勘合貿易で、最初の勘合船は一四〇四(応永十一)年に渡明する。

従来「日本国王」といえば、国際関係における天皇の呼び名だった。では、義満の「日本国王」冊封と、天皇・院や朝廷との関係はどうだったろうか。

一三九三(明徳四)年、後円融上皇《じょうこう》が死去し、形式上は後小松《ごこまつ》天皇の親政となったが、足利義満が院のようにふるまい、彼の「仰《おおせ》」によって朝廷人事は決定された。義満は自己に対する格と礼遇も、すべて上皇に準じる扱いを求めた。その結果、大臣・摂関《せっかん》クラスの上級貴族までが、義満の従者としてふるまうようになる。義満の居所北山殿《きたやまどの》は、最高政策の決定や外交使節の接見がおこなわれる国家の政庁と化した。邸内には「紫宸殿《ししんでん》」や「殿上の間《てんじょうのま》」があったという。宗教界との関係では、王家や摂関家の子女が入る慣例だった最高級の門跡《もんぜき》・尼門跡寺院に、義満の子女が続々と入室した。

このように、義満のふるった権力は「院」に相当するものであり、欠けていたのは自己の血族の「天皇」だけだった。長子の義持《よしもち》には一三九四(応永元)年に将軍職をゆずっており、「天皇」に擬せられたのは、その弟で義満の寵愛する義嗣《よしつぐ》であった。一四〇八(応永十五)年、十四歳の義嗣は内裏《だいり》において「親王御元服《げんぷく》の准拠」により元服した。いまや義満が法皇《ほうおう》として天皇義嗣と将軍義持の上位に君臨するというプログラムが、実行に移されようとしている。義満の死後、太上《だじょう》天皇の尊号が与えられようとしたことが示すように、朝廷側もそれを既成事実として容認していた。

ではこのプログラムにおいて「日本国王」はどんな役割をはたしただろうか。自己が天皇になりかわった今、義満の地位を保障する権威はもはや国内には存在しなくなり、それを至高の権威である明皇帝に求めたのだ、という学説がある。建文帝の詔書を推し戴いたパフォーマンスをみると、義満自身はそれを期待していたのかもしれない。ところが、義満が明皇帝に対して「臣」を称したことは、中国と対等なるべしとする貴族層の伝統的対外観をいたく刺激し、屈辱外交という批判を招く結果となった。

義満以降の将軍たちも、義持を例外として、明皇帝の冊封を受けることで明との外交関係を維持したが、彼らが国内向けに「国王」を標榜した形跡はない。朝鮮に対する外交文書にも、「日本国源何某」と「王」の字を抜いた自称を用いた。「日本国王」に天皇にかわる権威としての機能が期待されていたわけではない。むしろ「日本国王」号は、幕府が対明貿易を独占するための通交名義として、きわめて有効に機能した。

合議と敬神――義持期の政治

義嗣元服のわずか二日後、義満は急病を発し、まもなく五十一歳で死去した。足利家の家督には、宿老《しゅくろう》斯波義将《しばよしゆき》のはからいで、大方の予想を裏切って現将軍義持がなった。義持＝義将ラインは、義満に太上天皇の尊号を贈るという朝廷の申し入れを辞退したのを皮切りに、義満の路線をつぎつぎにくつがえしていく。義満の簒奪は、幕府内部に支持基盤を欠いた独走であり、宿老層は、天皇を頂点におく従来どおりの秩序が維持されるほうが、自分たちの利益と安全に合致すると判断していた。

一四一六（応永二十三）年、前関東管領《かんれい》上杉氏憲《うえすぎうじのり》（禅秀《ぜんしゅう》）が鎌倉公方《くぼう》持氏《もちうじ》に反乱を起こし、持氏は幕府の支援を得て翌年これを破った（上杉禅秀の乱）。乱後、持氏は禅秀余党の討伐に熱中し、その対象は幕府と親密な国人《こくじん》たちにまでおよんだので、幕府は反持氏派国人たちを組織して持氏に対抗させた。これを京都扶持衆《ふちしゅう》という。一四二二（応永二十九）年、持氏が京都扶持衆の佐竹山入与義《さたけやまいりともよし》を誅殺すると、翌年義持は評定《ひょうじょう》会議を招集し、京都扶持衆支援を決定した。この会議は、畠山《はたけやま》・細川《ほそかわ》・斯波・山名・赤松《あかまつ》・一色《いっしき》・大内《おおうち》・今川の各氏で構成され、議決は全員一致を原則とした。将軍対守護という対立要因を克服して、幕府としての意思決定をくだすための重要な合議体であった。

一方、義持は敬神の念きわめて篤《あつ》く、とくに一四二三（応永三十）年に将軍職をゆずった実子義量《よしかず》が、二年後に十九歳で早世してからは、八幡《はちまん》の神前で籤《くじ》を引いて実子誕生の有無を占うなど、神の意思に運命を委ねる姿勢を明瞭にしていた。外交に積極的だった斯波義将が一四一〇（応永十七）年に死去すると、義持は翌年到来した明使を京都に入れずに追い返し、日明関係は一時断絶した。義持はその理由を、「外国の通問を絶つ」ことが「諸神の憲章」だから、と明使に説明している。

義量の死後、義持は跡継ぎを決めず、将軍空位のまま推移するうち、一四二八（正長元）年義持は急病を発した。臨終の床で後継者の指名を求められた義持は、「面々用い申さずば正躰あるべからず」

といって拒絶した。結局、義持の弟四人のなかから籤《くじ》で選ぶことになり、管領畠山満家《みついえ》が石清水八幡《いわしみずはちまん》の神前で籤を引いた結果、青蓮院義円《しょうれんいんぎえん》(足利義教《よしのり》)が当選した。ある貴族は義教を「神慮に依り武家一味して用い申す武将」と評している。敬神と合議という義持政権の基調はここでも貫かれたのである。

「万人恐怖」と幕府の権威失墜

足利義教の政治は極端な専制とみられがちだが、執政の初めには、裁判制度を整備して将軍の臨席する審理の場(御前沙汰《ごぜんさた》)を設けるなど、意欲的な改革がおこなわれた。それによって裁判の実務を担う奉行人《ぶぎょうにん》層が厚みを増し、将軍の権力基盤となっていく。幕府が発給する公文書も、管領が発するものから奉行人連署奉書《れんしょほうしょ》へと重心が移行する。また義持期以来の合議制を受け継ぐ面もあり、重臣たちの意見が義教の恣意を制約する場面も何度かあった。

しかし、怒りに火がつくと歯止めがきかない性格に加えて、将軍としての正統性に対する不安と、神意はわれにありという自負が、彼の政治を専制的恐怖政治へと傾斜させていく。そのあらわれは、第一に、史料に「突鼻《とっぴ》」ということばで頻出する理由不分明な突然の厳罰である。被害者は母の実家日野《ひの》家を中心とする朝廷の一部や彼自身の近習《きんじゅう》から始まり、やがて守護大名《しゅごだいみょう》クラスの幕府重臣におよんだ。第二に、側室《そくしつ》の兄弟である三条実雅《さんじょうさねまさ》や守護家の庶流など、幾人かのお気に入りが権力をふるう側近政治である。その度合いは年とともにひどくなり、「万人恐怖」の恐慌へと突っ走った。

これに加えて、義教の暴走をくいとめうる重臣たちが、あいついで姿を消していった。一四三一(永享三)年に大内盛見《もりみ》が筑前《ちくぜん》で陣没し、三三(永享五)年には前管領畠山満家と現管領斯波義淳《よしあつ》、三五(永享七)年には三宝院満済《さんぼういんまんさい》と山名時熙《ときひろ》が死去した。さらに、幕府首脳を結束させてきた関東との緊張関係が、一四三九(永享十一)年の持氏滅亡(永享《えいきょう》の乱)によってゆるみ、危険をおかして義教を諫《いさ》めるほどの切実さが重臣たちから失われてしまった。

一四四〇(永享十二)年、一色義貫《よしつら》・土岐持頼《ときもちより》が大和《やまと》の陣中で義教の謀略により殺され、それがわが身におよぶことを予期した赤松一族が、四一(嘉吉元)年、京都の自邸での猿楽《さるがく》興行に義教を誘って殺害した(嘉吉《かきつ》の変)。「将軍犬死」と評されたこの事件に際し、義教に同情する者は少なく、同席していた大名たちの多くは避難した。人びとを恐れさせた義教があっけなく死んだことは、将軍や幕府の権威に取返しのつかない傷を負わせた。これを境に幕府は急速に没落の道をたどることになる。

4 民衆経済の発展と寄合の文化

津泊・市町の簇生

四半世紀ほど前までは、中世都市といえば堺《さかい》を代表とする「自由都市」のイメージでとらえられ、ほかは京都・鎌倉《かまくら》・博多《はかた》くらいしか意識されていなかった。その後流通史・交通史の研究が盛んになり、人や物の動きの結節点となる場所に関心が注がれるようになると、従来は都市とはみられていなかった「場」をも、都市論に含めて理解する必要が唱えられ、「都市的な場」ということばが盛んに(ときには安易に)使われるようになった。その牽引車となったのが、網野善彦の精力的な中世都市研究である。

このような学界動向と並行的に進んだのが、そうした「場」の発掘調査である。どの都市遺跡からも出土する陶磁器類が、中世の交通路をたどる人と物の動きの動かぬ証拠として、注目を集めている。日本列島のいたるところでおこなわれている発掘調査によって、そうした「場」がつぎつぎに出現した結果、中世都市は近年急速にその数を増している。

あらたに脚光をあびるようになった中世都市の代表例は、広島県福山《ふくやま》市の芦田《あしだ》川河口に成立した「草戸千軒町《くさどせんげんちょう》遺跡」であろう。河川改修にともなう全面的な発掘調査が一九六一(昭和三十六)年から九三(平成五)年まで実施され、文献にはかすかな痕跡しかとどめない港町が、民衆生活の様子を伝える数々の遺物をともなって、土のなかから立ち上がってきた。

草戸は、平安時代に王家領長和《ながわ》荘の年貢を積み出す倉敷《くらしき》地として出発し、市場町・湊町として栄えるとともに、真言律宗《しんごんりっしゅう》常福寺《じょうふくじ》(現、明王院《みょうおういん》)の門前町でもあった。幹線上の貿易港でなく、鞆《とも》から分かれて芦田川上流の内陸部にいたる交通路の起点という性格をもつ。中世に無数に存在した「並み」

の港町の様子を知る得がたい材料である。

都市機能が室町《むろまち》前期に急速に発展した様子が、建物・井戸などの急激な増加や、闘茶札《とうちゃふだ》・銭甕《ぜにがめ》・白《はく》磁《じ》水注《すいちゅう》などの遺物からうかがわれる。室町中期になると、船を町に導く水路として利用されていた小川に大量の砂がたまって、機能を停止した。土砂の堆積による港湾機能の阻害が、草戸千軒にとって最大の敵であった。石組の護岸をともなう船着場の整備など、努力が重ねられたが、室町末期には急激に衰退し、江戸《えど》初期の洪水で完全に埋もれてしまった。そのため、「中世」が封印されて今に伝えられたのである。

近年出現した都市遺跡として、さらに二つの例を紹介しよう。まず、福島県郡山《こおりやま》市の荒井猫田《あらいねこた》遺跡は、中世の幹線道路のひとつ「奥大道《おくだいどう》」にそった内陸の交通集落である。両端を木戸で区切られ、その内部に両側町が軒を連ね、要所に村堂のような宗教施設が配置されている。こうしたタイプの都市が数多く存在したことは、絵図が残る例も含めて、近年精力的に解明されている（『歴博フォーラム・中世商人の世界』）。

つぎに、八郎潟《はちろうがた》東岸に位置する秋田県井川《いかわ》町の洲崎《すざき》遺跡では、中世の刳船《くりふね》や、手首を縛られた人魚（?）が描かれた板が出土した。船は、輪切りにして二枚を船底を外側にして組み合わせ、井戸枠に再利用されていた。人魚を描いた板も、二つ折りにして井戸枠の隙間に差し込んであった。砂洲上に立地する港町ではおびただしい数の井戸が掘られたが、そのような生活上の特性に関連して出現したあらたな遺物であった。
一四七一年に朝鮮で刊行された日本・琉球《りゅうきゅう》地誌『海東諸国紀《かいとうしょこくき》』に、日本を何枚かに分けておさめた木版の地図がある。波模様で表現される海を貫いて、航路が白い線で描かれ、それにそって、さまざまな地形や地名が書き込まれている。これらの情報のほとんどは、博多商人道安《どうあん》が朝鮮にもたらしたものと考えられる。「日本國西海道九州之圖」の下端の「大島(奄美大島《あまみおおしま》)を指す」という注記に発して、九州の西海岸をたどり、博多にいたる航路をたどってみよう。

「日本國西海道九州之圖」(『海東諸国紀』) 『海東諸国紀』は朝鮮王朝の首相兼外相申叔舟が，日本・琉球との通交体制整備のために編纂した地誌。所収の日本地図は版本としては史上最初のもの。

「薩摩《さつま》州」の西海岸にある「房泊両津」は鹿児島県南さつま市の坊津《ぼうのつ》と泊《とまり》であり、「三隅湍津」は熊本県宇城《うき》市の三角《みすみ》瀬戸に比定される。「薩摩州」西海岸に注ぐ二つの川は、北が川内川《せんだいがわ》、南が万之瀬川《まのせがわ》であろう。「肥前《ひぜん》州」の西北角に入り込んだ水面の奥にある「園木郡」は彼杵《そのき》郡で、水面は大村《おおむら》湾にちがいない。上松浦《まつら》と下松浦のあいだの水面は伊万里《いまり》湾である。「肥前州」にある田《た》平《ひら》・志佐《しさ》・呼子《よぶこ》・鴨打《かもち》・佐志《さし》という地名は、みな海の武士団松浦党の名字の地である。以上すべて中世の港に関連する地形や地名である。

市場経済の発達

中国からの銭貨流入は十二世紀なかばに始まったが、それが荘園年貢《しょうえんねんぐ》の代銭納《だいせんのう》などを通じて日本社会の深みに根づいたのは、十三世紀後半以降のことだった。銭貨は、個体ごとの価値量が比較的一定しており、計数が容易で、米や布に比べれば軽量で運搬容易なので、その浸透は市場経済や信用取引の発達をうながすことになった。

蔵の所有者が質物をあずかって金融をおこなう土倉《どそう》は、鎌倉末期に登場し、酒屋が兼業することが多かったため、しばしば酒屋・土倉と連称される。十四世紀初頭の絵巻『春日権現験記絵《かすがごんげんげんきえ》』には、柱を石灰で塗りこめた土倉建築が描かれている。京都の土倉には延暦寺《えんりゃくじ》の息のかかったものが圧倒的に多く、山門の重要な財源となっていた。

南北朝《なんぼくちょう》期を通じてその権益はしだいに幕府に侵食され、一三九三(明徳四)年に幕府は年額六〇〇〇貫文の酒屋土倉役をおさめさせるかわりに、本所《ほんじょ》による課役を免除した。これによって土倉は幕府の財政部局の性格をおびるようになり、その側面はやがて「納銭方《のうせんかた》」として組織化される。十五世紀の土一揆《つちいっき》・徳政《とくせい》一揆は土倉をおもな標的としたが、それが幕府に徳政令発布を求める運動に直結したのは、そのためである。

十四世紀に入ると、京都やその周辺都市で営業する「問屋《といや》」が振り出す割符《さいふ》を、年貢米銭の代替に京上することが始まった。室町時代には割符の信用度が高まり、頻繁に利用されるようになった。割符は多くは一枚の額面が一〇貫文の定額為替《かわせ》であったが、振り出されたときの目的から離れて、高額紙幣のように流通することもあった。

中世日本の市場経済を支えていたのは、私鋳銭《しちゅうせん》を除いてことごとく中国から流入する銭貨である。「小さな政府」だった幕府や朝廷は、朝鮮・ベトナム・琉球などと異なって、日本独自の銭貨を鋳造しなかった。ところが、十五世紀に中国では通貨の基軸がしだいに銅銭から秤量貨幣《ひょうりょうかへい》の銀に移行し、国外への銭貨流出が激減した。銭貨供給の減少は、十六世紀にかけて、撰銭《えりぜに》や私鋳銭の横行により日本の流通経済を混乱におとしいれた。戦国大名はしばしばそれらの禁令を発している。

民衆の成長と土一揆

一四二八(正長元)年、京都では将軍・天皇の代替わりと改元があいつぎ、地方からは鎌倉公方《くぼう》や後《ご》南朝《なんちょう》の謀反《むほん》計画が伝えられた。世代わりムードが高まるなかで、醍醐寺《だいごじ》の門前では「地下《じげ》人等、徳政と号して蜂起し、方々の借書等を悉く《ことごと》責め出してこれを焼く」という事態が生じた。このような運動は、近江《おうみ》馬借《ばしゃく》の蜂起から始まって、またたくまに畿内近国へと燃え広がった。「正長《しょうちょう》の土一揆」と呼ばれる。のち、奈良の大乗院《だいじょういん》門主は「一天下の土民《どみん》蜂起し、徳政令と号して酒屋・土倉・寺院等を破却せしめ、雑物《ぞうもつ》等 恣《ほしいまま》にこれを取り、借銭等悉くこれを破る。……日本開白《かいびゃく》以来、土民蜂起これ初めなり」(『大乗院日記目録』)と回想している。

驚いた幕府は、京都市政を司る侍所《さむらいどころ》の下知《げち》状の形式で、徳政を要求する一揆の禁止を京都市中に布告した。「禁制、近日とくせいとかう(号)して、土一揆等、酒屋・土倉において、質物をおさへとり、乱入狼籍《ろうぜき》を致す事」という平易な文体から、庶民一般に周知徹底させようとする意図が読み取れる。この土一揆では、幕府が徳政令を出した形跡はなく、一揆勢は領主や守護《しゅご》から個別に債務破棄の命令を獲得していった。奈良の北方、柳生《やぎゅう》街道に面して立つ地蔵尊を彫りつけた巨岩に、「正長元年より先(以前)は、神戸四か郷に負目《おいめ》(負債)あるべからず」ときざまれている(柳生の徳政碑文)。

翌一四二九(永享元)年、播磨《はりま》では、土民の大一揆が起き、「侍をして国中に在らしむべからず」をスローガンに、守護赤松《あかまつ》方に大きな損害を与えた。土一揆よりさらに過激な運動で、ある貴族は「一国の騒動、希代の法」「乱世の至り」となげいている。

さらに「万人恐怖」の一〇〇余年をへて、足利義教《あしかがよしのり》が暗殺された直後の一四四一(嘉吉元)年八月、またしても近江の馬借一揆から発した徳政の波が、全国を巻き込んで広がった。近江守護六角《ろっかく》氏は、山門に打撃を与えるべく一国徳政令を実施し、在地でもこれに対応して、借銭・年紀売《ねんきうり》の無償破棄や永代売地の一部を返却する徳政を実施した。だが事態は六角氏の予想をこえる速さと規模で広がっていった。徳政を求める土一揆の波は、近江から西に進んで洛中を包囲するように広がり、幕府侍所が軍勢を送って阻止しようとしたが、数万におよぶ群衆になすすべがなかった。土民たちは正長の土一揆の前例を持ち出して、「代始に徳政を行うのは先例である」といい立てた。ついに侍所は、山城《やましろ》国を対象に一国平均の徳政令を発布し、制札《せいさつ》で公示した。

こののち応仁・文明(十五世紀後半)の戦乱期にかけて、土一揆はますます頻発するようになり、幕府権力を疲弊させるとともに、戦乱のゆくえを左右する無視できない要素となっていく。

「中世倭人」・琉球・蝦夷と遠隔地交易

日本列島で市場経済が本格的に始動した十三世紀には、周縁部の日朝国境地帯・琉球・蝦夷地《えぞち》で、それに連動した胎動があった。朝鮮半島南辺における倭寇《わこう》の初発的な活動は一二二〇年代にみられ、その後断続的に発生して、高麗《こうらい》・日本間の外交問題となった。琉球では、南宋《なんそう》から元《げん》の陶磁器の流入に王権の形成がうかがわれ、英祖《えいそ》王代のモンゴル軍侵入がそれをさらに刺激した。蝦夷地では津軽安《つがるあん》藤《どう》氏が北条《ほうじょう》氏によって蝦夷管領《かんれい》に任じられていたが、蒙古襲《もうこしゅう》来《らい》のころ安藤五郎が蝦夷に殺されるという事件が起きた。その後蝦夷の政治的成長とからんだ安藤氏の内紛が、難問として幕府に突きつけられる。

以上はいずれも、市場経済の発達にともなって人や物が外へ向かってあふれだし、その刺激を受けて、周縁部に受皿となるような勢力が台頭してきたことを示している。中世後期になると、そうした人びとを媒介として、はるか列島外の地域との交易が活発に展開する。

一三九二年に成立した朝鮮王朝が、倭寇対策を懐柔中心へと方向転換すると、日朝国境地帯の人びとは、日本の諸勢力の使者という名義で朝鮮をおとずれ、朝鮮側が設定した種々の統制制度の網のなかで(しばしばそれをくい破って)、活発な貿易を展開するようになる。朝鮮側は彼らを「倭人《わじん》」と呼んだが、その実体は対馬島《つしま》人を中心としつつも、日本本土人や朝鮮人・中国人も含む多民族的な人びとであった。

彼らの入港地に指定された三つの港は「三浦《さんぽ》」と呼ばれ、取引所兼宿泊所として倭館《わかん》が設置され、やがて過剰人口をかかえる倭人居留地として都市的発展をとげる。彼らの一部は漢城(ソウル)へのぼって王との会見を許されたが、その関係で漢城にも倭館が設置された。三浦と漢城の倭館を経由して、種々の商品が流入・流出したことが、朝鮮経済に無視できない影響をおよぼした。その極致が、十六世紀なかばに起きた日本銀の流入と国庫備蓄の綿布の流出であった。また倭館は、朝鮮政府の下級官吏・通訳が手引する朝鮮商人との密貿易の場となり、種々の問題を引き起こす震源となった。

琉球では、沖縄本島で生まれた中山《ちゅうざん》・山南《さんなん》・山北《さんほく》の三小王国が、一三六八年に成立した明《みん》朝と冊《さく》封《ほう》関係を結んだ。一四二〇年代に三山は中山によって統一され、中山王国は他を圧する頻度で朝貢貿易を展開して、東南アジア方面の産物を中国にもたらす窓口の役割をはたした。明は、倭寇対策として自国の商人の下海を禁ずる海禁《かいきん》政策をとっていたが、琉球の朝貢貿易は福建《ふっけん》の中国人商人が合法的に貿易活動をおこなう場となった。那覇《なは》には彼らが集住するチャイナタウン「久米村《くめ》」が形成された。また、明は琉球に外洋船を賜与して、その東南アジア交易を支援した。

右のような好環境にめぐまれて、琉球はシャム・マラッカ・パレンバン・スマトラ・ジャワ・パタニ・安南《あんなん》(ベトナム)などの東南アジア諸国に、明への進貢品調達を理由に船を送り、正式の国交を結んだ。朝鮮とのあいだにも、主として倭人を媒介者として国交を結んでいる。琉球の外交は漢文の外交文書によってなされ、その起草を実務として担った久米村には、外交文書の控えが蓄積された。それを集成した『歴代宝案《れきだいほうあん》』は、中国を中心とする外交文書の様式や機能を詳細に知ることのできる希《け》有《う》の史料である。

以上のような中国・東南アジア間の中継貿易が、十五世紀の琉球の繁栄を支えたことはいうまでもないが、日本(ヤマト)との関係はより基礎的なものとして継続していた。内国政治の基本文書である辞令書の文体がかな書きであること、かなで記された古歌謡集『おもろさうし』に「やまと旅」が歌われていることなどに、それが表現されている。また、朝貢貿易で明にもたらされた品目に、貝類など琉球産のものも含まれており、東南アジアからの中継品ばかりではなかった。

十四世紀には、蝦夷に日ノ本《ひのもと》・唐子《からこ》・渡党《わたりとう》の三グループがあった。このうち渡党は流刑などの理由で北海道に渡った本土人が、アイヌと混血してできた集団と考えられる。安藤氏の被官《ひかん》となって、

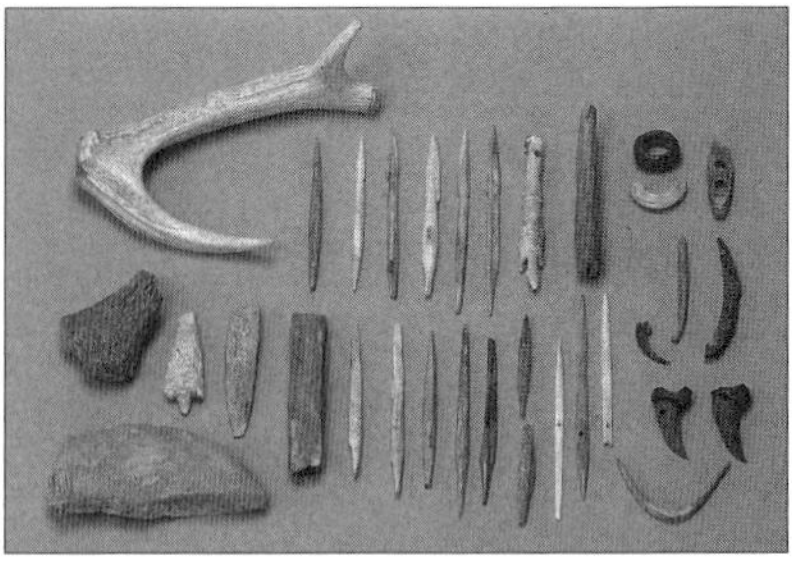

勝山館から出土したアイヌ系遺物　勝山館は，道南の和人勢力の覇者蠣崎氏(松前氏)が，天の川河口を見下ろす山に築いた広大な城館。城内からアイヌの墓やアイヌ系遺物が出土した。

十五世紀に道南の沿岸各地に館をつくりアイヌとの交易を営んだ「和人」集団は、渡党より遅れて渡海した人びとと思われる。

幾度かにわたる渡海者の波が、津軽海峡を挟む地域に、本州方面と北海道・千島《ちしま》・樺太《カラフト》・沿海州《えんかいしゅう》方面とをつなぐ交易の拠点や媒介者を生み出した。津軽半島西岸では、十四世紀以来、安藤氏の根拠地のひとつである津軽十三湊《とさみなと》が繁栄を誇った。十五〜十六世紀、道南地方に和人とアイヌとの混住状況があったことが、余市《よいち》町大川《おおかわ》遺跡や上ノ国《かみのくに》町勝山館《かつやまだて》遺跡の発掘から明らかになりつつある。

以上のような遠隔地交易を、日本の中央権力に結びつける役割をはたしたのが、対馬の宗《そう》氏、薩摩《さつま》の島津《しまづ》氏、津軽の安藤氏(のち道南の松前《まつまえ》氏)という辺境大名である。彼らは、朝鮮・琉球・アイヌとの交易と外交をいわば「家業」として担うことで、日本における存在感を示した。近世国家は、これに中国・オランダへの窓口として自らが設定した長崎を加え、「四つの口」によって対外関係・交易を編成していく。

都鄙・貴賤を「コキマゼ」て

南北朝時代の深刻な分裂は、社会各層に流動化を引き起こし、生国や身分、職域の違いをこえた文化を生み出した。一三三四(建武元)年に京の二条河原《にじょうがわら》に掲げられた落書《らくしょ》に、「京鎌倉ヲコキマゼテ、一座ソロハヌエセ連歌《れんが》、在々所々ノ歌連歌、点者《てんじゃ》(審査員)ニナラヌ人ゾナキ、譜代非成《ふだいひせい》ノ差別ナク、自由狼藉ノ世界也」とある。『建武式目《けんむしきもく》』に「茶寄合《ちゃよりあい》」「連歌会」とあるように、それらは大勢が一堂に会さないと成り立たない「寄合」の文化で、そこにはルールがあり、勝負・優劣を判定する者(点者)を必要とした。

「寄合」の文化の代表選手は連歌であろう。連歌は、五七五の発句《ほっく》に別人が七七をつけ、さらに別人が五七五をつける、というかたちで連鎖状に作品が生み出されていく。つける順がきまっているわけではなく、前の句にどんな連想で句を継ぐか、しかもどう意表を衝《つ》くか、などの工夫が短い時間に求められる。この時代には「在々所々ノ歌連歌」とあったように全国的に大流行し、千句・万句といった長大な作品も少なくない。

寄合は、『建武式目』が、「又は茶寄合と号し、或いは連歌会と称し、莫大の賭けに及ぶ、その費《つい》え勝《あ》げて計《かぞ》え難き者か」と非難したように、しばしば賭博の場となった。会席の余興に賭場が設けられるのではなく、喫茶や連歌そのものが賭博だったのである。『二条河原落書』の「茶香十炷《ちゃこうじっしゅ》ノ寄合モ、鎌倉釣ニ有鹿《ありしか》ド、都ハイトヾ倍増ス」という部分から、闘茶とともにお香の名をあてる薫物合《たきものあわせ》も賭の対象となったこと、こうした流行が鎌倉から京都へと波及したことがわかる。

京・田舎を「コキマゼ」た星雲状態も寄合の文化の特質である。田楽《でんがく》はその名のとおり、農事の際に腰鼓と笛と鼓で楽を奏でながら作業をしたのが起源で、つきものの楽器としてビンザサラも登場した。この時代、リズミカルで変化に富む芸能として発達をとげ、貴顕の鑑賞・参加の対象となっていく。『二条河原落書』は、関東を滅ぼしたものとして犬(犬追物《いぬおうもの》)と田楽の二つをあげ、「田楽ハナホハヤル也」と続けている。

一三四九(貞和元)年に四条《しじょう》河原で興行された橋勧進《はしかんじん》の田楽では、洛中の地下人や商売の輩に混じって、関白《かんぱく》二条良基《にじょうよしもと》、尊氏《たかうじ》、梶井宮尊胤法親王《かじいのみやそんいんほっしんのう》らが見物していた。この三人は勅撰連歌集『菟玖波《つくば》集』の代表的な作者でもある。この興行は大変な評判を呼び、超満員の観衆が身もだえしたので、桟敷《さじき》が倒壊し、即死者が一〇〇余人、負傷者は数知れずという先代未聞の珍事になった。パニック状態のなかで、にわか物取りや斬合いも起き、茶の湯で火傷する者もいた。尊胤は腰に打撲傷を負い、さっそく四条河原には「釘付《くぎづけ》にしたる桟敷の倒《たお》るは　梶井宮の不覚なりけり」(梶と鍛冶《かじ》=釘の縁語を懸ける)という狂歌が立てられた。

このような場で賞賛されたのは、目もあやな衣裳・装飾や糸目をつけぬ贅沢である。これを当時の流行語で「バサラ」といった。それは伝統的な権威への反抗と結びつく。観応《かんのう》の擾乱《じょうらん》で直義《ただよし》党と対立した高師直《こうのもろなお》・佐々木導誉《ささきどうよ》・土岐頼遠《ときよりとお》らは、「バサラ大名」として名高く、朝廷や本所の権威をあざわらいながら洛中を闊歩した。一三六六（貞治五）年、導誉は大原野勝持寺《おはらのしょうじじ》の花のもとで遊宴を催した。政敵斯波高経《しばたかつね》が将軍亭で催した宴にわざとぶつけて、「京中の道々の物の上手共、独《ひとり》も不残《のこさず》引具して」開いたものである。

本堂の庭に十囲《い》（十尋《ひろ》）の花木四本あり。此下に一丈（約三メートル）余りの鍮石《ちゅうじゃく》（真鍮）の花瓶を鋳《い》懸《かけ》て、一双の華に作り成し、其交《あわい》に両囲の香炉を両机に並べて、一斤の名香を一度に炷上《たきあげ》たれば、香風四方に散じて、人皆浮香世界の中に在《ある》が如し。其陰に幔を引、曲彔《きょくろく》（椅子）を立双《たてならべ》て、百味の珍膳を調へ、百服の本非を飲て、懸物如山《やまのごとく》積上たり。猿楽優士（俳優）一たび回《めぐり》て鸞《らん》（鳳凰の一種）の翅《つばさ》を翻し、白拍子倡家《しらびょうししょうか》（遊女）濃《こまやか》に春鶯の舌を暢《のぶ》れば、坐中の人人大口《おおぐち》（袴の一種）・小袖《こそで》を解《とい》て抛《なげ》与ふ。（『太平記《たいへいき》』巻三九「諸大名讒道朝事付道誉大原野花会事」）

この宴は「洛中の口遊《くちずさみ》と成」り、高経主催の会を「かはゆ気なる遊《あそび》」に追いやることに成功した。花瓶や香炉の巨大さ、とてつもない名香の量、そして百服の闘茶《とうちゃ》に提供された賭物（景品）の山。バサラの極致ともいうべき豪快なイベントであった。

第六章　戦国動乱から天下統一へ

1　戦国大名の自立と権威志向

応仁・文明の乱と「流れ公方」

一四六五(寛正六)年、将軍足利義政《あしかがよしまさ》の夫人富子《とみこ》が義尚《よしひさ》を出産し、これに将軍を嗣がせようとする日《ひ》野《の》勝光《かつみつ》・富子兄妹らと、前年に後継に指名されていた義視《よしみ》(義政の実弟)とのあいだに反目が生じた。これ以前より、管領《かんれい》家においても、故畠山持国《はたけやまもちくに》の跡目をめぐっては、妾腹の実子義就《よしなり》か養子持富《もちとみ》(持国の実弟)の子政長《まさなが》かという対立、故斯波義健《しばよしたけ》の跡目をめぐっては、渋川《しぶかわ》氏から養子に入った義廉《よしかど》か一族養子の義敏《よしとし》か、という対立が生じていた。これに、嘉吉《かきつ》の変で没落した赤松《あかまつ》氏の再興をめぐって、赤松旧領播磨《はりま》を死守しようとする山名持豊《やまなもちとよ》(宗全《そうぜん》)と、赤松再興を支援する細川勝元《ほそかわかつもと》の対立が重なる。義尚・義就・義廉を推す側が宗全と結び、義視・政長・義敏を推す側が勝元と結んで、にらみあいの形勢となった。

一四六七(応仁元)年、山名宗全は義政に迫って管領を畠山政長から斯波義廉に交代させた。追いつめられた政長は、義就と戦端を開き、義就を支援する宗全軍に大敗したが、細川与党の赤松政秀《まさひで》が播磨で、斯波義敏が越前《えちぜん》で、武田信賢《たけだのぶかた》が若狭《わかさ》で挙兵し、大軍を率いて上洛してきた。苦境に陥った宗全は、周防《すおう》・長門《ながと》の大内政弘《おおうちまさひろ》、伊予《いよ》の河野通春《こうのみちはる》に援軍をあおぎ、双方の勢力は伯仲した。細川方は京都の東よりの将軍御所、山名方は西よりの宗全邸に本陣をおいたので、前者を東軍、後者を西軍と呼んだ。義政自身は一貫して東軍方にあったが、義視はまもなく義政と不和になり、西軍に走ってその旗じるしとなった。逆に義尚・富子は義政のもとに戻り、一四七三(文明五)年にいたって義尚が将軍となる。こうして幕府は事実上二つに分裂し、二人の「公方《くぼう》」が出現するにいたる。

戦況は東軍がやや優勢のまま推移し、一四七三年に宗全・勝元がともに病死して、和議を進める動きが活発になったものの、なおだらだらと続く。結局、一四七七(文明九)年に、宗全死後西軍の中心となった大内政弘をはじめ、西軍の諸将が分国へ帰って、一応終結した(応仁・文明の乱)。戦場となった京都はなかば焦土と化したうえ、飢えた難民や徳政《とくせい》を求める土一揆《つちいっき》、東西両軍の底辺をなす足軽《あしがる》などが、政争の間隙をぬって市中に乱入し、金融業者を略奪する事態が頻発した。都鄙《とひ》の指揮系統や交通は寸断され、幕府・荘園《しょうえん》領主の権力基盤だった西日本の国々は、「悉皆《しっかい》御下知《げち》に応ぜず、年貢《ねんぐ》等一向進上せざる」状態となった。守護《しゅご》が幕府の命を国元にくだしても、守護代《しゅごだい》以下の面々はちっとも

足利氏略系図

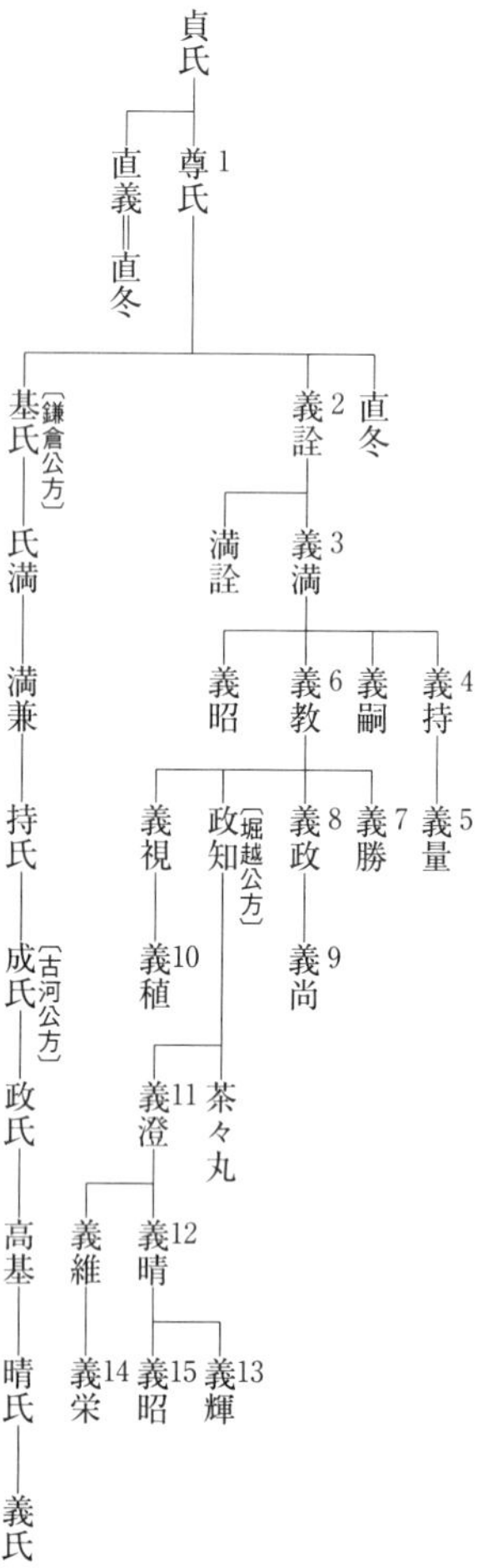

数字は室町幕府将軍の就任順。

動こうとしなかった（『大乗院寺社雑事記《だいじょういんじしゃぞうじき》』）。

義政・義尚をいただく幕府＝東軍内部では、細川勝元の跡を継いだ政元《まさもと》と、畠山政長が対立するようになる。一四八九（延徳元）年義尚が近江《おうみ》の六角《ろっかく》氏征討の陣中で夭折すると、政元は足利政知《まさとも》（義政・義視の弟で、関東の掌握めざして伊豆《いず》の堀越《ほりごえ》に送り込まれていた）の子義澄《よしずみ》を将軍に即《つ》けようとした。一四九〇（延徳二）年義政が没すると、政長らは先手をとって、義視の子義稙《よしたね》を将軍に即けた。政元は、関東の伊勢宗瑞《いせそうずい》（北条早雲《ほうじょうそううん》）や山内上杉氏《やまのうちうえすぎ》とも通じて慎重に準備したうえで、一四九三（明応二）年クーデタを決行し、将軍を義稙から義澄にすげかえ、ついで政長を殺した。この事件を明応《めいおう》の政変と呼ぶ。

将軍の地位を追われた義稙は京都を出奔《しゅっぽん》し、越中放生津《えっちゅうほうじょうづ》・近江坂本《さかもと》・周防山口《やまぐち》などを流浪する身となる。一五〇七（永正四）年、細川政元が跡継ぎをめぐる一族の内紛で被官《ひかん》に殺されると、翌年義稙は大内義興《よしおき》に擁されて上洛し、義澄にかわって将軍に復帰した。細川一族の内紛を収拾した高国《たかくに》が管領、義興が管領代となった。義澄は近江甲賀《こうか》に逃れ、一五一一（永正八）年近江で死去した。以後の将軍たちはみな、情勢しだいで追放されて「流れ公方」となった。細川家内衆三好《うちしゅうみよし》氏の家来から成り上がった松永久秀《まつながひさひで》によって、将軍在職中の一五六五（永禄八）年に殺された義輝《よしてる》を除いて、京都で死ねた将軍はいない。

将軍の権威は地に落ち、傀儡《かいらい》にすぎなかったが、将軍をかついで京都で争いあう諸勢力自身も、もはや時代をリードする存在ではなかった。幕府から自立し、自らを「国家」とみなすような地域権力が、列島各地から生まれてきたのである。

一揆から大名領国へ

室町《むろまち》時代はよく「一揆の時代」と表現される。土一揆・徳政一揆についてはすでにふれたが、打ち続く戦乱の帰趨《きすう》を左右したのは、しばしば在地領主の一揆(「国人《こくじん》一揆」)だった。この一揆は、二者間の契約から複数の国にまたがる連合体まで、きわめて多様な姿をとるが、法的にはたがいに対等な構成員が、「一味同心《いちみどうしん》」して結束を神に誓い、特定個人に代表されない「機関の権力」に自らを委ねることで成立する、という共通点をもつ。直接の成立契機は戦陣への参加がほとんどだが、内部的には構成員を強力に規制する法規範をもち、裁判や強制執行の主体となった。その法規範はときに成文化されて、「一揆契諾状《けいだくじょう》」が成立することもあった。

応仁《おうにん》の乱を画期として各地に地域権力が自立していくが、「一揆」という観点からみるとそこには二つのコースがあった。ひとつは少数ではあるが、一揆自身が地域権力へと上昇進化するコースで、かつて「戦国時代の国民議会」と形容された山城《やましろ》国一揆を代表とする「惣国《そうこく》一揆」や、織田信長《おだのぶなが》をさえも手こずらせた「一向《いっこう》一揆」がこれに属する。もうひとつはいうまでもなく戦国大名の領国である。

山城国一揆は、応仁の乱の軸線のひとつをなした畠山義就・政長の対立が山城に持ち込まれた際、南山城《みなみやましろ》の国人・土民《どみん》が結束して、両畠山勢力を自己の勢力圏内から追い出し、一四八五(文明十七)年から八年間にわたって自治支配を実現したものである。一揆の中核は「三十六人衆」と呼ばれる細川政元の被官衆だったが、国人のみの利害を代表する結合体ではなく、中央権力とのつながりのみをあてにしていたわけでもない。勢力圏内の秩序維持と裁判励行、寺社本所領《ほんじょりょう》回復、年貢完納、関所《せきしょ》撤廃など、本来守護のはたすべき責務を代行することで、外部からの干渉を排除した自立的地域支配を実現していた。

このタイプに属するものに、一五四六（天文十五）年から八一（天正九）年まで存続した伊賀《いが》惣国一揆や一五六二（永禄五）年から八一年まで存続した紀州雑賀《きしゅうさいか》一揆がある。とくに前者の「掟書《おきてがき》」はよく知られており、十七歳以上五十歳未満のすべての男子を動員して軍事体制を固め、隣接する甲賀郡《ぐん》中惣《ちゅうそう》と「伊賀・甲賀境目にて近日野寄合あるべく候」と定めている（「山中文書《やまなかもんじょ》」）。「惣国一揆」と共通の基盤をもちつつ、浄土真宗《じょうどしんしゅう》の信仰を媒介に強固な結束を誇った一向一揆については、信長の「天下統一」との関連で、のちにふれよう。

もうひとつのコースである戦国大名領国にも、一揆からの展開があり、一揆的構造が強固に残された。中国地方の毛利《もうり》氏の場合、一四〇四（応永十一）年に新守護山名《やまな》氏の支配に反発して三三人の安芸《あき》国人が取り結んだ一揆契諾状に名を連ねているように、この段階では一揆の一構成員にすぎなかった。一五三二（天文元）年に毛利氏の重臣三二人が名を連ねた起請文《きしょうもん》では、相互の人返しなど、ヨコの小領主連合としての一揆契諾の特徴を保存しつつ、その協約を保証する主君として元就《もとなり》が呼び出されている。一五五〇（天文十九）年に家臣中の最大勢力井上《いのうえ》一族を滅ぼした直後に、家臣二三八人に連署させた起請文になると、主君元就の命令の遵守《じゅんしゅ》を誓う内容になっているが、なお人返しや牛馬の他領侵入など、在地領主間協約の側面を残す。

こうして、他の国人衆をはるかに凌駕《りょうが》する家臣団を擁するにいたった元就は、有力国人の吉川《きっかわ》氏・

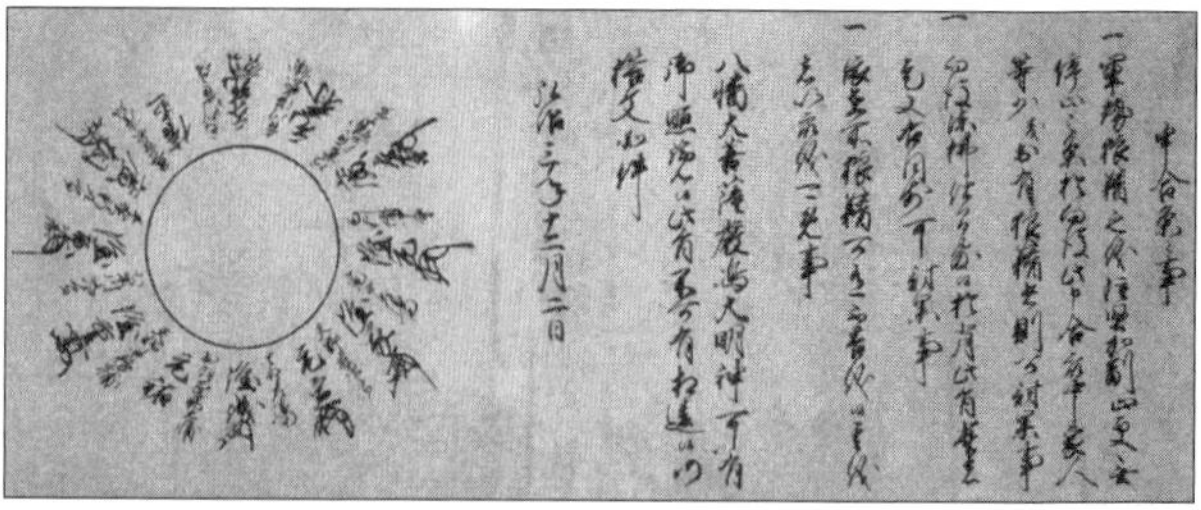

傘連判状(「毛利家文書」)　この一揆契諾状は，構成員の法的平等を視覚的に明示する署名形式として，円の周りを取り囲む「傘連判」を採用している。

小早川《こばやかわ》氏の跡目に、子息の元春《もとはる》・隆景《たかかげ》を押し込んで両氏を配下におさめ、一五五五(弘治元)年には大内義隆《よしたか》を滅ぼした陶晴賢《すえはるかた》を討ち、五七(弘治三)年には大内氏を継承した義長《よしなが》(大友義鑑《おおともよしあき》と義隆の姉との子)を自刃させて、大内領国を併呑した。同年、元就、嫡子隆元《たかもと》、元春、隆景と八人の安芸国人が円を囲んで連署した傘連判《からかされんぱん》形式の一揆契諾状は、連署者の家中の者が軍勢狼藉《ろうぜき》を働いたり、陣中から無断で離れた場合、死罪に処することを、八幡《はちまん》・厳島《いつくしま》に神かけて誓約している。連署形式に構成員の平等原則が表現されてはいるが、もともと各国人の家支配に委ねられていた「家中」の処断に一揆が踏み込む趣旨で、その一揆の処断は実質上元就の掌握するところであった、と岸田裕之は指摘している。

一国人から身を起こした毛利氏とは違って、鎌倉《かまくら》時代以来続く守護家である島津《しまづ》氏でも、領国の一揆的構造を払拭《ふっしょく》するのは容易ではなかった。薩摩《さつま》藩主家の祖先忠良《ただよし》は庶流伊作《いさく》家の出で、養子に入るかたちで有力庶家相州《そうしゅう》島津家を乗っ取り、その子貴久《たかひさ》が同様の方法で島津本宗家《ほんそうけ》の跡継ぎとなった。貴久とその子義久《よしひさ》・義弘《よしひろ》の代に島津氏は九州の大半を版図におさめる大戦国大名に成長するが、領国の内部構造は、有力庶家を含む自立的勢力との同盟関係から脱しきれないまま、一五八七(天正十五)年豊臣秀吉《とよとみひでよし》の軍門にくだることになる。

毛利家中にみられた一揆的結合と大名権力のせめぎあいは、一四九三(明応二)年制定された肥後《ひご》の中小大名相良《さがら》氏の「法度《はっと》」で、法的な規定を与えられている。この法典は、裁判を原則として「其所衆」の「談合」に委ね、そこで決定しえない案件のみを大名に披露すること、しかし、一揆的結合からいったん大名法廷へ上げられた案件については、双方の結論が異なったとしても、大名法廷の判断を優先すること、を定めている。

戦国大名支配と法典・文書

戦国大名は、自らの支配領域に独自の法を施行し、なかにはその法を法典として整備した大名もあった。東海《とうかい》の雄今川《いまがわ》氏が一五五三(天文二十二)年に制定した法典「仮名目録追加《かなもくろくついか》」に、「旧規より守護使不入という事は、将軍家天下一同の御下知《げち》を以て、諸国守護職《しき》を仰せ付けらるる時の事なり。……只今はおしなべて自分の力量を以て、国の法度を申し付け静謐《せいひつ》する事なれば、守護の手入るまじき事かつてあるべからず」というマニフェストがある。「自分の力量」「国の法度」という表現に、将軍家を含めいかなる上位者をもいただかない地域国家の王としての気概が感じられる。しかし法の内容としては、喧嘩両成敗法《けんかりょうせいばいほう》や「相当の儀」(相手から受けた損害と同等と観念される損害を返すことで争いをおさめる)など、一揆の法から受け継いだものもなお多い。

戦国大名が領内の土地を把握する決め手となったのが検地《けんち》である。大名はあらたに支配下におさめた征服地や、係争の対象となっている土地に検地を実施し、把握された面積に応じて賦課量《ふかりょう》を定めたり、それを従士に給与することで主従関係を築く手段としたりした。しかし領国全体に一律に検地をほどこせたわけではなく、とくにもと傍輩《ほうばい》であった国人領に検地の竿《さお》を入れることは、ほとんどできていない。

また大名は、丈量した面積に対する賦課量を、たとえば田なら反《たん》別五〇〇文、畠なら反別一六五文というような基準値を設定し(後北条《ごほうじょう》氏の例)、現実には多様な差異を含む領国内の土地を単一の基準で掌握するシステムを創出した。この制度を貫高《かんだか》制という。貫高制は、百姓・郷村《ごうそん》から年貢・諸役を収取する基準ともなり、給人に軍役を賦課する基準ともなった。近世国家の石高《こくだか》制の先駆といいうる。

戦国大名は、あらたな支配の質に対応する文書体系を生み出した。家臣との主従関係にともなう判《はん》物《もつ》や領国外の交渉相手とやりとりされた書状は、前代から引き続く様式だが、あらたに多用されるようになったのが印判状《いんばんじょう》である。今川氏から使用が始まった印判状は、判物にすえる花押《かおう》の代用に印鑑を捺《お》すことから始まったが、しだいに主従制支配のもとにない寺社・郷村・百姓中・商人・職人などに対して、行政的な指示を出したり法令を伝達したりといった場合に特化して、用いられるようにった。印判状には多く大ぶりの朱印が使用され、今川の「如律令《にょりつりょう》」、後北条の「禄寿応穏《ろくじゅおうおん》」、信長の「天下布武《てんかふぶ》」などのような標語を彫ったり、虎・龍・獅子などをあしらって権威づけすることもあった。

戦国大名は自らが支配する領域と家臣・給人の総体を「国家」と呼び、その頂点に立つ自らの意思を「大途《だいと》」「公儀《こうぎ》」などと表現した。「大途」に基づく「国家」動員は、領国内の成年男子のすべてにおよんだ。後北条氏が、隣接する武田氏の攻勢に脅かされていた一五七〇（永禄十三）年に、領内の郷村に出した虎印判状は、以上のような論理を典型的に表現しているので、すこし長いが本文を全文引用する（「清水《しみず》文書」）。

今度御分国中の人改めこれありて、何時《なんとき》も一廉《ひとかど》の弓箭《ゆみや》の刻《きざみ》は、相当の御用仰せ付けらるべき間、罷《まか》り出《い》で走り廻《めぐ》るべく候。その儀に至りては、相当の望みの儀仰せ付けられ下さるべく候。幷《なら》びに罷り出《いず》る時は兵粮《ひょうろう》下さるべく候。自今以後に於て、虎の御印判を以て御触れに付ては、その日限《にちげん》一日も相違なく馳せ参ずべく候。抑《そもそ》もかようの乱世の時は、さりとてはその国にこれある者は、罷り出で走り廻らずして叶わざる意趣に候ところ、もし難渋せしむるに付ては、則時に御成敗を加えらるべく候。これ太途の御非分にあるまじき者なり。仍《よっ》て件《くだん》の如し。（傍点は筆者）

以上の諸点に、同一の日付で多数の画一的な文書が発給されたり、大名家の代替りがあっても同一の印章が印判状に継続使用されたりという現象も加えて考えると、戦国大名の領国支配は当主個人を離れて非人格化し、超越的な国家権力へと上昇をとげつつあったといえよう。ただしこのような特徴は、今川・後北条・武田など東国大名に典型的にみられるもので、そもそも毛利・大友・島津ら西国大名は印判状をあまり用いていない。その意味で、近世へとつながる支配の質を備えていたのは東国大名であって、もし西国大名の路線が拡大発展したとすれば、実存したのとは別の近世社会がありえたのかもしれない。

アジアのうねり、ヨーロッパとの出会い

明《みん》朝では、十五世紀なかば以降、経済規模の拡大と軍事支出の増大にともなって、銅銭中心の貨幣体系が手狭《てぜま》となり、国家財政が銀中心へと転換しつつあった。その結果膨大な銀需要が生じたが、国内生産ではまったくたりず、全世界から巨大な銀の流れを呼び起こした。まずこれに応えたのが日本銀である。日本では、朝鮮から密貿易ルートで伝わった新しい製錬技術灰吹《はいぶき》法の定着で、一五三〇年代から銀生産が爆発的にふえる。しかし当時の日本国内の銀需要はわずかで、みるべき国際商品のなかった日本が、中国産の生糸《きいと》・絹織物、陶磁器、朝鮮産の木綿などを獲得するための支払手段として、大部分が国外へ搬出され、そのほとんどが中国へ流れ込んだ。日本銀の搬出を担ったのは、シナ海域を活動の舞台とする密貿易集団であり、なかでもポルトガルは日明間の中継貿易で巨利をあげた。

中国南部の沿海地方で活動した倭寇《わこう》には、海禁《かいきん》政策によって海外の活動の場を奪われた中国人が合

流し、十六世紀にはむしろ中国人が主力となった。一五四〇年代、ポルトガルがアジア東端まで到達すると、倭寇集団はますます多民族化した。ポルトガルは、長い歴史をもつジャンクの航路をたどって、開放的なアジア交易圏に参入した新参者にすぎない。しかし、一五一一年のマラッカ占領が語るように、彼らの特徴はなによりも武装船や鉄砲・大砲を擁する優越した武力にあり、その行使は、「不信者」を正しい信仰と文明へ導くという、キリスト教徒としての選民意識に支えられていた。

ポルトガル人によって種子島《たねがしま》に伝えられた鉄砲が、堺《さかい》商人や根来《ねごろ》衆を通じて各地の戦国大名に広まり、動乱の帰趨に大きな影響をおよぼしたことは、よく知られていよう。その伝来の情景については、『諸国新旧発見記』などにみえるポルトガル人情報に、『籌海図編《ちゅうかいずへん》』などの明史料、『鉄炮記《てっぽうき》』などの日本史料をつきあわせることによって、つぎの諸点が判明する。(1)ポルトガル人の種子島初来は、『鉄炮記』のいう天文癸卯(一五四三〈天文十二〉年)ではなく一五四二(天文十一)年だった。(2)ポルトガル人は翌年再度種子島にきて、銃底の密塞技術を伝え、これによって鉄砲(種子島銃)の現地生産が始まった。(3)彼らを乗せてきた船は、二度とも王直《おうちょく》のもので、王直は一五四〇年より五、六年間「日本・暹羅《シャム》・西洋等の国に抵《いた》り、往来互市」したあと、双嶼《そうしょ》にあらわれて許棟《きょとう》の倭寇集団に加わった。

ポルトガル人の出発地はシャムのアユタヤであり、乗っていた船は中国式のジャンクであり、船の持ち主は中国人海商だった。ポルトガル人は、この船に便乗して浙江《せっこう》省沿海に赴き、密貿易に参入しようとしたが、嵐にあって日本列島南辺に漂着したのである。鉄砲伝来が、倭寇勢力の担うアジアの交易ネットワーク上で生じたことが明らかだ。

キリスト教伝来の情景も鉄砲とよく似ている。一五四七（天文十六）年、殺人をおかしたアンジローは、たまたま鹿児島港に入っていたポルトガル商人の船にかくまわれて、マラッカへ渡航した。マラッカにきていたザビエルはアンジローの資質にほれこみ、ゴアの聖パウロ学院に送って教理を学ばせた。一五四九（天文十八）年、ザビエルはアンジローをともなってマラッカから鹿児島にいたる。二人を運んだのは中国人密貿易商のジャンクだった。この中国人はラダラオ（海賊）の名で呼ばれ、家族とともにマラッカに住んでいた。キリスト教もまたアジアにすでに存在した密貿易ルートをたどって日本に到達したこと、その同じルートにポルトガル勢力が入り込み貿易活動をおこなっていたこと、が知られる。

アジアの諸勢力は、ヨーロッパ人のおこなう貿易や布教の活動に対してどういう態度をとるかという選択を迫られた。大友宗麟《そうりん》・大村純忠《おおむらすみただ》らは、自身洗礼を受けるなどキリスト教を積極的に受容した（キリシタン大名）が、平戸《ひらど》の松浦鎮信《まつらしげのぶ》のように、貿易は歓迎するがキリスト教には抑圧的な大名もいた。しかし、ポルトガル・スペイン勢力の貿易活動と、イエズス会を先頭とする布教活動とは、現実には表裏一体だった。しかも、ポルトガルの冒険家メンデス・ピントが、「私が琉球《りゅうきゅう》のことを語るのは、ポルトガルの軍隊が神の意志にのっとってこの小さな島を容易に占領してしまえるようにするためだ」、と告白している（『東洋遍歴記《とうようへんれきき》』）ように、彼らの世界進出は植民帝国をめざしており、その先兵としてキリスト教が位置づけられていた。

朝鮮半島のつけ根部分に居住する女真族《じょしんぞく》は、特産である人参《にんじん》、貂《てん》や狐の毛皮などを、中国本土や朝鮮に売ることで巨利を得ていた。その反対給付に耕牛と鉄製農耕用具を持ち帰ったことが示すように、女真族台頭の基礎には、農業生産力の向上と充実した農耕社会への転回があった。一方、女真海賊の活動にみられるように、海洋民族としての性格もあった。明は、彼らに武職を授与して辺境の安全を確保するかたわら、朝貢貿易の権利を認め、あわせて辺境防備線上のいくつかの関門において馬や木材の交易を許した。

そうした交易を担った女真の武装商業集団から、十六世紀後半、ヌルハチという英雄があらわれた。彼は一五八〇年代に建州《けんしゅう》女真を統一、さらに明が朝鮮で日本軍と交戦しているすきに、他の女真諸部族をあわせ、十七世紀初めにはほぼ全女真の統一に成功した。ついに一六一六年、後金《こうきん》という国号と天命という年号を建て、明からの自立を宣言する。

織田信長の「天下布武」

有力ではあっても、所詮は尾張《おわり》という一地方の戦国大名の地位から、織田信長は上洛によって独自の権力に公権性をまとおうと志した。しかし京都に入るには名目がいる。信長は、天皇と足利将軍の二つの権威をいただくかたちをとった。将軍足利義輝が松永弾正久秀の息子らに殺害された(一五六五〈永禄八〉年五月)あと、一乗院門跡覚慶《いちじょういんもんぜきかくけい》(義輝の弟、還俗《げんぞく》して義昭《よしあき》)から信長は入洛の要請を受けた。

また、正親町《おおぎまち》天皇は綸旨《りんじ》を勧修寺晴豊《かじゅうじはれとよ》(使者立入宗継《たてりむねつぐ》)をとおして信長に与え、美濃《みの》・尾張にある御料所《りょうしょ》の回復と誠仁《さねひと》親王の元服料、さらには禁裏《きんり》修理を要請した。信長の入京の名目はここでも整った。

武を以って天下を平ぐ、の意味をもつ「天下布武」の印章を一五六七(永禄十)年秋ころより使い始め、ついに翌年七月、義昭をむかえて将軍とし、信長軍は伊勢《いせ》・近江の六角義賢《よしかた》を破り九月に上洛した。信長の天下布武に敵対した戦国大名たちは、越前国朝倉《あさくら》氏、近江国浅井《あざい》氏・六角氏、それに河内《かわち》国にあった三好氏であったが、つぎつぎにこれらを撃退した。また、甲斐《かい》国武田信玄《しんげん》や越後《えちご》国上杉謙《けん》信《しん》もともに有力な敵対者であったが、やがて病に倒れていった。こうして上洛をとげた信長はさらに、敵対大名と結んで信長も含めた大名たちのバランスのうえで権力をふるおうとした将軍足利義昭を追放した(一五七三〈天正元〉年)。

戦国大名たちに劣らず、信長の天下布武に敵対したのが、天台宗山門《てんだいしゅうさんもん》派本山延暦寺《えんりゃくじ》を中心とした比叡山《ひえいざん》と、真宗信徒を中心にした一向一揆勢であった。

講堂以下諸堂放火、僧俗男女三四千人伐リ捨テ、堅田等放火、仏法破滅……(『言継卿記《ときつぐきょうき》』)

信長が比叡山を攻撃し(一五七一〈元亀二〉年)、山内寺院を焼討ちして、僧俗男女三〇〇〇~四〇〇〇人を殺害したのは、敵対大名朝倉氏に加担したことのほかに、中世の荘園領主であり、かつ天台座《ざ》主《す》という宗教権威を否定する意味がこめられていた。

これに対し一向一揆勢は、大坂《おおさか》の石山本願寺《いしやまほんがんじ》を頂点に、「惣国一揆」と共通の基盤をもちつつ、一向宗（浄土真宗）という信仰を媒介にして、何カ国にもおよぶ強固な結束をもって、信長の天下統一に阻止的に働いていた。そこに弾圧の厳しさがみられた。一五七四（天正二）年、信長軍八万は伊勢長島《ながしま》を包囲し兵糧《ひょうろう》攻めのうえで大量殺戮《さつりく》をおこなった。さらに翌七五（天正三）年八月、信長軍は越前の一向一揆を攻め立て、府中（武生《たけふ》）の町は死骸であふれる惨状となった。

此の書物、後世に御覧じられ御物がたりあるべく候、しかれば五月二四日、一揆おこり、そのまま前田又左衛門尉殿、一揆千人ばかり、いけどりさせられ候也、御成敗は、はりつけ、釜にいら（煎）れ、あぶられ候哉、かくのごとく候、一ふで書きとどめ候

味真野から出土した文字瓦　一向一揆勢弾圧の惨状は瓦にきざまれ400年をへた現代に伝えられた。

これは福井県越前市の味真野《あじまの》から出土した瓦にきざみこまれた文字を書きくだしたものである。前《まえ》田利家《だとしいえ》による一向一揆勢弾圧の様子は、文字にきざんで瓦に焼かれ、四〇〇年以上をへて土中から見出されたものである。文字をきざんだ者のメッセージが現代に届けられた。

上洛の名分とした二つの権威のうち、将軍義昭を追放したあと、残された天皇・朝廷との関係を信長

は整理し始める。一五七五年十一月に、信長は、荘園制崩壊のなかで家領《けりょう》を喪失した公家《くげ》や門跡に新地を寄進して、地方に下向した公家を呼び戻し、奉公を要求した。また、禁裏御料の回復や御所造営、誠仁親王の元服、正月元日の節会《せちえ》などの朝儀を復活させていき、朝廷の機能を復元させた。

これに対して朝廷側は、官位叙任という最大の武器をもって信長に応えた。確実なところでは、一五七五年十一月に従三位《じゅさんみ》・権大納言《ごんだいなごん》、右近衛大将《うこのえのたいしょう》に叙任している。さらに翌年十一月に正三位・内《ない》大臣《だいじん》に叙任された信長は、足利将軍を上回った。そして一五七七（天正五）年十一月には、異例の早さで従二位・右《う》大臣、さらに正二位にのぼった。ところが信長は一五七八（天正六）年四月、正二位の位階のまま、右大臣・右大将を辞官した。

信長はなにゆえ辞官したのであろうか。官位制度では、右大臣の信長の上位に、左《さ》大臣や関白《かんぱく》・太《だい》政大臣《じょうだいじん》が存在するし、さらにその上位には天皇が存在することになる。もはや足利将軍より以上の官位を受け超越したならば、そのなかにとどまる必要はなくなったのであろう。それよりも官位制度の枠組みからとびだして、自由な立場から権力を形成していくことを信長はめざしたのである。

信長は、右大臣辞官にあたり、達状《たっしじょう》を奏しており、そのなかで自らは「万国安寧四海平均之時」をめざし、顕職は嫡男信忠《のぶただ》に譲与せしむべきことを願っている（『兼見卿記《かねみきょうき》』）。官職ではなく武を以て天下を平らぐことを改めてめざしたともいえる。その実践のために、信長はまず、王権にふさわしい国家・天下の居城として安土城《あづちじょう》の築城普請を国役《くにやく》によって命じた（一五七六〈天正四〉年）。安土は、冬季に雪にはばまれることなく上洛でき、琵琶湖《びわこ》をみおろし、水陸の交通の要衝となった。ここに五重七層の天守《てんしゅ》を、国々の役儀として夫役《ぶやく》を集め、三年後の一五七九(天正七)年に竣工した。安土城下に家臣を集住させるために、尾張・美濃の家屋敷を焼きはらわせ、兵農分離の基となることもおこなった。また、一五七七年には座《ざ》の特権を廃して販売自由の楽市《らくいち》とした。

信長は一五七九年五月、安土宗論《しゅうろん》と呼ばれる浄土宗《じょうどしゅう》と法華宗《ほっけしゅう》の宗論を安土を舞台にしておこなわせ、南禅寺《なんぜんじ》長老景秀《けいしゅう》鉄叟《てっそう》を判者にして、法華宗の負けとした。こうして法華宗を統制し、さらには一五八一(天正九)年に高野山《こうやさん》の抵抗に対して高野聖《ひじり》一〇〇〇人余りを殺害した。比叡山・一向宗への弾圧とあわせ、信長という王権(俗権力)が、仏法の上位に存在することを、実力をもって示した。この宗教政策は豊臣秀吉《とよとみひでよし》・徳川家康《とくがわいえやす》に受け継がれ共通するものであり、その後の近世のひいては現代にいたる日本の宗教を性格づけることになった。

一五八〇(天正八)年に大和《やまと》国で、筒井順慶《つついじゅんけい》に対し郡山城《こおりやまじょう》を残して他の城の破却を命じた(『多聞院《たもんいん》日記《にっき》』)ように、織田政権による城割《しろわり》と呼ばれる城破却は、江戸幕府の一六一五(元和元)年の一国一城《いっこくいちじょう》令《れい》の先駆けとなるものであった。検地《けんち》政策についても、貫高制《かんだかせい》併用による指出《さしだし》検地とはいえ、豊臣政権につながるものであった。また、早くも一五六八(永禄十一)年には「京枡《きょうます》」を公定の枡と定め、丈量の基準を設けていた。いずれも、近世の公権力の求めた政策につながる。

一五八一年三月、朝廷は信長に左大臣任官を勧めたが、信長はこれをことわった。さらに翌年四月、朝廷は信長を太政大臣か関白に推任する動きを示したが、これに回答を与えることなく、信長は本能《ほんのう》寺《じ》の変で最期をとげる。

信長は天下という、統一権力掌握の過程では、足利将軍と天皇・朝廷の権威を利用したが、確実に公権力としての実力を備えると、これらの権威からは距離をおいて自由に、既存の中世社会には存在しない新しい構想による統一権力をめざしていったようにうかがえる。

2 豊臣政権と朝鮮侵略

関白政権の樹立

京都本能寺《ほんのうじ》で織田信長《おだのぶなが》が明智光秀《あけちみつひで》に殺されたそのとき、豊臣秀吉《とよとみひでよし》は毛利《もうり》攻略の一環として備中《びっちゅう》国の高松城《たかまつじょう》攻めをしていた。和睦反転して秀吉は京に戻り山崎《やまざき》合戦(一五八二〈天正十〉年六月)で明智軍を破り、主君信長の後継者の位置に接近する。清洲《きよす》会議と呼ばれる所領配分をすませたのち、秀吉は大徳寺《だいとくじ》において信長の葬儀を主導することで後継者の位置を示した。

後継者候補には、他に柴田勝家《しばたかついえ》や前田利家《まえだとしいえ》・徳川家康《とくがわいえやす》らがいたが、まず、柴田を賤ヶ岳《しずがたけ》の戦い(一五八三〈天正十一〉年四月)で打ち破り、以後前田は秀吉に従った。

秀吉は、織田政権継承者としての意識をもち、全国を統治する居城としての大坂城《おおさかじょう》築城に着手する。かつて石山本願寺《いしやまほんがんじ》がおかれ、難攻不落であった土地で、安土城《あづちじょう》が琵琶湖《びわこ》を意識したのとは異なり、瀬戸内海をとおして海路船団で中国(毛利)・四国(長宗我部《ちょうそかべ》)・西国(島津《しまづ》)などへの出兵をたやすくする場所であった。さらに京都・堺《さかい》に近いほかに、淀《よど》川下流平野部の農業生産力の高さや周辺小都市の手工業生産技術なども備えていた。これらは、秀吉の直臣である常備軍を城下町に集住させるために必要な農業生産力や手工業技術となった。このような場所に、月に五万人を動員する工事で一年半で造営させた。

後継者の可能性をもった織田信雄《のぶお》と徳川家康の連合軍との戦いである小牧《こまき》・長久手《ながくて》の戦い(一五八四〈天正十二〉年)で、秀吉の側から妥協の和議を結び、以降も家康との緊張した関係は続くことになる。秀吉の抵抗勢力となった紀州《きしゅう》の根来寺《ねごろじ》(新義真言宗《しんぎしんごんしゅう》本山)は僧兵二万人余りをかかえ、鉄砲で武装していたが、これを一〇万人の軍勢で破った。さらに紀ノ川《きのかわ》下流の大田城《おおたじょう》にこもっていた雑賀《さいか》衆(石山本願寺を逃れた一向宗《いっこうしゅう》門徒が陣している)三〇〇〇〇人を降伏させた。この根来・雑賀の西側延長上にある長宗我部元親《もとちか》をも攻め立て(一五八五〈天正十三〉年六月)、長宗我部氏には以後土佐《とさ》一国に領土を限らせ、とりあえずの天下平定をおこなった。

この年(一五八五年)秀吉は、正二位・内大臣《ないだいじん》に叙任されたがさらに関白《かんぱく》をうかがった。おりしも関白二条昭実《にじょうあきざね》と左《さ》大臣近衛信輔《このえのぶすけ》とが関白職をめぐって争っていた。その裁定が秀吉に持ち込まれ、秀吉は自ら近衛信輔の父前久《さきひさ》の猶子《ゆうし》となり、平《たいら》姓から藤原《ふじわら》姓となって関白に任官したのである。その翌年には太政大臣《だいじょうだいじん》ともなり、藤原姓を改め豊臣姓となった。それは、天下人《てんかびと》にふさわしく、姓の創始者になったというわけである。

関白・太政大臣豊臣秀吉は、つぎに聚楽第行幸《じゅらくていぎょうこう》という大きな儀式をもくろむ。そのためにまず京の禁裏《きんり》と東西で対になるように聚楽第を造営した。諸大名に普請を命じ、檜皮《ひわだ》葺きの御殿や黄金の箔で装飾された屋根瓦の天守《てんしゅ》を水堀で囲む、関白・太政大臣としての地位を象徴する京都の居城であった。諸大名の屋敷も構えさせ、京都は天下人の都となった。

ここに後陽成《ごようぜい》天皇の行幸を待った。織田信長入京の際、正親町《おおぎまち》天皇皇子誠仁《さねひと》親王の元服料要請があったことは述べたが、誠仁親王は一五八六(天正十四)年七月二十四日三十五歳で急死する。

親王様崩御と云々、疱瘡《ほうそう》と云、はしかと云、一説には腹切御自害とも云々、御歳三十五歳也。
(『多聞院日記《たもんいんにっき》』)

と、「御自害」の風説も立つような急の病死であった。誠仁親王にかわってその子である和仁《かずひと》親王(十五歳)が正親町天皇(七十歳)の譲位を受けて受禅《じゅぜん》をし後陽成天皇となった。誠仁親王「御自害」の風説が立った一因には、豊臣秀吉による後陽成天皇擁立の意志が働いていたことが前提になっていよう。

一五八八(天正十六)年四月十四日、後陽成天皇の乗る鳳輦《ほうれん》が聚楽第に到着し、翌日、天皇の御前で、大名公卿《くぎょう》たちが関白秀吉の命に従うなど三カ条の起請文《きしょうもん》を差し出した。徳川家康・織田信雄・豊臣秀長《ひでなが》・豊臣秀次《ひでつぐ》・宇喜多秀家《うきたひでいえ》・前田利家の公卿となった大名六人と長宗我部元親ら二三人の大名殿上人《てんじょうびと》であった。この儀式はまた、公家《くげ》の序列を示した官職体系のなかに大名たちを含め、その最上位に関白・太政大臣豊臣秀吉が位置することを示し、政権内の階層序列を明確にさせる効果をもった。

太閤検地と惣無事

関白・太政大臣にのぼった秀吉の狙いは、もうひとつ、伝統的に国家のなかで機能した関白・太政大臣の権能を行使することであった。個々の領主(大名など)が各地域で領民を支配している、その支配領域を超越して、村・郡・国の単位で六六国からなる全国的な統治を、関白・太政大臣の官職を利用しておこなおうとした。卓抜した武力や経済力を前提に、諸大名との主従関係を結んでいっただけではなく、秀吉は、関白・太政大臣の地位に基づき、国家の命令として諸政策を推進し、統一国家形成をめざしたのであった。

まず第一に、日本全国の米の生産量がどれほどであったのかを検地《けんち》をとおして算出した。従来の検地は「指出《さしだし》」と呼ばれる自己申告制であったため矛盾が生じた。そこで一五八九(天正十七)年に美濃《みの》でおこなわれた検地から「検地条目《じょうもく》」が制定され、統一基準のもとで検地が実施されることとした。六尺三寸=一間《けん》の検地尺を用いて、一間四方=一歩《ぶ》(坪)、三〇〇歩=一反《たん》=一〇畝《せ》、一〇反=一町《ちょう》として秀吉の派遣した検地奉行《ぶぎょう》や検地役人によって丈量され、田畑を四等級(上・中・下・下々)に評価し、京枡《きょうます》で計量することが実施された。とくに、一筆《いっぴつ》ごとの耕地の実際の耕作者一名を認定し、検地帳に記載して年貢《ねんぐ》・夫役《ぶやく》の義務を負わせた。なお検地帳は、農民たちの証拠となるアーカイブズ(記録史料)として村々に長く保存され、今日に伝えられている。実質耕作者の権利が保証されたことは、つまり大名領主と耕作者の中間に存在して耕作者から作徳《さくとく》を得ていた地侍《じざむらい》・土豪《どごう》・名主《みょうしゅ》百姓などと呼ばれた地主層を否定することになった。土豪たちは検地に反対の立場をとったが、豊臣政権は反対者を「撫斬《なでき》り」にしてでも検地を徹底するよう命じた。

豊臣政権期では検地のおこなわれない地域があった。たとえば毛利・長宗我部・伊達《だて》・徳川など、秀吉から本領安堵《ほんりょうあんど》を受けた地域に検地奉行は入らず、各大名に任されたため、統一基準はとられず貫高《かんだか》制などで算出された。しかしながら、一五九一(天正十九)年には貫高制をとったところも石高《こくだか》に換算させた(「天正《てんしょう》の石直《こくなお》し」)。こうして、同年、秀吉は関白の権限に基づき、全国の村高・郡高・国高を集計させ提出させた(「御前帳《ごぜんちょう》」)。かくして六六国・六二五郡で総石高一八五七万石余りという石高が算出された。

豊臣政権の直接の財源となる蔵入地《くらいりち》(直轄地)は、二二五万石余りで、五畿内とその周辺に約半分が配置され、残りは全国にちりばめられ、戦争の際の兵糧米《ひょうろうまい》として機能させられた。このほか、全国の金銀山は公権力が掌握しており、金は四万四〇〇〇両、銀は約九万四〇〇〇枚が毎年上納された。

豊臣秀吉が関白・太政大臣の地位に基づき、推進した政策の二つ目として惣無事《そうぶじ》がある。戦国大名間の紛争を停止し、一揆《いっき》や喧嘩《けんか》を抑止する「惣無事」という政策は、私戦を禁止したいわば平和令ということができる。有事に対する無事、つまり平穏でなにごともない状態がめざされた。秀吉は全国におよぶ関白の立場から「惣無事」を発令し、人びとの平和希求に応えようとしたことは、天下統一の強い根拠を秀吉に与えることになった。

一五八五(天正十三)年十月、秀吉は、境界紛争を起こしていた大友宗麟《おおともそうりん》と島津義久《よしひさ》とに紛争の停止を命じた。領土紛争は関白の裁定に任せること、この命令に従わない場合は武力によって成敗することを命じた。これに従わなかった島津氏に対して、秀吉から諸大名に成敗のための軍役動員が命じられた。島津義久は薩摩《さつま》国川内《せんだい》において降伏した。

さらに一五八七(天正十五)年、秀吉は関東・奥州《おうしゅう》に対しても「惣無事」を発した。紛争解決は関白の裁定に従うべきことの命令に対し、後北条《ごほうじょう》氏は関東管領《かんれい》の後継者を任じており、関白の命に従わずに抗した結果、豊臣政権に成敗された(小田原《おだわら》の陣、一五九〇〈天正十八〉年)。これに対し室町《むろまち》幕府から奥州探題《たんだい》の地位を認められた伊達晴宗《はるむね》の孫政宗《まさむね》は、関白秀吉のもとに出仕して服属する途を選択した(一五九〇年)。このかたちこそが、秀吉のめざした関白の平和令である。戦わずして奥州は統一された。

一五八八(天正十六)年にはいわゆる「刀狩令《かたながりれい》」が命じられ、武装した土豪・地侍層の武器を取り上げ、上級領主に家来(兵士)として従うか、あるいは在地にあって百姓(農民)身分になるかの、兵農分離を迫った。こうした武装解除によって、以後の紛争解決は訴訟など平和な方法が求められるようになった。

また同年同日付で「海賊停止令《ちょうじ》」も出され、海上を通航する船から、武装集団が通行料をとることを全面禁止した。

豊臣政権の変質と第一次朝鮮侵略

豊臣政権にとって一五九〇(天正十八)年はひとつの画期であった。後北条氏を滅亡させ、伊達氏を従わせ、全国統一を達成した年と位置づけられよう。それより三年前、政権確立に向けた右肩上りの充実期の一五八七(天正十五)年十月一日には、京都北野天満宮《きたのてんまんぐう》において「北野の大茶湯《おおちゃのゆ》」が催された。拝殿内に黄金の茶室など三つの茶席をしつらえ、豊臣秀吉や天下三宗匠(津田宗及《つだそうぎゅう》・今井宗久《いまいそうきゅう》・千利休《せんのりきゅう》)が自ら茶を点《た》てた。参会者は大名やその近習《きんじゅう》のほか、遠く博多《はかた》の町人神屋宗湛《かみやそうたん》らも含め八〇〇人をこえた。それまでにない規模の大きさと、身分秩序の枠にこだわらない秀吉の柔軟さが感じられた。下位の者たちの躍動的な活動が社会に生気をみなぎらせており、これまでの中国に加えて目新しい西欧文化がキリスト教や南蛮《なんばん》貿易とともに日本に伝えられ、庶民にいたるまでがこれを吸収定着させた。またキリスト教を含め、一種の信仰の自由もこの時期の躍動社会のひとつの要因になっていた。

一五九〇年を転回点として、秀吉にはのぼりつめた権力者特有の傲慢があらわれだす。一五九一

(天正十九)年二月に起きた千利休(宗易《そうえき》)切腹はその一例とみなされてきた。しかしその背景に豊臣政権内の権力機構の変容の問題が存在したことに注意をはらう必要があろう。秀吉の異父弟豊臣秀長と千利休は秀吉の政治顧問として表と内々を支えてきたが、一五九一年正月に秀長が死去すると、さらに二月に利休も切腹となった。大徳寺山門《さんもん》上に利休の木像をおいたという名目的な切腹理由はあるが、秀長・利休という秀吉のごく身近にあって政策決定がなされる政権構造を改め、おりしも大名として独立した石田三成《いしだみつなり》ら子飼いの奉行=吏僚《りりょう》たちに、政策決定権を移すための利休切腹であったと考えられる。

さらに一五九一年八月に秀吉の実子鶴松《つるまつ》が死ぬと、豊臣家の世襲体制を実現するため、秀吉は同年十二月に甥(養子)の秀次に関白職をゆずった。秀吉は、それまで封建的な知行《ちぎょう》体系で諸大名と主従関係を結ぶと同時に、関白がもつ国家に占める権能を発揮してきた。この関白の権能を秀次にゆずったことによって、それまで秀吉個人に一元化していた豊臣政権内の機能が分化することにもなった。

実際に秀次は、国内の交通体系(継馬《つぎうま》の規定)など個別領主権をこえる権限をもっていたし、大名の官位叙任も関白秀次から奏請《そうせい》がなされた。とくに一五九二(文禄元)年三月には人掃令《ひとばらいれい》が関白秀次によって発せられた。全国の男女・老若・家数・人数・身分(職人・水手《かこ》など)を所領単位をこえて郡ごとにつくらせ、一国単位にまとめて六六国分を提出させた。

この人掃令も、前年に秀吉によって命じられた御前帳《ごぜんちょう》と郡絵図《こおりえず》の提出命令も、いずれも朝鮮《ちょうせん》侵略の準備のためと考えられる。大名に出陣を命ずるにあたり、どれほどの軍役を課すかの基準にするためであった。

秀吉はなぜ征明《みん》や朝鮮侵略を企図したのであろうか。「惣無事」によって国内の平和を実現したところで、その平和を維持するためには、大名など封建領主の領土拡大意欲を満たさなければならなかった。国内にはもはや求められないことから海外に目を向けざるをえなかった。これが朝鮮侵略の基本的な意図であったと理解される。

一五八六(天正十四)年三月にはイエズス会副管区長ガスパル・コエリユに対して秀吉は、国内平定実現ののち、朝鮮と中国の征服をめざすと述べており、この当時すでに朝鮮侵略の意図をもっていたとみられる。秀吉は対馬《つしま》の宗義調《そうよししげ》・義智《よしとし》父子に所領安堵を条件に、朝鮮に出兵させ服属させようと働きかける(一五八七年五月)。続いて一五八九(天正十七)年にも、前回不調に終わった朝鮮との交渉を宗氏に命じた結果、秀吉の全国統一を祝賀する使節として朝鮮から黄允吉《こういんきつ》《ファンユンギル》・金誠一《きんせいいつ》《キムソンイル》らが派遣された。使節到着の一五九〇年十一月、聚楽第において秀吉は、朝鮮が服属したものと考えて、使節に明征服の意志を告げ、朝鮮にその先導役を命じた。明を宗主国《そうしゅこく》とする朝鮮の使節はこれを拒絶。かくして明征服のための武力行使という段階に入った。

肥前名護屋《ひぜんなごや》(佐賀県)に、明征服の基地として築城を命じ浅野長政《あさのながまさ》を惣奉行に任じた。普請は主に九州九カ国から人夫が動員され、黒田如水《くろだじょすい》(孝高《よしたか》)が縄張り(設計)をおこなった。名護屋城築城のうえで、

隊名	派遣人数(人)	派遣されたおもな大名
1番隊	18,700	小西行長・宗義智・松浦鎮信・有馬晴信・大村喜前・五島純玄など
2番隊	22,800	加藤清正・鍋島直茂・相良頼房など
3番隊	11,000	黒田長政・大友義統など
4番隊	14,000	毛利吉成・島津義弘・伊東祐兵・島津忠豊など
5番隊	25,100	福島正則・長宗我部元親など
6番隊	15,700	小早川隆景など
7番隊	30,000	毛利輝元
8番隊	10,000	宇喜多秀家
9番隊	11,500	羽柴秀勝・細川忠興
合計	158,800	

朝鮮派遣軍

一五九二(文禄元)年三月征明軍を編成した。秀吉は諸大名の軍勢を肥前名護屋に結集させたうえで、表のように一〜九番隊に編成した。九州・中国・四国地方の諸大名の軍勢合計一五万八八〇〇人が実際に朝鮮半島に出陣した。

朝鮮派遣軍に対し名護屋本陣の後詰めには、中部・東国の大名などが動員され、一四万六五〇〇人が詰めた。両者あわせると三〇万五三〇〇人の大軍勢となった。

後詰めの大名のひとつ佐竹《さたけ》軍約三〇〇〇人が、常陸《ひたち》から五カ月をかけて名護屋に到着したとき、すでに朝鮮から男女の捕虜や首を積んだ船が届いていた。常陸から名護屋までは、それほどの距離(時間)が隔たっていたのである。約三〇〇〇人のうち半分は農民・漁師たちから徴発された者たちであった。

一五九二年四月十二日に小西行長《こにしゆきなが》・宗義智の率いる一番隊は釜山浦《ふざんほ》《プサン》に到着し、以後後続の軍勢も上陸して連戦連勝北上した。朝鮮国王たちが平壌《へいじょう》《ピョンヤン》に移ったあとの漢城《かんじょう》(ソウル)に、五月三日一番隊が東大門《とうだいもん》《トンデムン》から入り、加藤《かとう》・鍋島《なべしま》の二番隊が南大門《なんだいもん》《ナムデムン》より入って、その他の軍も続々と漢城に入ったのであった。漢城陥落の報は、明の皇帝に知らされた一方、名護屋の秀吉にも届けられた(五月十六日)。

名護屋の秀吉は五月二十八日付で、京都にある関白秀次に「二十五カ条の覚書」を与えた。後陽成天皇の北京《ペキン》行幸、関白秀次を明の関白に、秀吉自身は中国寧波《ニンポー》に居所を定めて天竺《てんじく》までも支配下におさめるという内容で、領土的野心をこめた大構想であった。このような構想を前もってもったうえでの朝鮮侵略計画というよりは、日本軍の快進撃をまのあたりにして、絶頂感にあったなかでの誇大妄想であったと理解すべきであろう。

第二次朝鮮侵略と秀吉の死

一五九二(文禄元)年の第一次朝鮮侵略は日本では「文禄《ぶんろく》の役《えき》」と呼ばれてきたが、韓国ではその年の干支《かんし》から「壬辰倭乱《イムジンウェラン》」と呼ばれる。日本軍による快進撃は漢城陥落や平壌進攻まで続いたが、これをピークにしてやがて義兵《ぎへい》闘争と呼ばれた農民によるゲリラ戦によって行く手を阻まれた。また李《り》《イ》舜臣《しゅんしん》《スンシン》率いる水軍《すいぐん》(亀甲《きっこう》船)は日本軍を撃破した。さらに明からの援軍が到着し、小西行長軍が占領していた平壌を攻撃した(七月)。かくして戦況は膠着《こうちゃく》状態になり、翌年一月、李如松《りじょしょう》を指揮官とする明軍は平壌を攻撃して奪回する。南下する明軍に押されて日本軍は漢城に集結するかたちになった。

漢城の北の碧蹄館《へきていかん ベクチェグワン》で南下する明軍との戦いには勝利した日本軍ではあったが、朝鮮軍も根強く対峙する戦局のなかで、この機に明と講和交渉を進めた。日本軍は漢城を明け渡して釜山まで撤兵し、さらに一五九四(文禄三)年十二月、小西行長の家臣内藤如安《ないとうじょあん》が北京において明側の提示する講和条件を承諾して停戦となった。

国内に目を移すと、名護屋詰めの佐竹の軍勢に参加させられた農民・漁民のなかから人夫二人が脱走した(一五九二年暮れ)。二人は必ずや郷里に立ち戻るから、つかまえてただちに処刑せよと命じ、かわりの人夫をすぐに送れと、常陸に書状が届けられている。佐竹勢のほかにも欠落《かけおち》や脱走が数多《あまた》あり、見せしめの磔《はりつけ》や火炙《ひあぶ》りがなされた。農家の働き手が家に戻ろうとする脱走が跡をたたなかったことが物語るように、農民が土地を離れて荒廃した田畑や空き屋敷が尾張《おわり》国内でもみられた。畿内(京都・奈良)の下層宗教者を狩り込んで尾張の荒廃した地域に移住させる政策がとられた。尾張のみならず、全国的な傾向となった農村荒廃に対し、一五九六(慶長元)年夏、秀吉はじきじきの命令として、諸国の荒田対策・農村復興を諸大名に伝えた。

豊臣政権内の抗争も起きた。一五九五(文禄四)年七月、関白秀次が自殺に追い込まれたのである。その二年前、淀殿《よどどの》に秀頼《ひでより》が誕生したことがきっかけとなったが、すでにそれ以前から、秀次に備わった関白の官職にともなう国政上の権能が、実質的な権力として機能し始め、豊臣秀保《ひでやす》ら秀次系の関白衆と呼ばれる家臣団と、秀吉系の太閤《たいこう》衆と呼ばれる石田三成・前田玄以《げんい》・増田長盛《ましたながもり》・長束正家《なつかまさいえ》・浅野長政ら、のちの五奉行に連なるメンバーとが分裂を起こしたのであった。石田三成らは、秀次に謀反《むほん》の疑いをかけ、秀次は出家ののち高野山《こうやさん》に入り、自殺した(秀次二十八歳)。秀次の妻妾子女三〇余人は三条河原《さんじょうがわら》で斬首。秀次に連なる大名も一掃された。

かくして武家が関白になるという武家関白制は消滅した。また武家関白の居城であった聚楽第も破却された。八月三日付で徳川家康・宇喜多秀家・前田利家・毛利輝元《てるもと》・小早川隆景《こばやかわたかかげ》らの年寄衆《としより》(のちの五大老《ごたいろう》)が連署して「御掟」五カ条を発布し、同日さらに「御掟追加」九カ条を発布した。豊臣政権構造の再編がなされ、この年寄衆が秀次自殺後の豊臣政権の中枢に座ることを明示した。「御掟」や「御掟追加」の内容は、「婚姻は上意を得て行なう」「大名等相互の契約や誓紙の取交しは停止する」などすでにおこなわれていたことを成文化したものであったが、のちの一六一五(元和元)年の「武家諸法度《ぶけしょはっと》」などの先例となった。

国内外に立ちこめた暗雲をはらうかのように豊臣政権は一五九五年九月、東大寺《とうだいじ》の大仏殿を上回る巨大な京都方広寺《ほうこうじ》を完成させた。国内の平和を願う国家鎮護と対外侵略のための国家統合という二つの面が方広寺大仏造営に期待された。完成にあたり、秀吉は盛大な法会《ほうえ》を催した。仏教各一〇宗から一〇〇僧ずつの出仕による「大仏開眼千僧供養《かいげんせんそうくよう》」である。この際日蓮宗《にちれんしゅう》のなかで妙覚寺《みょうかく》住持《じじゅうじ》の日奥《にちおう》は出仕せず抵抗した。日蓮宗信徒でない秀吉から布施供養を受けてもいけないし施してもならないという「不受不施《ふじゅふせ》」の立場を貫いたのであった。豊臣政権の期待も空しく、大仏殿は完成して一年もたたない一五九六年閏七月、近畿地方の大地震で大仏ともども破損大破した。暗雲をはらう意図は費え、ふたたび暗雲立ちこめる状態を象徴することになった。

　大地震後の九月、スペイン船サン・フェリペ号が土佐に漂着した。秀吉は知らせを受けて増田長盛を派遣したところ、増田は水先案内人からスペインの領土拡張の意図と、その前にキリスト教が布教をおこなうことを知らされた。これがひとつのきっかけになり、秀吉は従来の一五八七(天正十五)年の伴天連《ばてれん》追放令などとは格段に厳しい弾圧をおこなった。十一月にキリシタン二六人を捕え、京都から長崎に送って十二月に処刑した。二六人は一八六二(文久二)年六月、ローマ教皇ピウス九世によって聖人に列せられた(二十六聖人)。

　一五九七(慶長二)年七月、豊臣政権は第二次朝鮮侵略(慶長《けいちょう》の役《えき》)を企てる。その前年に明皇帝の使節から秀吉に対し「特に爾《なんじ》を封じて日本国王と為す」という冊封《さくほう》を認めた勅《ちょく》が示され、秀吉は激怒した。合計一四万四三九〇人の朝鮮出兵の陣立《じんだて》を定め、日明講和交渉において秀吉が要求した朝鮮南三道(慶尚《けいしょう》《キョンサン》・全羅《ぜんら》《チョルラ》・忠清《ちゅうせい》《チュンチョン》)の割譲を実力で達成しようというものであった。巨済島《きょさいとう》《コジェド》付近の海戦に勝利して朝鮮に上陸進攻した日本軍は、慶尚道の蔚山《うるさん》《ウルサン》に築城して拠点を形成しようとしたが、明と朝鮮軍合わせて五万七〇〇〇人が漢城から南下し、蔚山城めがけて進撃した。十二月、加藤清正《きよまさ》、浅野幸長《よしなが》らは城に閉じ込められ、兵糧攻めを受けた。飢えと寒さに苦しめられたが、かろうじて毛利秀元《ひでもと》らの救援によって加藤軍は救出された(蔚山城の戦い)。

このような苛酷な戦いが繰り広げられたころ、国内では、みごとな醍醐《だいご》の桜の見物を、秀吉は息子秀頼と北政所《きたのまんどころ》、淀殿、松の丸・三の丸・加賀《かが》などの妻妾を連ねておこなった（一五九八〈慶長三〉年三月十五日）。厳しい警護のなか、頂点に立った権力とその一族だけの寂しい花見で、かつての「北野大茶湯」（一五八七〈天正十五〉年）の身分秩序を取りはらった躍動的な世界とはまったく対照的であった。

病の床についた秀吉は諸大名に対して、息子の秀頼（六歳）への忠節を誓わせた。さらに秀吉は、五大老と五奉行に秀頼を託す遺書を残して没した（八月十八日）。

徳川家康と前田利家は使者を朝鮮に派遣して帰軍を命じた。一五九八年十一月二十五日を最後に、日本軍は総引上げをし、島津義弘《よしひろ》が十二月十日に博多に帰着して第二次朝鮮侵略は終結した。

3　生産技術・労働編成の革新

軍事と技術革新

十六〜十七世紀の日本列島では、戦国の分裂争乱のなかから統一への動きがあらわれ、織田信長《おだのぶなが》・豊臣秀吉《とよとみひでよし》・徳川家康《とくがわいえやす》という「天下人《てんかびと》」が出現して、政治的・経済的統合を実現する。戦乱における攻撃や防御、兵糧《ひょうろう》の確保、兵站《へいたん》輸送などに駆使された諸技術は、鉱山の開発、耕地の造成、治水や利水などに応用され、権力の分散した中世には考えられなかった増産をもたらした。そして解放された生産力は、逆により集権的な政治権力を要求し、やがて幕藩《ばくはん》制国家と呼ばれる、封建支配原理のもとでは最高度に集権的な国家権力が生み出される。

江戸《えど》幕府がいわゆる「一国一城令《いっこくいちじょうれい》」を発する以前、日本列島は城で満ちていた。のぼるのに難渋するほど急峻な山の頂上部にも、土塁《どるい》・曲輪《くるわ》・堀などの人工をほどこした中世の城跡がある。領主が館を構える本格的なものから、見張台に毛がはえた程度の出城、緊急時に住民を避難させる山小屋まで、その姿もきわめて多様で、それらがまた戦略的に配置されていた。築城には、想像を絶するほどの労働力が注入されたにちがいないが、同時にそれは掘削《くっさく》・削平《さくへい》・版築《はんちく》・穿孔《せんこう》などの土木技術の急速な発展をもたらした。他方、城攻めの戦法にも、付城《つけじろ》の設営、穴掘りによる敵城侵入、背の高い構築物による高低差の克服など、土木技術を駆使したものが少なくない。

一方で戦国大名は殖産興業にも力を注いだが、とくに鉱山開発は戦争関連の土木技術が容易に応用できる分野だった。たとえば、甲斐《かい》の武田《たけだ》氏の金山開発はよく知られているが、それを担った金山衆《かなやま》は敵城を攻める際の穴掘り技術の持ち主であった。また農業分野への応用もみられる。早期の治水工事として著名な「信玄堤《しんげんづつみ》」や、用水をとおすトンネル工事などがその実例である。

十六世紀なかば近くにあらたに獲得された軍事技術に、鉄砲を用いる砲術がある。砲術は、砲身・弾丸の製造や火薬の調合(当然原料の調達を含む)から、発射法や陣形にいたるまで、多様な技術の複合体なので、多くの分野を効率的に結合させる権力体を必要とした。戦国大名がきそって名乗りをあげたが、最終的に鉄砲を有効に使いきったのは、織田・豊臣・徳川の「天下人」であった。戦いの規模が大きくなるとともに、鉄砲の大型化が進み、大筒《おおづつ》・石火矢《いしびや》などと呼ばれる大砲も使われるようになった。信長のみならず、足利義輝《あしかがよしてる》・徳川家康・同秀忠《ひでただ》らも砲術の名人で、各流の砲術師たちが「天下一」の称号を競いあって、技術をみがいていった。

織田信長・徳川家康連合軍が武田勝頼《かつより》軍を破った一五七五（天正三）年の長篠《ながしの》の戦いを取り上げて、鉄砲が「戦国の軍事革命」を引き起こしたといわれる。この合戦が鉄砲の組織的使用の面で画期をなしたことは事実だが、その後も正規の戦闘員はなお騎兵であり、鉄砲衆は槍衆とならんで一定の（むろん重要な）比重を占めるにとどまった。

一六一四（慶長十九）・一五（元和元）年の大坂《おおさか》の陣《じん》あたりまでは、実戦に鉄砲が活躍する機会も多かったが、元和偃武《げんなえんぶ》で実戦の機会がほとんどなくなって以後は、実践的な戦争技術としては停滞し、「天下一」の称号も禁止されてしまう。砲術も「武芸」のひとつとみなされて多くの流派が秘伝を伝えていくようになる。現在、砲術の内容を知ることができるのは、これらの秘伝書によるところが大きい。

一五三三（天文二）年に灰吹法《はいぶき》が導入されたのを画期に、石見《いわみ》銀山で爆発的な増産が実現する。銀山の中心仙ノ山《せんのやま》のとなりにある山城《やまじろ》「山吹城《やまぶきじょう》」は、戦国時代に大内《おおうち》・小笠原《おがさわら》・尼子《あまご》・毛利《もうり》などの大名が、銀山を確保するために争奪をくりかえした軍事拠点である。三〇年も続いた争いは、一五六二(永禄五)年に毛利氏の勝利に帰したが、八五(天正十三)年、九州平定をねらう豊臣秀吉の圧力のもと、銀山は秀吉と毛利氏の共同管理に移行する。秀吉は、一五九二(文禄元)年に始まった朝鮮侵略戦争に際し、石見銀で大量の銀貨「文禄丁銀《ぶんろくちょうぎん》」をつくり、戦費をまかなった。

広域交通システムの創出

朝鮮侵略のころ、前田《まえだ》家の奉行《ぶぎょう》が、秀吉子飼いの勘定《かんじょう》方奉行山中長俊《やまなかながとし》からの指示で、加賀江沼《かがえぬま》郡の米を越前敦賀《えちぜんつるが》に運ぶに際して、越前三国湊《みくにみなと》の問丸《といまる》にこう依頼している。「北方(北潟《きたかた》)まで川舟にて差し上《のぼ》させ、それより三国まで駄賃馬にて遣わし、三国より舟にて敦加(敦賀)へ指し上させ申したく候条、其元《そこもと》御馳走(奔走)頼み入るの由、山城(長俊)申され候」(「森田《もりた》文書」)。米は川舟に積んで大聖寺《だいしょうじ》川《がわ》をくだって吉崎《よしざき》から北潟に入り、北潟の奥で駄賃馬に積み替えられて三国湊に運ばれ、さらに海船で敦賀まで届けられる手筈であった。川や潟を利用する内水面ルートは、現在よりはるかに潟の面積が広かった中世では、盛んに利用されていた。とくに海の荒れる冬場には、海路のサブ・ルートとして有用だったにちがいない(上の書状の日付は正月十日である)。

侵略戦争に必要な兵站《へいたん》物資の輸送システムの確立という豊臣政権の要請が、三国湊の問丸という有力物流業者をキーマンとして、実現している。書状の関心は、もっとも効率のよいルートはどれか、運送時間は短縮できるか、運賃はどれくらいか、といった実務的事項に集中しているが、それを必然化したのが「戦争」という大目的であった。

敦賀から先の輸送についても同様の措置がほどこされた。開戦ひと月半前に、前田家家臣から「賀州・能州諸浦中」に宛てて、「敦賀高嶋屋船かこ共の義、去年より高嶋屋やとひ候かこ共、いづれも罷《まか》り上るべく候。敦賀の米九州へ遣はされ候間、早々かこ共此土へ迄罷り上るべく候也」という指示が出された。敦賀の米を肥前名護屋《ひぜんなごや》へ送るために、敦賀の豪商高島屋《たかしまや》が船を提供し、加賀・能登《のと》の諸浦から水手《かこ》を雇い入れていた。その見返りとして、高島屋に対しては、前田家より北陸米運送の独占権が認められた（「小宮山《こみやま》文書」）。

若狭《わかさ》小浜《おばま》の豪商組屋《くみや》・古関《こせき》両氏の場合、戦争への関与はより直接的だった。水手役の免除とひきかえに彼ら自身が上乗《うわのり》奉行として九州へ動員され、同時に九州へ送るべき米や大豆（馬の食糧となる）の入手元・数量・升《ます》・保管場所・使用船・運賃などについて、豊臣大名浅野長政《あさのながまさ》から細かい指示が与えられている（「組屋文書」）。

瀬戸内海航路でも、豊臣大名増田長盛《ましたながもり》が安芸《あき》広島の商人桑原《くわばら》氏に対して、広島→鞆《とも》→下津井《しもつい》→室《むろ》→明石《あかし》→兵庫→大坂の「次船」（＝継ぎ船）について指示をくだしている。その目的は、朝鮮の前線から送られてくる報告を、大坂の秀吉のもとに油断なく届けさせることにあった（「広島県立博物館所蔵文書」）。

近世の海運は、東廻り・西廻り航路や江戸・大坂間の廻船などに典型的なように、中世よりはるかに全国的で整ったシステムをもっていた。中世からの連続性がみえない「初期豪商」という用語が象徴するように、近世経済史では、幕藩制成立にともなってシステムがあらたに登場したかのように説明されがちだが、その歴史的前提として、豊臣政権が侵略戦争遂行のために、主要な港湾都市の海運業者たちを強力に組織化し、中世的な分立を克服させ、戦争に動員していった経緯があったことを忘れてはならない。陸上交通を担う道路網についても同様であるが、ここでは省略せざるをえない。

つぎに、通貨供給という広義の交通に目を転じよう。前述のように、中国で基準通貨が銭から銀へ移行し始めると、銭の発行・流通が不安定となり、中国や日本でつくられた私鋳銭《しちゅうせん》が日本の市場に大量に入り込んで、撰銭《えりぜに》行為をはびこらせた。とくに中国製の私鋳銭は、十六世紀なかばに倭寇《わこう》が大量に持ち込んだので、量的にも宋銭《そうせん》などの精銭を凌駕《りょうが》する勢いだった。織田信長は一五六九(永禄十二)年、輸入品の金銀による売買を定め、金・銀・銭三貨の交換比価を公定した。統一政権が、東アジアの新しい経済情勢に対応して、通交貿易を公的な管理下におこうとした最初の動きであった。

一五七一年、スペインがメキシコのアカプルコとフィリピンのマニラを結ぶ定期航路を開くと、この航路をたどって、アマルガム精錬法により世界最大の銀産地にのしあがった南米の銀が、中国に殺到する。その結果、日本への銅銭搬出基地だった福建《ふっけん》地方が銀経済圏に塗りかわってしまい、日本への銅銭供給が途絶してしまう。日本の経済社会で、取引では銭遣いから米遣いへ、価値表示では貫高《かんだか》から石高《こくだか》へ、という転換(一見すると逆行)が生じたのが、ちょうどこのころだ。

江戸時代の知行《ちぎょう》制度の根幹をなす石高制は、こうした国際環境を抜きにしては説明できない。そして、江戸幕府が一六三六(寛永十三)年から始めた寛永通宝《かんえいつうほう》の発行は、自国鋳貨不在の中世的状況に終止符を打つ画期的事業であり、幕藩制の経済的自給システムを通貨面から支えるものだった。

幕藩制国家による生産力解放

十七世紀の一〇〇年間は、さまざまな産業分野でめざましい生産力の伸長がみられた時代である。幕藩制国家が資源と技術と労働力を組織的に結合し、かつてない生産力段階を実現したことが、飛躍を可能にした。「徳川三〇〇年」の平和と安定は、基底的にはこれに支えられて実現した。十七・十八世紀の交には生産力は飽和状態となり、以後はそれを食いつぶしていくことで、幕藩制は命脈を保ったといっても過言ではない。

農業生産力は、十七世紀、大規模な新田開発と農法改良による反当《たんあたり》収量増によって急伸し、その後はゆるやかな増加にとどまった。一五九八年に全国総石高は一八五一万石であったが、一六四五年には二四五五万石、九七年には二五八八万石、一八三〇年には三〇五六万石、七三年には三二〇一万石と推移する。一五九八〜一六九七年に一四〇%、一六九七〜一八七三年に一二四%の増加となり、十七世紀の増加率の大きさがわかる。地域的にみると、中世までに開発が飽和状態に達していた畿内とその周辺では田積の増加率が低く、関東、東北、九州、中国・四国地方、ことに東北地方で増加率が高い。新田開発にあたっては幕府が積極的な奨励策をとった。諸役免除、牢人《ろうにん》の移住奨励、無利子での種子貸与などの施策が知られている。

生産力拡大は人口増に連動する。日本の総人口は、一六〇〇年ころに一二七〇万人余りであったが、一七二一年には二六〇〇万人余りとなり、以後幕末まで二四九〇万〜二七二〇万人のあいだでほぼ横ばいとなる。十七世紀の一〇〇年間にほぼ倍増したと推定され、これは石高の増加率をかなりうわまわっている。石高には反映されない「余徳」の存在をうかがわせる。

大規模な新田開発には、戦国時代以来進歩した土木技術が、幕府主導のもとに投入された。工事の根幹は治水で、築堤、曲流の修正、遊水池の設置などによって氾濫を抑止し、水田の安定化がはかられた。その代表例が一六二一(元和七)年に着手して五四(承応三)年ようやく完成した利根《とね》川の流路変更で、東京湾に注いでいた利根川を銚子《ちょうし》に注ぐ現在のものにつけかえた大工事である。その目的は、関東平野東部の田地開発のほかに、首都江戸の水害対策や、江戸と関東各地を結ぶ水運路の整備も大きかった。一方で、用水(人工灌漑)技術の進歩も可耕地の拡大に寄与したが、ここでは指摘にとどめる。

中国磁器は日本の中世を通じて中心的な輸入品だった。高級品専門の窯である瀬戸《せと》で模倣が試みられたが、技術はなお施釉《せゆう》陶器の段階だった。原料は、陶器は粘土、磁器は陶石の粉末である。窯は、

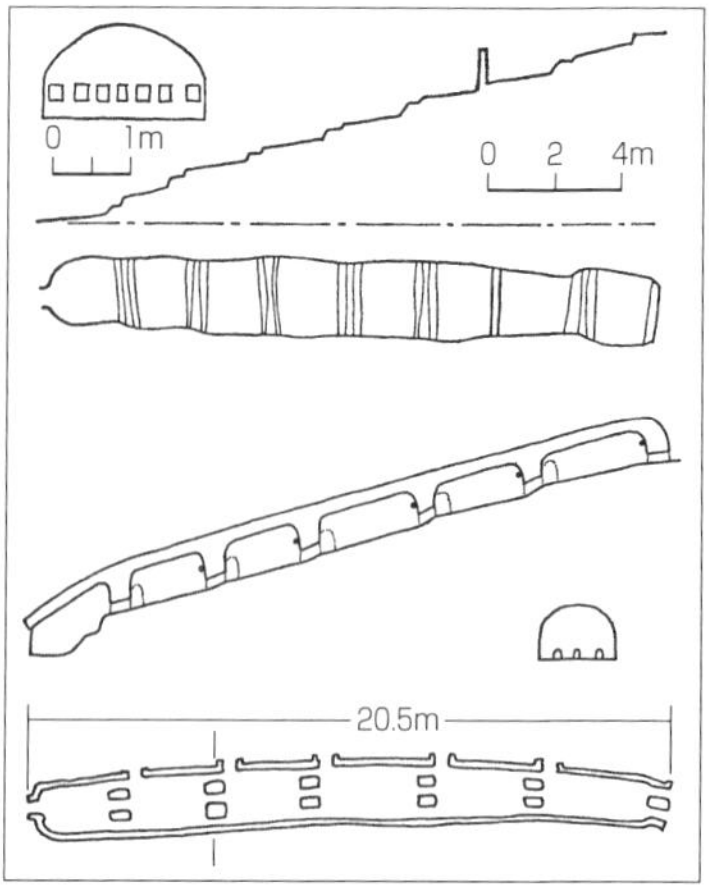

連房式登り窯(断面図と平面図)　日本の連房式登り窯は肥前で発生した。

陶器が一〇〇〇度程度出る窖窯《あながま》で十分なのに対して、磁器焼成には一三〇〇度近くを要する。中世社会が磁器の自力生産を望まなかったはずはないが、そこには生産技術上のこえがたい壁が立ちはだかっていた。

日本の磁器生産の前夜は、十六世紀に佐賀県の岸《きし》岳《だけ》山麓で焼かれた肥前陶器で、これが現在の唐津《からつ》焼につながる。その技術は朝鮮人陶工の渡来を考えなければ説明がつかないという。窯は十数段にも焼成室を連ねた連房《れんぼう》式登り窯で、これなら磁器焼成も可能な高温が出せるが、残念ながら陶石が確保できなかった。朝鮮侵略の基地となった名護屋城で、秀吉は全国の大名たちとともに茶の湯を楽しみ、厖大な茶碗・茶器の需要が生じた。これが肥前陶器を中世陶器の最高段階にまで押し上げた。

朝鮮侵略の終盤、九州・中国の諸大名が朝鮮人陶工を連行し、自領内で起業させた。鍋島《なべしま》氏が連行した李参平《りさんぺい》は、有田《ありた》で巨大な陶石層を発見した。近辺には水運や唐臼《からうす》(陶石を挽く道具)設置に便利な中小河川があり、磁器焼成に必要な還元炎を出す松の薪が豊富に得られた。その他、島津《しまづ》氏が薩摩《さつま》焼を、細川氏《ほそかわ》が豊前上野焼《ぶぜんあがの》を、黒田氏《くろだ》が筑前高取焼《ちくぜんたかとり》を、毛利氏が長門萩焼《ながとはぎ》を、同様の経緯で興し、それぞれ今も続く窯場となっている。

一六四四年の明清交替《みんしん》を中心とする中国の戦乱が、景徳鎮《けいとくちん》など中国磁器の大生産地にダメージを与えたことは、日本の窯業にとって望外の好運だった。とくに有田焼は、景徳鎮の色絵磁器の代替品を大量に生産し、積出港の名をとった「伊万里《いまり》」は世界的なブランドとなった。十七世紀中葉のわずか数十年間で、日本の窯業は世界最高といわれる中国磁器にほぼ追いついてしまったのである。

石見銀山で確立した銀生産の技術システムは、やがて但馬《たじま》の生野《いくの》や佐渡《さど》や出羽《でわ》の院内《いんない》にも移植されて、爆発的な増産をもたらしていく。生野銀山は、一五四二(天文十一)年に石見の商人が鉱石を買って石見へ運び精錬したことから始まるという。また佐渡金銀山の発祥である鶴子《つるし》銀山の発見も一五四二年のことだが、九五(文禄四)年に石見の山師三人が来山したことで、盛期をむかえたという。十七世紀前半、日本銀は世界の産銀の三分の一を占めるほどの爆発的な増産を達成した。

徳川家康は、一六〇一(慶長六)年、江戸幕府草創期の能吏として有名な大久保長安《おおくぼながやす》を銀山奉行として石見へ送り込み、毛利氏の手から銀山を取り上げて直轄地《ちょっかつち》とし、銀山周辺の一四四カ村、約四万八〇〇〇石を銀山御料に指定した。このようなあつい手当てのもとに、新しい鉱脈の探査が精力的に進められ、やがて長安が備中《びっちゅう》国から呼び寄せた山師安原伝兵衛《やすはらでんべえ》が、釜屋間歩《かまやまぶ》という優秀な鉱脈を発見する。伝兵衛は、おびただしく採掘された銀から三〇〇〇貫を家康に進上した。その後幕府は各地の鉱山をつぎつぎと幕領《ばくりょう》にしていき、長安は佐渡・伊豆《いず》などの金銀山の開発と運営に辣腕《らつわん》をふるった。

しかし前近代レベルの鉱山技術が壁にぶつかるのは思いのほか早かった。主要な銀山の産出額は十七世紀の早い時期がピークで、一六三〇年代にははっきりと衰勢に向かい、以後は細々と続いたにすぎない。その主要な原因は、鉱脈をどんどん深く掘り進んだ結果、地下水の排出や新鮮な空気の供給が加速度的に困難になり、労働者に苛酷な労働を強いるだけでは対応しきれなくなったことにあった。

4 徳川政権と「鎖国」

統一権力の掌握

西暦一六〇〇(慶長五)年、豊臣秀吉《とよとみひでよし》の死後二年にして関ヶ原《せきがはら》の戦いは起こった。五奉行《ごぶぎょう》の一人石田《いしだ》三成《みつなり》は小西行長《こにしゆきなが》らとともに五大老《ごたいろう》の一人毛利輝元《もうりてるもと》を盟主にして、西国大名たちを味方につけて挙兵した。西軍八万人余りに対する東軍は、徳川家康《とくがわいえやす》と福島正則《ふくしままさのり》・黒田長政《くろだながまさ》らで一〇万人をこえる兵力をもち、小早川秀秋《こばやかわひであき》の内応もあわさり大勝した。天下分け目の戦いに勝利した徳川家康は、石田・小西などを処刑し、宇喜多秀家《うきたひでいえ》を八丈島《はちじょうじま》に流し、西軍諸大名九〇家の領地を没収(改易《かいえき》)した。毛利・上杉《うえすぎ》の減封分をもあわせた領地を東軍の将に加増し、あらたに二八の譜代大名《ふだい》が誕生した。

圧倒的な土地台帳の長さ（七〇〇万石の領国）と家臣団（軍事力）の実力を備えた家康は、「天下人《てんかびと》」にふさわしい公権性を得るために一六〇三（慶長八）年征夷大将軍《せいいたいしょうぐん》の宣下《せんげ》を受けるが、それ以前二年間に家康は統一権力者が誰であるのかを実際に国内外に示していたことに注意を向ける必要がある。一六〇一（慶長六）年十月、安南《アンナン》（ベトナム）・ルソン・カンボジアに修好を求める外交書簡を送らせ、国を代表する外交権掌握者が家康であることを明示した。国内では、佐渡《さど》鉱山のほか石見大森《いわみおおもり》銀山・但馬生野《じまいくの》銀山・伊豆《いず》金銀山など有数の鉱山を一六〇一年に収公し直轄《ちょっかつ》にした。財源確保のみならず、私領主をこえて国土を公権力者が支配することを示した。交通や通貨制度においても、東海道《とうかいどう》の宿駅《えき》を定め、伝馬《てんま》三六匹を常備して江戸《えど》と京・伏見《ふしみ》間の公用に備えさせた。通貨では、伏見に銀座を設け大黒常是《だいこくじょうぜ》の責任下で鋳造させ、公権力による貨幣発行の明示と商品売買の安定と促進をはかった。

こうして一六〇三年二月、伏見城において勅使より征夷大将軍の宣旨《せんじ》を受けた。宣旨を受けたから「天下人」になったのではない。宣旨は形式であり、名目である。家康は征夷大将軍を選び、関白《かんぱく》を選択しなかった。関白となれば、同じ官職制度のなかで豊臣秀頼《ひでより》と競合することになる。諸大名が太閤《たい》《こう》の恩義から、官職制度のなかで秀頼を選ぶという可能性は考えられた。しかも、官職制の頂点にある天皇権威を浮上させることにもつながってしまう。そのような官職制度のなかに入ることを家康は避け、純粋な武家政権として、諸大名を戦争に動員し指揮する軍事指揮権を、征夷大将軍の宣下によって獲得し、武家の棟梁《とうりょう》として君臨する道を選んだのであった。

早くも一六〇五(慶長十)年四月、家康は征夷大将軍を辞職し、徳川秀忠《ひでただ》にゆずった。秀忠の将軍宣下の儀式に伏見城に参列した諸大名たちは、豊臣氏に政権の戻ることのないことを認識させられた。以後、江戸の将軍秀忠と駿府《すんぷ》の大御所《おおごしょ》家康による二元政治がおこなわれることになった。政策が進めば進むほど、大坂城《おおさかじょう》にあった旧政権の遺児の存在感は喪失されていった。

徳川政権の政策は、江戸を全国の首都にふさわしい姿に建設することから始められた。神田《かんだ》山を切りくずし日比谷《ひびや》入江が埋め立てられ、日本橋《にほんばし》を中心に市街地が形成された。日本橋は翌年設置の東海道・中山道《なかせんどう》などの一里塚《いちりづか》の起点とされた。一六〇五年には、全国に国絵図《くにえず》と郷帳《ごうちょう》の作成提出を命じた。全国六六国におよぶ統治権限は、豊臣政権では関白職の権能を利用するかたちで御前帳《ごぜんちょう》や人掃《ひとばらい》令《れい》が命じられたが、いまや統一権力である武家権力に包含された不可分の機能として、諸大名に示された。中国を中心にした東アジアにおける統治の伝統は、中央政権が全国の地図と土地台帳を掌握するというもので、伏見城に集められた諸大名たちは、道筋は赤、郡境は紫など、色使いにいたるまでの注意を受けて、国絵図作成提出を命じられた。また、検地《けんち》に基づく村高とこれを集計した郡高、郡高を集計した一国の石高《こくだか》を記した郷帳が、国絵図と一対になって提出された。

国絵図・郷帳の作成は、薩摩《さつま》国は島津義久《しまづよしひさ》であり、土佐《とさ》国は山内一豊《やまうちかずとよ》というように、基本的には国持《くにもち》大名がおこなった。しかし畿内のように一国内に多数の領主が複雑に入り組んでいる地域や国では、国奉行《くにぶぎょう》がおこなった。一国単位の統治がおこないがたい地域に、徳川政権は国奉行をおいて一国単位の支配をおこなわせたのである。大和《やまと》・山城《やましろ》・摂津《せっつ》・河内《かわち》・和泉《いずみ》・近江《おうみ》・丹波《たんば》・美濃《みの》・備中《びっちゅう》の九カ国には国奉行がおかれたことがわかっている。摂津の国絵図・郷帳の作成は国奉行の片桐且元《かたぎりかつもと》がおこない、大和・美濃は大久保長安《おおくぼながやす》、備中は小堀政一《こぼりまさかず》(遠州《えんしゅう》)が国奉行として、郷帳に基づき一〇〇〇石につき人夫を何人と割りつけ、江戸城などの普請《ふしん》人足を動員したのであった。

武家と朝廷の統制

徳川政権の諸政策が遂行される一方で、大坂城の豊臣秀頼と母淀《よど》は、畿内の大寺院の造営を、一六〇〇(慶長五)年の天王寺《てんのうじ》から〇八(慶長十三)年の山城国上醍醐《かみだいご》西大堂にいたるまで四四カ所おこない、秀吉以後の国主たる地位を示そうとした。とくに京都方広寺《ほうこうじ》は秀吉の死後、秀頼によって本堂や金銅大仏が再興され、梵鐘も鋳造された。一六一四(慶長十九)年徳川家康は鐘銘中の「国家安康」「君臣豊楽」の文字に異議を唱え、十月大坂冬の陣が起こった。大坂城に陣どる豊臣方(与《くみ》した元大名は長宗我部盛親《ちょうそかべもりちか》など、これに上田《うえだ》城主真田昌幸《さなだまさゆき》の次男幸村《ゆきむら》らの武将の加勢)を、徳川家康・秀忠の軍事指揮のもとで二〇万人の大軍勢が押しよせた一方的な戦争であった。翌一六一五(元和元)年五月の大坂夏の陣はなお一層一方的なもので、豊臣秀頼と母淀は自害した。ここに「元和偃武《げんなえんぶ》」と呼ばれる武器をおさめて用いない平和な時代が到来した。

閏六月、幕府は一国一城令《いっこくいちじょうれい》を発した。本城を除くすべての支城を破却させ、大名の居城をひとつに限るものであった。幕府に対抗する軍事的拠点を減じる目的であったが、同時に諸大名にとっても領内の支城を根拠にして大名と対抗しうる有力な重臣を弱体化させることにつながった。蒲生《がもう》家騒動や最上《もがみ》騒動などの御家騒動の一因は、大名に匹敵する石高をもった重臣たちが大名家相続に絡んだことにあった。大名による安定した領国一円支配にとって、一国一城令は大名にとって望まれたものであったからこそ、支城破却を数日のうちに四〇〇余りも実行させることになったとみられる。これで大名と家臣の主従関係も安定に向かう。

翌月七月七日に、将軍秀忠は「武家諸法度《ぶけしょはっと》」一三カ条を発布した。すでに家康は金地院崇伝《こんちいんすうでん》や林羅山《はやしらざん》に命じて法度草案を起草させており、この日諸大名を伏見城に集めて、（一条）「文武弓馬の道、専《もっぱ》ら相嗜《たしな》むべき事」に始まり、（一三条）「国主は政務之器用を撰ぶべき事」に終わる一三カ条を崇伝に朗読させた。大名が個々に将軍に誓紙を提出する関係ではなく、将軍が諸大名にいっせいに布告する形式をとったことは、徳川将軍権力が一段上位の地位に君臨する儀式となった。こうして幕府への忠誠を諸大名に求め、将軍と大名のあいだの主従関係はゆるぎのないものになっていった。一六一五年は、大坂の陣という戦争後の強い緊張のもとで、将軍・大名・家臣のあいだの主従制が確立した年と位置づけることができよう。

この一六一五年はまた「禁中《きんちゅう》並《ならびに》公家諸法度《くげしょはっと》」を発布して、天皇・朝廷統制策の枠組みを確立し、国家権力の姿を整えた年でもあった。「禁中並公家諸法度」一七カ条もまた金地院崇伝が中心になって起草を進め、七月十七日二条城《にじょうじょう》において前将軍家康と、現将軍秀忠に、前関白二条昭実《にじょうあきざね》の三人が連署して制定した。二十八日に昭実は関白に再任され、三十日に関白として公家・門跡《もんぜき》に公布した。第一条では天子(天皇)に、統治・治道の漢籍《かんせき》による学問と、和歌と有職故実《ゆうそくこじつ》を習い学ぶことを義務づけた。第二・三条で朝廷内の座順は、三公(三大臣)、つぎに親王《しんのう》、前官の大臣(摂家《せっけ》)、諸親王、前官の大臣(清華家《せいがけ》)の順番とした。摂家がなる三公が天皇の兄弟である親王より上位として摂家を重視した。第七条は、武家の官位は公家の官位任叙とは別個に存在させることを規定した。すでに一六〇六(慶長十一)年四月、徳川家康の推挙のない武家の官位を禁止していたが、ここでも明確に、武家は幕府に願いいで、幕府から朝廷に一括して任叙を申請し幕府から渡されるものとした。第一一条で、朝廷を統制・管理・運営する執行者である関白、武家伝奏《ぶけてんそう》と奉行・職事《しきじ》の申し渡しに堂上《とうしょう》・地下《じげ》の公家たちは従うよう命じた。

一六〇三(慶長八)年二月に広橋兼勝《ひろはしかねかつ》と勧修寺光豊《かじゅうじみつとよ》の二人が武家伝奏に任じられて以来、武家伝奏二人は一八六七(慶応三)年十二月の王政復古《おうせいふっこ》で廃止されるまで、関白(摂政《せっしょう》)とともに朝廷統制の要となり、その背後に京都所司代《しょしだい》などの武家が目を光らせるという二段構えの統制策を幕府は考えた。

朱印船とキリシタン弾圧

一六一五（元和元）年という、徳川政権が国の基本的な権力構造を確立させたその翌年、大御所徳川家康は駿府城にて七十五歳の生涯を閉じた。

将軍秀忠の単独政権の開始である。まず一六一六（元和二）年六月、軍役令《ぐんやくれい》を改定し、旗本《はたもと》・大名に軍事動員の基準を示すことで、軍事指揮権が秀忠に存することを改めて認識させた。そのうえで、秀忠は弟の松平忠輝《まつだいらただてる》（越後高田《えちごたかだ》藩六〇万石）を改易（一六一六年）、さらには福島正則（安芸《あき》広島藩四九万八〇〇〇石）に津軽《つがる》（四万五〇〇〇石）への転封《てんぽう》を命じた。福島は「武家諸法度」違反による処罰であり、将軍秀忠の威力を示す機会となった。

こうして秀忠政権としての政策を進めていった。通貨政策や交通政策など前代家康の政策をつとめて継承していったが、とくに外交政策やキリシタン問題は最重要課題となった。家康の時代に比べキリシタン問題の深刻度が増すという状況の変化が生じ、外交政策に変更が求められたものである。

まずは家康の初期外交政策から振り返ってみよう。家康の外交政策に、オランダ船リーフデ号航海士ヤン・ヨーステン（オランダ人）と水先案内人ウィリアム・アダムズ（イギリス人）の与えた影響は大きかった。一六〇〇（慶長五）年に豊後臼杵《ぶんごうすき》に漂着して以来、家康は両名を外交顧問のように用いて、本国との通商を斡旋させた。その結果、一六〇九（慶長十四）年にオランダ商館が、一三（慶長十八）年にイギリス商館が平戸《ひらど》に設けられ、交易をおこなうことになった。

すでにアジア貿易を展開していたスペインとは、上総《かずさ》に漂着したルソン前総督ドン・ロドリゴを一六一〇(慶長十五)年メキシコ(ノビスパン)に送還した際、京都商人田中勝介《たなかしょうすけ》を派遣し、交易交渉をおこなわせたが、その後の展開はみられなかった。同様にマカオを拠点にしていたポルトガルが、中国産生糸《きいと》を日本(長崎)に売り込んで利益を得ていたのに対し、一六〇四(慶長九)年糸割符仲間《いとわっぷなかま》(京都・堺《さかい》・長崎商人、のちに江戸・大坂商人も参加)をつくらせ、生糸の一括購入によって値下げをおこなわせ、ポルトガル商人に打撃を与えた。

ヨーロッパ四カ国との交易を容認した家康の外交は、さらに東南アジアに積極的に進展していった。前述したルソン・安南(ベトナム)・カンボジアとの修好関係は順調で、これにシャムや東京《トンキン》などを加えた地域に日本の商船は赴いた。一六〇四年から幕府は渡航船に許可証(朱印状《しゅいんじょう》)を発行した。この朱《しゅ》印船《いんせん》による貿易は、長崎の末次平蔵《すえつぐへいぞう》、京都の角倉了以《すみのくらりょうい》や茶屋四郎次郎《ちゃやしろうじろう》などの商人のみならず、西国の大名島津家久《いえひさ》・松浦鎮信《まつらしげのぶ》・有馬晴信《ありまはるのぶ》らがおり、あわせると一〇五人の朱印船貿易家の名前があげられる。なかには朱印船貿易で海外渡航しそのまま居住して自治の認められた日本町を形成した場合もあった。ベトナム(コーチ)のツーランやフェフォ(ホイアン)、シャムのアユタヤなどである(ホイアンには当時の日本人がつくったとされる「日本橋」のほか街並みが保存され、一九九九〈平成十一〉年にはユネスコの世界遺産に登録された)。

以上のような積極的な貿易政策は、たとえば仙台《せんだい》藩主伊達政宗《だてまさむね》が一六一三(慶長十八)年支倉常長《はせくらつねなが》を

キリシタン殉教図（カルディン『日本の花束』）　火刑に処せられたキリスト教宣教師。秀忠政権になるとキリスト教弾圧は激しさを増した。

メキシコ・スペイン・ローマに派遣してローマ教《きょう》皇《こう》に謁見した（慶長遣欧使節《けいちょうけんおうしせつ》）ように、徳川政権による外交権の独占掌握の不十分な状態を背景にしていた。西国大名や豪商などとともに、きそって徳川政権も貿易の利益を求めるという状況だった。しかし前述したように一六一五年を画期として国家権力を格段に確立させた徳川政権は、一六一六年に中国船を除く外国船の来航を平戸と長崎に制限して、西国大名の港での貿易を禁止し、幕府による貿易独占を展開し始めた。

貿易独占の狙いのほかに、キリスト教禁止政策の強化も幕府によって企図された。一六一二（慶長十七）年に家康は直轄地（駿府・江戸・京都）の禁教と教会の破却を命じ、翌年には全国を対象にキリスト教の禁止を命じた。

将軍秀忠の単独政権になるとキリスト教弾圧は厳しさを増した。一六一四（慶長十九）年九月、キリシタン大名の高山右近《たかやまうこん》・内藤如安《ないとうじょあん》ら信徒一四八人と宣教師の多数をマニラ・マカオに追放したのを皮切りに、一八・一九（元和四・五）年に京都でキリスト教宣教師や信徒が処刑された。さらには一六二二（元和八）年八月、長崎において宣教師・修道士二一人と信徒三四人の合計五五人が火刑と斬首にされた（元和《げんな》の大殉教《だいじゅんきょう》）。
幕府直轄領に限らず、その後は諸藩においてもキリシタン弾圧はおこなわれ、もはや全国的にキリスト教の禁止は徹底されることになった。

「鎖国」＝四つの口

キリスト教禁止を国是《こくぜ》とし、貿易の独占を目的とした対外政策は、三代将軍家光《いえみつ》政権によっても推進された。一六二三（元和九）年七月、将軍秀忠は息子家光に職をゆずり、家光は二条城において征夷大将軍の宣下を受けた。こののち秀忠は大御所として江戸城西の丸で政治の主導権を保持していたが、一六三二（寛永九）年死去してのちは、将軍家光単独政権となる。

一六二三年イギリスがオランダとの競争に敗れると平戸の商館を閉鎖した。翌年にはスペイン船の来航が禁止され、さらに三九（寛永十六）年にはポルトガル船の来航も禁止された。いまやヨーロッパでは唯一オランダ商館だけが、平戸そして四一（寛永十八）年からは長崎に埋め立ててつくられた出島《でじま》において、幕府との独占交易を可能にした。

東南アジアに展開した朱印船貿易にも統制が加えられ、一六三三（寛永十）年には、朱印状のほかに老中奉書《ろうじゅうほうしょ》を受けた奉書船以外の海外渡航が禁止されたが、さらに三五（寛永十二）年には、日本人の海外渡航と帰国が全面禁止とされた。こうして幕末まで続く「鎖国《さこく》」のイメージをともなう外交体制ができあがった。

いずれも幕府による貿易独占とキリスト教禁止を目的にした政策であったが、一六三七(寛永十四)年の島原《しまばら》の乱によって、キリスト教徒に対する厳しい取締りの必要からも「鎖国」政策は推進され、長崎の出島だけが唯一のヨーロッパとの窓口とされた。

長崎には中国船が来航し街には中国民間人(唐人《とうじん》)が雑居するかたちで交流がもたれていた。これは一六三五年幕府が、それ以前のように九州など各地に中国船が来航し、唐人町を形成してきた状態を改め、中国船の来航と居住を長崎に限定した結果である(宮崎県 都 城《みやこのじょう》市唐人町のほか、現在も唐人町の名残りのある地域が九州各地に存在する)。

ところで、ヨーロッパとの視点からは長崎に限定されたようにみえるが、幕府の対外政策は、東アジア世界との関係でみると、このほかの民族や国家と、家康政権期から交渉をもっていたことがわかる。蝦夷島渡島《えぞがしまおしま》半島の和人地《わじんち》にあった松前慶広《まつまえよしひろ》に対し、一六〇四(慶長九)年一月、家康は蝦夷地におけるアイヌ民族との交易独占権を与えた。アイヌ社会は、河川流域を単位に集団を形成し、漁猟中心の生産活動と、交易用に獣皮や海産物を獲得していた。集団間での交易のほかに、千島《ちしま》や樺太《カラフト》のアイヌや、遠く中国大陸の山丹《さんたん》地方と呼ばれた黒竜江《こくりゅうこう》流域の諸民族とも交易をおこなった。このように自立した社会を形成していたアイヌにとって、交易対象である多くの民族のひとつに和人があった。交易独占権にともなう収益は、本州でいえば何万石という知行《ちぎょう》に相当するもので、これにみあった軍役(一万石格)と家臣団を松前氏は担い、アイヌ民族に対する押えの役をはたす関係にあった。

朝鮮とは、豊臣政権による二度の侵略で悪化した関係を、対馬《つしま》藩主宗義智《そうよしとし》の介在によって関係改善をはかり、一六〇七(慶長十二)年五月には朝鮮からの使節をむかえることができた。もっともこれは対馬藩が偽書によってあたかも日本から国書を朝鮮に呈し、これに回答するとともに捕虜の刷還《さっかん》(返還)をはかるというものであった。翌々年一六〇九(慶長十四)年には一三カ条の「己酉約条《きゆう》」を締結するにいたった。釜山《ふざん/プサン》には倭館《わかん》が再建され、ここを舞台に年間二〇隻の日朝交易船が対馬から派遣されることとなった。

日朝間の貿易利潤を、大名宗氏は家臣に分与することで主従関係を結び、幕府から宗氏に課された朝鮮押えの役(軍役)を奉公としてつとめた。対馬でも松前と同様に米穀生産にめぐまれず、貿易利潤が封建的主従関係の知行のかわりになった。

一六一七(元和三)年に将軍秀忠からの国書を、二四(寛永元)年には将軍家光の国書を対馬藩は改竄《かいざん》して送り、朝鮮側はこれに応えて回答兼刷還使の使節を派遣した。あわせて三回の使節は、一七〇七人の朝鮮人捕虜を日本より帰還させた。三回の国書改竄は対馬藩老臣柳川調興《やながわしげおき》によるものと責任をとらせ、以後の外交文書は、幕府が対馬府中(厳原《いずはら》)の禅宗寺院以酊庵《いていあん》に京都五山の僧を輪番で滞在させ、直接管掌することとした。

琉球《りゅうきゅう》王国は、十六世紀後半のヨーロッパ勢力(ポルトガル・スペイン)が東アジアへ進出したことによって中継貿易を衰退させていたが、日本の勢力がおよぶことなく独立性を保っていた。しかし一六〇九年、琉球からの漂着民を送還したのに謝意を示さなかったという理由で、薩摩藩は三〇〇〇人の兵を送って軍事的侵入をおこなった。その後、薩摩藩は琉球において検地《けんち》をおこなって石高制（八万九〇八六石）を導入し、そのうえで尚《しょう》氏を琉球王位に即《つ》かせた。

もっとも一六〇六（万暦三十四）年には明《みん》皇帝十四代神宗《しんそう》から尚寧《しょうねい》に対して冊封使《さくほうし》が派遣されており、以後も尚氏は冊封使の派遣を受けて明朝からも琉球王として認知されていた。こうした二重の関係に照応して、琉球館《りゅうきゅうかん》（出先機関）を薩摩鹿児島と中国福州に設けたうえ、中山《ちゅうざん》王は一六三四（寛永十一）年謝恩使《しゃおんし》を幕府に対して送り、以後も謝恩使・慶賀使《けいがし》の使節を派遣したように、中国王朝の都北京《ペキン》にも琉球使節を派遣しつづけたのであった。

江戸時代の対外関係は四つの窓口で異国・異民族と交渉をもったのだが、アイヌ＝松前藩、朝鮮＝対馬藩、琉球＝薩摩藩の関係は徳川家康政権期に関係が形成され、長崎におけるオランダ・唐人との関係は三代家光政権期に確立したとみることができる。

（1・3節　村井章介、1・2・4節　高埜利彦担当）

第七章　近世の国家と社会

1　幕藩体制の確立

支配・統制機構

国内に目を転じてみれば、徳川家光《とくがわいえみつ》政権期には格段に権力機構が確立した。まず将軍権力の根幹となる諸大名とのあいだの主従制については、大御所秀忠《ひでただ》の死後半年後に、一六三二(寛永九)年六月肥後《ひご》熊本五二万石の外様《とざま》大名加藤忠広《かとうただひろ》(清正《きよまさ》の息子)を取りつぶし、細川《ほそかわ》氏を転封《てんぽう》させた。それまで細川氏がおさめた小倉《こくら》に小笠原《おがさわら》氏を封じ、はじめて九州の地に譜代《ふだい》大名が入封した。一六三三(寛永十)年には軍役《ぐんやく》規定を定め、秀忠が一万石までを対象にした軍役を改め、一〇万石の大名にまで対象を広げ、この規定に基づいて、翌年将軍家光は三〇万人の大軍勢を率いて京都にのぼった。関ヶ原《せきがはら》の戦いの東軍約七万五〇〇〇人、大坂《おおさか》冬の陣の徳川方がおよそ二〇万人の軍勢と考えられており、三〇万人の上洛は当時最大級の未曽有の動員による、征夷大将軍《せいいたいしょうぐん》として軍事指揮権をふるう格好の大軍事演習となった。後述するように天皇・朝廷に対する威圧の意志も示された。

一六三五(寛永十二)年には林羅山《はやしらざん》に改定起草させた「武家諸法度《ぶけしょはっと》」一九条を発布させた。その第二条で、参勤交代《さんきんこうたい》を制度化し、諸大名は一年おきに江戸に参勤し、江戸での役儀をつとめることとした。またあらたに第一九条で、幕府法度を諸大名領内においても遵行することを命じ、法による全国統治の意志を示した。

そのうえで、将軍家光は幕府官僚機構を整備した。それまでの幕府は、いわゆる「出頭人《しゅっとうにん》政治」と呼ばれるように、将軍の近くに出頭して信任を受け、個人の才覚を発揮して政策担当する者(出頭人)が、将軍の意志をすみやかに実行してきた。たとえば寺社行政であれば金地院崇伝《こんちいんすうでん》がほとんど一人で担い、これに京都所司代板倉重宗《しょしだいいたくらしげむね》が参画するかたちで、その逆に崇伝は所司代の相談を受けて朝廷統制策にも参加した。代官頭《だいかんがしら》で佐渡《さど》など金銀山経営を担当した大久保長安《おおくぼながやす》や作事奉行《さくじぶぎょう》としてまた茶人として優れた小堀政一《こぼりまさかず》(遠州《えんしゅう》)などが国奉行を担当したように、優れた個人が多様な職務を担当することも特徴であった。

しかし「出頭人政治」には弊害もあった。最大の点は出頭人個人のあふれるばかりの情報を死後余人が継承することがむずかしいため、政権・組織としての継続性を保てない点である。家光政権はこれを改め、誰がその任に就こうとも権力機構として客観的に政策遂行できるように職制を整えた。金地院崇伝の死後二年たった一六三五年十一月、幕府の役職の職務分掌が定められ、老中《ろうじゅう》は五人で月番交代とする、寺社《じしゃ》奉行は譜代大名三人（のちに四人）が任命され月番交代とされ、いずれも誰であろうとも担当できるような官僚機構となった。もっとも、老中・若年寄《わかどしより》・奏者番《そうしゃばん》・寺社奉行・京都所司代・大坂城代《じょうだい》という将軍直属の職は譜代大名のなかから選任された。また老中配下の勘定《かんじょう》奉行・町奉行などは旗本《はたもと》から選任された。つまり一〇〇以上の外様大名や徳川一門は幕府役職には就任しない原則であった。

　幕末まで続く幕府機構が確立したほかに、天皇・朝廷統制機構も一連の事件を契機にして確立した。一六二九（寛永六）年七月、幕府はいわゆる紫衣《しえ》事件で、大徳寺沢庵《だいとくじたくあん》を出羽《でわ》上山《かみのやま》に、玉室《ぎょくしつ》を陸奥《むつ》の棚倉《たなぐら》に、妙心寺東源《みょうしんじとうげん》を陸奥津軽《つがる》に配流する処分をくだして結着をつけた。一六一三（慶長十八）年の「勅許《ちょっきょ》紫衣の法度《はっと》」や一五（元和元）年の「禁中並公家諸法度《きんちゅうならびにくげしょはっと》」に明示された、紫衣勅許や住持《じゅうじ》の任命が、事前に幕府の許可を得なければならないという、規定に背いた天皇・朝廷に対し、幕府は厳しい処分をくだすことで、幕府法度が勅許に優位することを明確に示した。

　紫衣事件の処分がくだされる二カ月余り以前の五月、後水尾《ごみずのお》天皇は、病気養生のために譲位を望み、ついては徳川和子《まさこ》（中宮《ちゅうぐう》、徳川秀忠の娘）とのあいだに生まれた女一宮《おんないちのみや》（興子内親王《おきこないしんのう》）にゆずり女帝としたいと、幕府に伺いを立てた。幕府（大御所秀忠と将軍家光）は時期尚早であると返答し、後水尾天皇の譲位をとどめた。

天皇略系図(江戸時代)

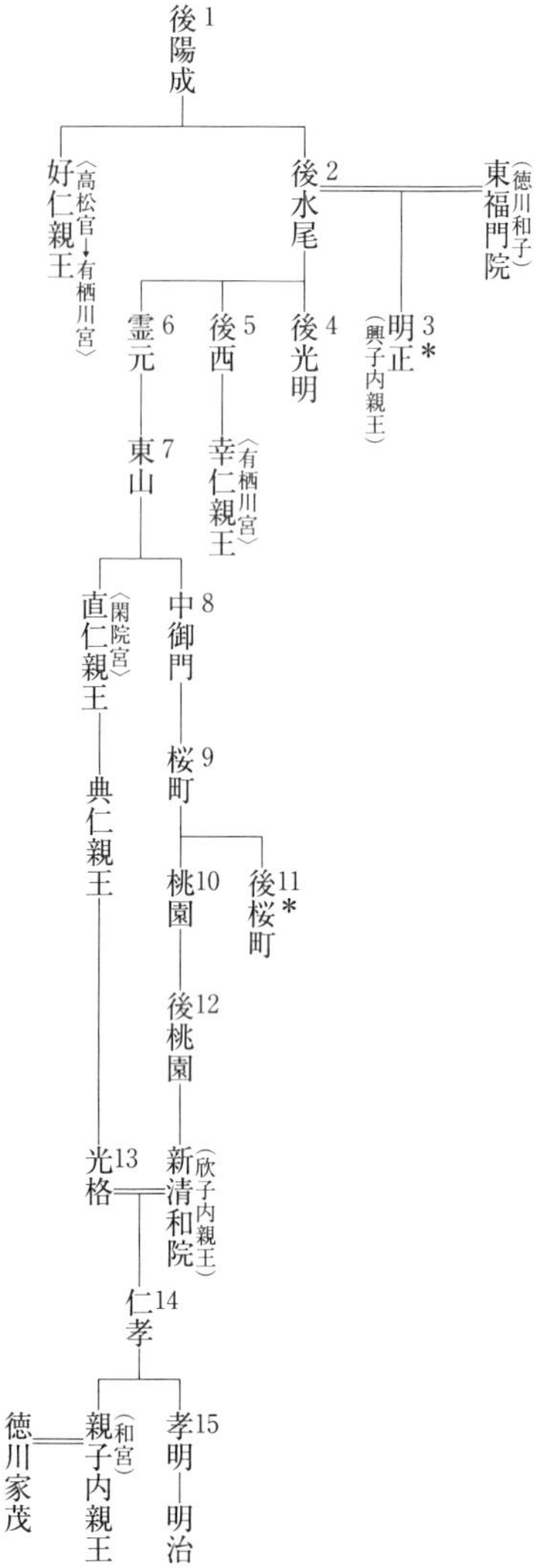

数字は江戸時代の天皇即位順、*は女帝、=は嫡妻。

しかるに一六二九年十一月八日後水尾天皇は、武家伝奏《ぶけてんそう》の一人中院通村《なかのいんみちむら》を除いて、摂家《せっけ》たちにも知らせず突然に譲位した。所司代や中宮付武家は、ただちに江戸に急使をつかわしその回答を待った。結局、十二月二十七日幕府の回答は届けられ、譲位は追認された。孝謙《こうけん》(称徳《しょうとく》)女帝以来八六〇年ぶりの明正《めいしょう》女帝の誕生となった。

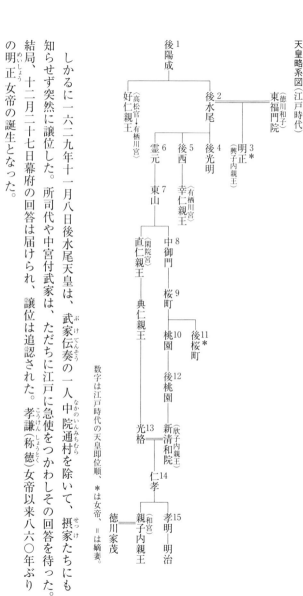

幕府は武家伝奏が機能しなかったところに、突然の譲位の原因を求め、一六三〇(寛永七)年九月中院を罷免させ、幕府の指示で日野資勝《ひのすけかつ》にかえさせた。さらに五摂家たちにも厳しいことばを伝え、「公家衆《くげ》の家々の御学問、御法度以下、権現様《ごんげん》(家康《いえやす》)が仰せ定められた趣に相違することのないよう」に命じ、もしできなければ五摂家の落ち度になるとした。改めて摂家・武家伝奏を朝廷統制の要として確認した。こののち幕末にいたるまで、この統制機構は機能しつづける。

一六三四(寛永十一)年三〇万人の軍勢による将軍家光の上洛は、このような状況を受けてのことであった。家光はまた、一六三五年から一年四カ月をかけて、約五七万両の費用と延べ四五〇万人の作業で日光東照社《にっこうとうしょうしゃ》を現存する豪華なものにつくりかえた。しかるのち一六四五(正保二)年、幕府は朝廷から宮号宣下《せんげ》の太政官符《だいじょうかんぷ》を出させ、東照社を東照宮《とうしょうぐう》に改めた。翌年、朝廷から奉幣使《ほうべいし》が発遣され、以後毎年日光奉幣使は幕末まで続けられた(日光例幣使《れいへいし》)。幕府は、応仁《おうにん》の乱以降中絶していた伊勢《いせ》例幣使も再興させ、天皇から天照大神《あまてらすおおみかみ》=皇祖神と同様に東照大権現にも幣帛《へいはく》をたてまつり崇敬させたのであった。

幕府は、天皇・朝廷を統制下において、朝廷がもっていた国家祭祀《さいし》・官位制度・改元・改暦などの伝統的な機能を、幕府による全国支配に独占的に用いる存在とした。

幕府制度の進展

一六五一〈慶安四〉年四月、三代将軍家光が死去すると、佐倉《さくら》城主堀田正盛《ほったまさもり》・岩槻《いわつき》城主阿部重次《あべしげつぐ》・側衆《そばしゅう》内田正信はその日に殉死、翌日以降も追腹《おいばら》を切る者が続いた。四代将軍となった家綱《いえつな》は弱冠十一歳であった。将軍が前面に立って政権を引っぱることは不可能であった。大老酒井忠勝《たいろうさかいただかつ》、老中松平信綱《まつだいらのぶつな》と阿部忠秋《ただあき》、叔父の保科正之《ほしなまさゆき》らが幼い将軍を支える政権を構成した。

家光死後三カ月たった七月に慶安《けいあん》事件が発覚。由井正雪《ゆいしょうせつ》・丸橋忠弥《まるばしちゅうや》らの牢人《ろうにん》が幕府転覆をはかったとされる事件で、未然に防がれた。事件の背景には牢人問題があった。幕府は、牢人たちに仕官を諦めて僧侶や商人・百姓になることを奨励する一方、牢人の居住を締め出すよう命令した。また、牢人を発生させない方策として大名改易《かいえき》の原因のひとつとなっていた末期養子《まつごようし》の禁止を緩和させることにした。一六五一年十二月、大名家の当主が五十歳未満の場合には末期〈死期〉に養子を入れて家の存続をはかることを許すと幕府は命じた。跡取りのない若年の当主の死がもたらす御家断絶による牢人発生は防がれることになった。実際、米沢《よねざわ》藩主上杉綱勝《うえすぎつなかつ》〈二十七歳〉の病死の末期〈一六六四〈寛文四〉年〉に、高家吉良上野介義央《こうけきらこうずけのすけよしなか》の子景倫《かげみち》が養子としてむかえられ、名門上杉家は存続した。

幼い将軍家綱を襲ったつぎの国内問題は首都江戸を焼失させた明暦《めいれき》の大火であった。一六五七〈明暦三〉年正月、江戸城本丸・二の丸をはじめ大名屋敷一六〇家、旗本屋敷七七〇家以上、寺社三五〇余りのほか、町人居住地が四〇〇町にのぼる江戸の六割が焼失し、死者は一〇万人余りを数えた。再建には江戸のほか大坂・駿府《すんぷ》の蔵からも大量の金銀を運び費用とし、天守を除く江戸城の御殿や市街地の整備にあてた。その際、江戸城内にあった御三家や甲府《こうふ》徳川家の屋敷を城外に移したほか、大名に中・下屋敷を拝領させた。市街地には広小路（幅一〇〇メートル近い）を幾筋かとおすほか、グリーンベルトの設置や、明地《あきち》を火除地《ひよけち》として延焼防止に役立てる配慮がほどこされた。首都再建のほか、数多《あまた》の遺骸をとむらうため本所《ほんじょ》の両国《りょうごく》に回向院《えこういん》を建立させ、被災者をとむらう為政者としてのつとめをはたした。

将軍家綱（二十三歳）の成長を示す機会が一六六三（寛文三）年四月におとずれた。諸大名・旗本を軍役規定に基づいて供奉させ、東照宮を参詣する日光社参を挙行した。大軍事演習としての性格をもつ日光社参は、軍役を課された武士たちのみならず、地域の百姓たちの多大な労働力を徴集する必要があった。後年（一七七六〈安永五〉年）の事例だが十代将軍家治《いえはる》の日光社参の場合、金二二三万両余りの費用と、あわせて四〇〇万人分の人夫と馬三〇万頭が、関東の村々から動員された。将軍家綱は主従制に基づく軍事指揮権をふるい、武家の棟梁《とうりょう》としての地位を示したうえで、以後の政策に乗り出すことになる。おりしも、家光政権を継承して幕政の中枢にあった松平信綱の死の翌年であった。家綱政権の自立である。

翌五月、将軍襲職後一二年目に代始めの「武家諸法度《ぶけしょはっと》」が発布された。前代同様の二一カ条に、殉死の禁止の一カ条が追加されて命じられた。

殉死は古より不義無益之事なりといましめ置といへども、仰せ出されこれ無き故、近年追腹《おいばら》之者余多《あまた》これ有り、向後《きょうこう》左様之存念これあるべき者には、常々其主人より殉死仕らざる様に堅くこれを申し含むべし、若し以来これあるにおいては、亡主不覚悟越度《おちど》たるべし、跡目之息も抑留せしめざる儀不届《ふとどき》に思し召さるべき者也

右の内容は、殉死は不義無益のことであると否定して禁じたあとに、もしも主人のあとを追って切腹する追腹を切るような者があれば、なき主人の落度であり、跡目の息子もこれをとめなかったことは不届きであると命じた。

前述のように、一二年前、父である三代将軍家光の死後、殉死がなされた。このほかにも熊本藩主細川忠利《ただとし》の死去（一六四一〈寛永十八〉年）や仙台《せんだい》藩主伊達政宗《だてまさむね》の死去（三六〈寛永十三〉年）に際しても殉死はなされ、これを美徳とする武家の価値観が存在していた。将軍家綱は今この価値観を否定して、殉死は不義無益のこととしたのである。武家に価値観の一八〇度転回を指示したといえる。要するに、主人の死後は跡継ぎの新しい主人に奉公することを義務づけた。戦国時代に引き続き主従関係は、主人個人とのパーソナル（個人的）な契約であったのを改め、主人の家（組織）に奉公するように改めたのである。これで、主人個人の能力にかかわらず、主家が永続的に主家になりうることになる。将軍家にとっても、大名家にとっても政権の安定にとって重要な価値観の転換となった。

さらに翌（一六六四）年、将軍家綱は諸大名に対して、御三家と二人の弟（甲府・館林《たてばやし》徳川氏）などを

除く二一九家に領知判物《りょうちはんもつ》や朱印状《しゅいんじょう》および目録をいっせいに与えた(「寛文印知《かんぶんいんち》」と呼ぶ)。三代将軍までは、大名たちと個々におりおりの機会に主従関係を結び、一〇万石以上の大名には将軍の書判《かきはん》(花押《かおう》)のある判物をあてがった。今回、いっせいに発給されたことで、将軍家綱が全国の土地所有者であり、統一的な知行《ちぎょう》体系の頂点に立っていることを示す恰好の機会となった。

続いて一六六五(寛文五)年には、五摂家(近衛《このえ》・九条《くじょう》・一条《いちじょう》・二条《にじょう》・鷹司《たかつかさ》)をはじめとする公家に九七通、仁和寺《にんなじ》や青蓮院《しょうれんいん》など門跡《もんぜき》たちに二七通、比丘尼御所《びくにごしょ》(尼門跡)に二七通、院家《いんげ》に一二通のほか、有力寺院に一〇七六通、神社に三六五通、その他をあわせて合計一八三〇通の判物と朱印状が両年に発給された。

公家(堂上《とうしょう》・地下《じげ》)たちは九条家の二〇四三石余りを筆頭に摂家は一〇〇〇石以上であったが、過半数をこえる六〇家は三〇〇石未満でけっして優遇されなかった。しかも、堂上公家には三〇石十人扶持の新家も多くあり、朱印地を与えられるのはまだよしとされた。これら公家たちは、武家たちが知行を与えられたかわりに軍役を将軍にはたしたのとは異なり、直接将軍に奉公するかたちはとらず、禁裏小番《きんりこばん》の役儀と家の学問(家業)に励むことで天皇・朝廷に奉公するつとめを負っていた。幕府にとっては、全国支配に不可欠な朝廷を機能させることに意味があり、公家たちに領知を与えて間接的な奉公をさせたと理解することができる。

寺院・神社についても同様であった。寺院僧侶に幕府が期待したのは、江戸時代に生きた人びとが、幕府の禁止するキリスト教や日蓮宗不受不施派《にちれんしゅうふじゅふせは》を信仰しないよう、統制することであった。寺院は檀家《だんか》の宗旨を証明する(寺請《てらうけ》制度)かわりに、檀家は寺院を経済的にも支える、寺檀関係が広く形成された。これら末端の寺院僧侶たちを、幕府は慶長・元和期以来、京都や鎌倉《かまくら》などに存在した各宗派の本山《ほんざん》や本寺《ほんじ》に「本山法度」を個々に与え、各宗派の末寺を編成する権限を与えてきた。こうして本末関係が結ばれ、仏教教団の組織化が進んだうえで、一六六五年幕府は「諸宗寺院法度」を発布して、宗派をこえて全僧侶共通に統一的な統制をおこなったのであった。

同日にはまた「諸社禰宜神主法度《しょしゃねぎかんぬしはっと》」も発布され、神杜の神職に統一的な規定が命じられた。第一条では、神職などはもっぱら神祇道を学び神体を崇敬し神事祭礼をつとめることを命じた。当然のことのように思えるが、神仏習合《しんぶつしゅうごう》した神社の多く存在した江戸時代にあって唯一神道をおこなわせる狙いがあった。第二条では、社家が位階を受ける場合、公家が担う神社伝奏がすでにあるものはこれまでどおりとすると定め、ない場合には公家の吉田《よしだ》家を伝奏とするようにとの含意がこめられた。第三条は、位階のない(無位)社人は白張《はくちょう》を着すように、白張以外の装束を着けるのならば吉田家の許状を受けるように命じた。神祇管領長上《じんぎかんれいちょうじょう》を称した吉田家の権限を家綱政権は認めたものである。

しかし第二条には、それ以前神社伝奏をもたなかった出雲大社《いずもたいしゃ》・阿蘇宮《あそぐう》・鹿島社《かしましゃ》など伝統的な大社から反発がなされた。そのため幕府は一六七四(延宝二)年、伝奏のなかった神社神職の執奏《しっそう》は吉田家に限らず他の公家でも可能とした。

明清交替と東アジアの安定

中国大陸北方の女真《じょしん》族の首長ヌルハチは一六一六年、後金《こうきん》国を建てた。以後、後金国は三六年に国号を清《しん》と改め、さらに明《みん》王朝の軍勢と戦い南進して、四四年には北京《ペキン》を攻略して都とした。北京を追われた明は、南京《ナンキン》・福州《ふくしゅう》などに亡命政権を樹立してなお清朝に抵抗したため、中国大陸にとどまらず動乱は東アジア地域に影響をおよぼすことになった。

幕府にも情報はいち早く伝えられた。とくに福州の唐《とう》王に加勢した鄭成功《ていせいこう》(母親は平戸の田川七左衛門の娘、父親は海商鄭芝龍《ていしりゅう》)は、抗清のために日本に援軍と武器の支援を求めた(「日本乞師《きっし》」)ため、幕府はその対応を迫られた。一六四五(正保二)年と四六(正保三)年の二度の日本乞師(三〇〇〇人の精兵援軍など)に対して、一部の出兵意欲派をおさえて幕府は二度とも援軍を拒んだ。

一六五五(明暦元)年、清朝が琉球《りゅうきゅう》に冊封使《さくほうし》を遣わすとの情報を得た薩摩《さつま》藩は、幕府に伺いを立てて、戦端を開くことも想定したうえで、清船を実力で追いはらうかどうか、指示を待った。家綱政権(老中松平信綱ら)は、清朝から冊封使が遣わされ琉球国に女真族の風俗である辮髪《べんぱつ》の強制がなされようとも、そのとおりにするよう島津《しまづ》氏に命じ、清と戦端を開くようなことのないよう指示した。家光政権期でさえ回避した対外戦争を、十五歳の将軍家綱に軍事指揮は困難とみた幕閣たちは、清による冊封体制と共存した東アジア世界の平和と安定を望んだ。それから七年後の一六六二年、桂《けい》王(南明《なんみん》政権)が滅び、台湾《たいわん》にあった鄭成功が没し、清朝による統治は安定した。翌六三年、康熙帝《こうきてい》は琉球に冊封使を送り、尚質《しょうしつ》を「琉球国中山王《ちゅうざんおう》」に冊封した。琉球は、清の冊封を受けつつも、島津氏の支配を受ける二重の外交体制を保つことになる。

北方でもアイヌの戦いが起こったがのちに鎮圧され、安定がもたらされた。蝦夷島《えぞがしま》(現在の北海道)の渡島《おしま》半島の南部、およそ箱館《はこだて》から熊石《くまいし》を結ぶ線の南側だけが和人《わじん》居住地で松前《まつまえ》藩がおさめていた。蝦夷島の大部分はアイヌ民族が居住し、主に河川流域に集落を形成して漁労や狩猟をおこなって生活をしていた。アイヌ民族は千島《ちしま》列島や樺太《カラフト》にも居住していたが、その他の北方系少数民族もまた千島・樺太のほか蝦夷島にも居住がみられた。大名松前氏はアイヌとの交易権を独占的に将軍より認められており、家臣の知行は一定の地域のアイヌとの交易権を分与されたもので、その地域は商場《あきないば》(たんに場所)と呼ばれた。商場知行権をもった家臣は、アイヌとの交易で得た産物を松前・江差《えさし》・箱館の三港に運び込むと、待ち構えている和人商人に売りさばいて収入源とした。畿内や北陸の和人商人は入港税を松前藩におさめ、藩はこれを財源とした。

一六六九(寛文九)年石狩《いしかり》地方を除く蝦夷地のアイヌが、シブチャリ(静内町)の首長シャクシャインの呼びかけに応じて、和人との戦いにいっせいに蜂起した。これ以前、和人による不正交易がなされ、不満をいだいていたためであり、二七三人の和人(一九八人は本州からの出稼ぎ人とみられる)が殺され、商船一七隻も襲われた。

松前藩からの知らせを受けた幕府は、藩主松前矩広《のりひろ》(十一歳)の大叔父にあたる旗本(小姓組《こしょうぐみ》)松前泰《やす》

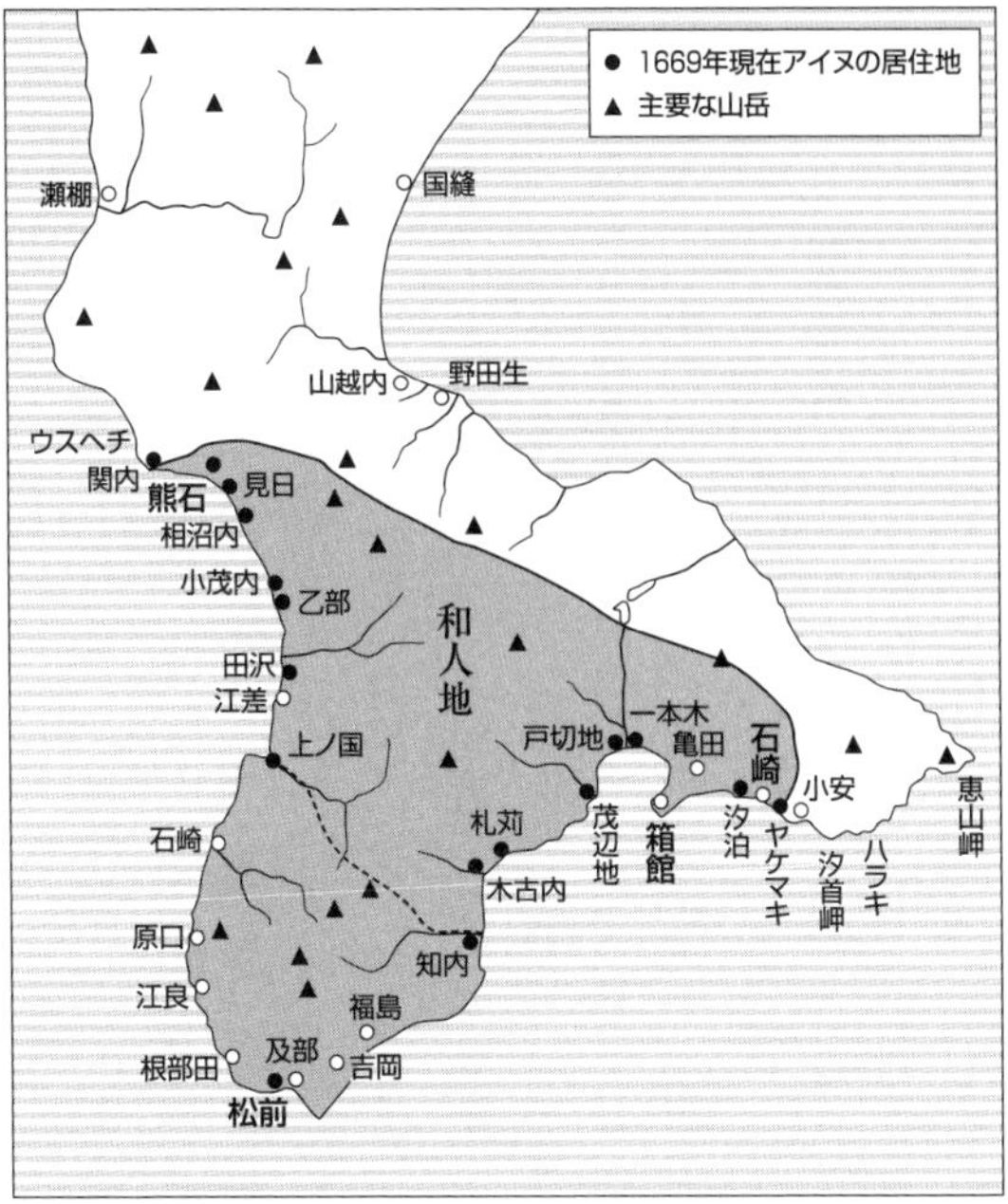

和人地の範囲(1669年)　和人地には，和人だけでなく，アイヌの人びとも居住して交流していた。

広《ひろ》を江戸から派遣して軍事指揮にあたらせ、津軽《つがる》藩に四〇〇～五〇〇人を鎮圧軍として松前に派遣させた。弓矢を用いるアイヌに対し、鉄砲を使っての総攻撃によって一六七一（寛文十一）年には最終的に鎮圧した。幕府は、秋田《あきた》・南部《なんぶ》藩にも出動の待機を命じており、緊張感の強かったことがうかがえる。アイヌは大陸の女真族などと交易をおこなっており、中国大陸の戦乱と結びつけて清朝がシャクシャインの蜂起に連携するのでは、との危惧をいだいたものと思われる。

明清交替の情報は日本にすみやかに伝えられていた。長崎に商品を運びこむ中国人商人の情報が、長崎奉行から江戸幕府へ伝えられ、北京に朝貢の使節を送る朝鮮や琉球から、対馬《つしま》藩・薩摩藩をとおして情報は江戸へ伝えられた。これらの情報を受けた幕府の儒者林鵞峰《はやしがほう》は、史料集を編纂したが、その書名を『華夷変態《かいへんたい》』とした。夷狄《いてき》である民族（女真族）が武力によって中華である漢民族の明朝を滅亡させて、取ってかわったとの認識からの書名『華夷変態』であった。この清朝＝女真族＝夷狄との認識は、中国を中華とみなさない意識であり、かわって日本を中華とみなす意識＝「日本型の華夷意識」を芽生えさせることになる。

東アジアにおける明清交替の影響は、日本に中華意識すなわち本朝意識を、主に幕府や大名たちと、その儒者たちにもたらした。そこから、明の亡命学者や宗教者に対する優遇や修史事業を位置づけることができる。具体的には、明の儒者朱舜水《しゅしゅんすい》や黄檗宗《おうばくしゅう》を開いた隠元隆琦《いんげんりゅうき》、あるいは金沢八景《かなざわはっけい》を中国の瀟湘《しょうしょう》八景に見立てた禅僧東皐心越《とうこうしんえつ》らであった。

また、幕府は正史編纂事業として『本朝通鑑《ほんちょうつがん》』の編集を一六六二(寛文二)年に林家《りんけ》に命じ、林家邸内の国史館《こくしかん》において編纂が進められ、一六七〇(寛文十)年に完成した。他方、水戸《みと》藩徳川光圀《みつくに》も『大日本史』編纂を一六五七(明暦三)年に命じ、藩邸に史局を開き、彰考館《しょうこうかん》と名づけて修史事業は進められた。

大開発と村落社会

戦争が起こらず平和が続くことで、経済は発展し、文化は豊かな稔りをつける。戦争は戦闘員である武士のみならず、百姓・水手《かこ》・職人などを動員した。百姓や水手は主に物資の輸送に、職人は普請《ふしん》に駆り立てられた。農業生産の場から離れることは農業経営自体を損なうことにつながる。これに「寛永《かんえい》の飢饉《ききん》」と呼ばれる一六四一〜四二(寛永十八〜二十)年の大飢饉もあわさって、多くの百姓は「すり切れ」(疲弊)状態となった。

平和の時代の到来を前提に、寛永飢饉を画期にして、農業の直接の生産者である小百姓や名子《なご》・被《ひ》官《かん》などと呼ばれた隷属農民の経営維持をはかるために、幕府は軍役動員や手伝普請を減少させていく。それにかわって勧農を命じ、小農民維持のための用水や川除普請《かわよけふしん》(洪水を防ぐ堤防工事)をおこなわせ、小農民を基盤とした農村の確立の方向性を示した。

大名たちは戦争の時代が終わると、加増による領地拡大は不可能となり、もはや領地の内側にある原野や荒地などを耕作地に変えることで、領地の実質的拡大をはかる必要に迫られた。こうして各地において大規模開発や小規模開発が、いずれも人びとの努力によっておこなわれ、「大開発の時代」と呼ばれるほどに、広範囲にわたる開発によって、近世前半期に耕地面積は倍増したのであった。

大規模な開発は幕藩領主が主導した。一六五四(承応三)年に、三三年間の工事のすえに利《と》根《ね》川《がわ》の流路を江戸湾から太平洋に変えるのに成功した。関東郡代《ぐんだい》伊《い》奈《な》氏の指揮のもと、工事の完成により洪水を防ぎ、従来の氾濫原や沖積地の耕地化が可能になった。同年には玉川上水《たまがわじょうすい》が開削され、江戸市中の上水道として活用されることになった。老中松平信綱は玉川上水の途中から用水路を枝分れさせ武蔵《むさし》野《の》台地に用水を送り、さらに野火止《のびどめ》用水によって自領(川越藩)の耕地拡大をもたらした。

大名主導の事例も数多くある。庄内《しょうない》藩による最上川《もがみがわ》・赤川《あかがわ》流域の沖積平野の大規模耕地化や仙台藩による北上川《きたかみがわ》流路改修工事による耕地化が知られる。後者は地方知行《じかたちぎょう》をもつ家臣が主導した。西国の有明海《ありあけかい》や児島湾《こじまわん》などの干潟干拓による新田開発は耕地拡大になったが、現在と同様に漁業関係者の稼ぎ場を乏しくさせる結果にもなっていた。

町人請負新田と呼ばれる開発の事例としては、下総《しもうさ》国海上《かいじょう》郡の椿海《つばきうみ》(諏訪湖《すわこ》の三倍の面積)という湖の干拓工事がある。江戸町人白井次郎右衛門らの申請により、幕府が許可したものであった。寛文年間(一六六一〜七二年)から始められた工事は一六七三(延宝元)年に完了した。幕府は出資金である一万二五〇〇両を、新田一町歩=金五両の値段で二五〇〇町歩を販売して回収した。周辺の村落から入植

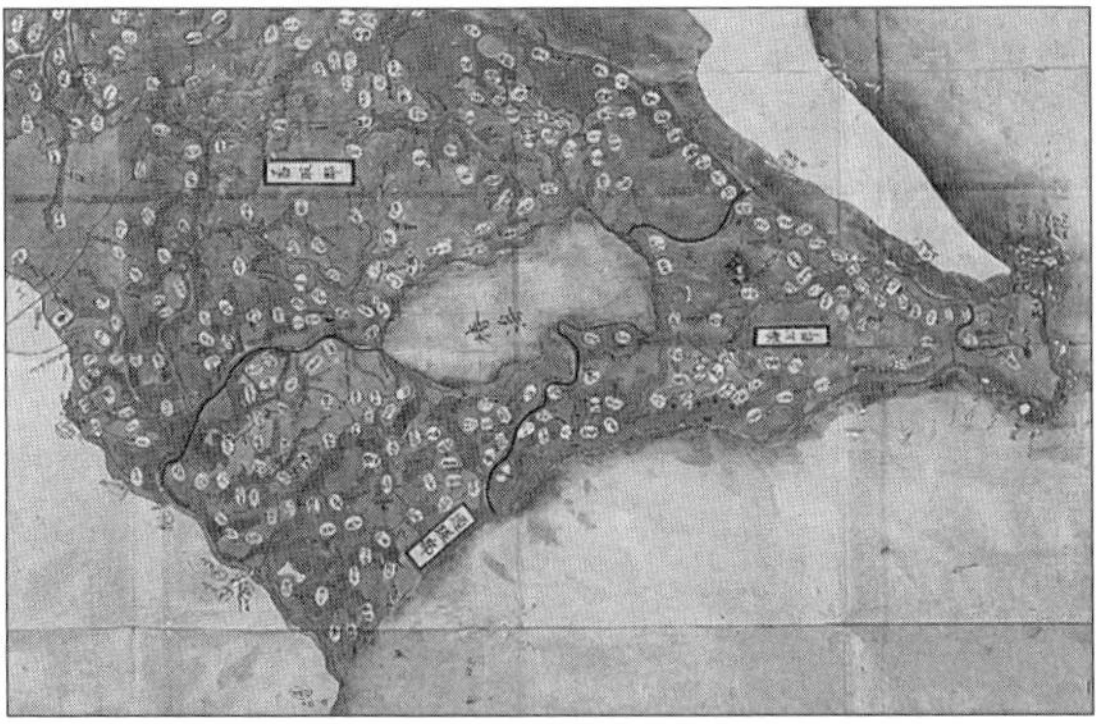

国絵図に描かれた椿海（『下総国絵図』）　諏訪湖の３倍程の面積をもち，漁業などがおこなわれていた。下方の九十九里浜に水を落として耕地にした。

した人びとによって一八の新しい村が誕生した。二二年後の一六九五（元禄八）年の検地《けんち》で村高は二万四四四一石と丈量された。

町人請負新田にはこのほか、箱根芦ノ湖《はこねあしのこ》から駿河《するが》国駿《すん》東《とう》郡深良《ふから》村をとおる箱根用水の開削による開発がよく知られている。一六六三（寛文三）年に江戸浅草《あさくさ》の米商人友《とも》野与右衛門《のよえもん》が、幕府と小田原《おだわら》藩に申請し出資したもので、一六七〇（寛文十）年に完成した用水により八〇〇〇石の新田が生まれた。

五郎兵衛《ごろべえ》新田（信州北佐久郡《しんしゅうきたさく》）は旧土豪による新田開発の事例である。武田《たけだ》氏の被官であった市川《いちかわ》五郎兵衛が出資して、全長二〇キロの用水路開削をおこない、矢島《やしま》原《はら》と呼ばれた芝地を水田にした。一六三三（寛永十）年に村高四三九石余であったが、周辺村落からの入植者によって開墾は進められ、九三（元禄六）年には村高六八九石となった。

ごく一部の開発事例を紹介したが、このほかに猫のひたい程の小規模な、家単位の開墾や、村落単位での河川敷や草地・山地などの開発が無数に試みられたものもあわせて、耕地拡大はめざましく、田畑面積は、十七世紀初頭（江戸時代の初めころ）の約一六四万町歩から十八世紀初めの二九七万町歩へ増加した。耕地面積の拡大による生産量の増加は、人口の増加を大幅にもたらした。

しかも耕地面積の拡大は、家族（農業経営）のあり方を変化させた。それまで大家族経営が多くみられた村落も、一夫婦単位の小家族の経営が主流になった。開発に参加した人びとは、もとの居住村落で安定した農業経営をおこなっていたのではなく、当主の弟夫婦や叔父夫婦など傍系家族と呼ばれた人びとや、名子《なご》・被官《ひかん》などと呼ばれ当主に従属していた者たちが少なくなかった。一夫婦単位の小家族として自立しようとする力が、この時期の爆発的な開発を進めていったと評価することもできよう。こうして新田村落には小家族が主要構成員となるとともに、旧村落の大家族をも分解させ、小家族経営が中心になっていった。これにともなって村政を担う村役人たちも、初期の草分け百姓や旧土豪《どごう》の系譜を引くような大家族経営者たちから、多数を占める小家族の代表者へと変化していった。

幕藩領主たちは、このような人びとの努力によって形成された、村落の生産力や家族の実勢を改めて掌握する必要から、幕府では一六六五（寛文五）年ころ関東の幕領村々に対し「寛文検地」をおこない、畿内と近国の幕領では、一六七七（延宝五）年に「延宝検地《えんぽう》」を、さらに全国の幕領検地を進めた。

全国市場と都市

小家族農民の集まった村落を単位として、村々は領主から課された年貢米納入《ねんぐまい》をうけおった（村請《むらうけ》制）。年貢米は個々の田畑を所持する百姓が生産量（上田一反につき一石五斗の割合）に対して五公五民の年貢率であれば五〇％の年貢米（七斗五升）を村役人のもとに集め、村は、これを幕領であれば幕府米蔵（江戸浅草《あさくさ》など）に送り、藩領であれば城下町の藩庫におさめるのが基本の姿であった。かりに全国で約三〇〇〇万町歩の耕地面積とすればおおざっぱに一五〇〇万石の年貢米が幕府や藩におさめられた。武士の人口比率を約二〇％とみて六〇〇〇万人、一人一石の米を年間に消費するとすれば、九〇〇万石の米が残る計算になる。幕府であれば旗本・御家人に俸禄米《ほうろくまい》を与え、大名は家臣に禄米を与えた残りを売り払い換金して幕府財政や藩財政にあてる。およそ九〇〇万石相当が城下町を介して藩領内や三都などに流通して、武士・農民以外の人びとに消費されることになる。

大量の米やその他の商品の輸送は、寛文年間に東廻り・西廻り航路の開発がおこなわれたことでスピード化がはかられた。それまで東北・北陸・中国地方の日本海側諸地域は、敦賀《つるが》や小浜《おばま》に輸送し、荷を馬の背に乗せて琵琶湖《びわこ》北岸の塩津《しおつ》や今津《いまづ》などに運び、そこから船で湖上を渡って大津《おおつ》にいたり、ふたたび陸路で京都や伏見《ふしみ》に運んでいた。荷の積換えが二回は必要で手間と費用が多くかかり、しかも大量輸送はできなかった。それに比べて西廻り航路（下関《しものせき》経由で瀬戸内海から大坂に入津）は、積換えなしに大量の荷物を安価に手早く輸送することを可能にした。

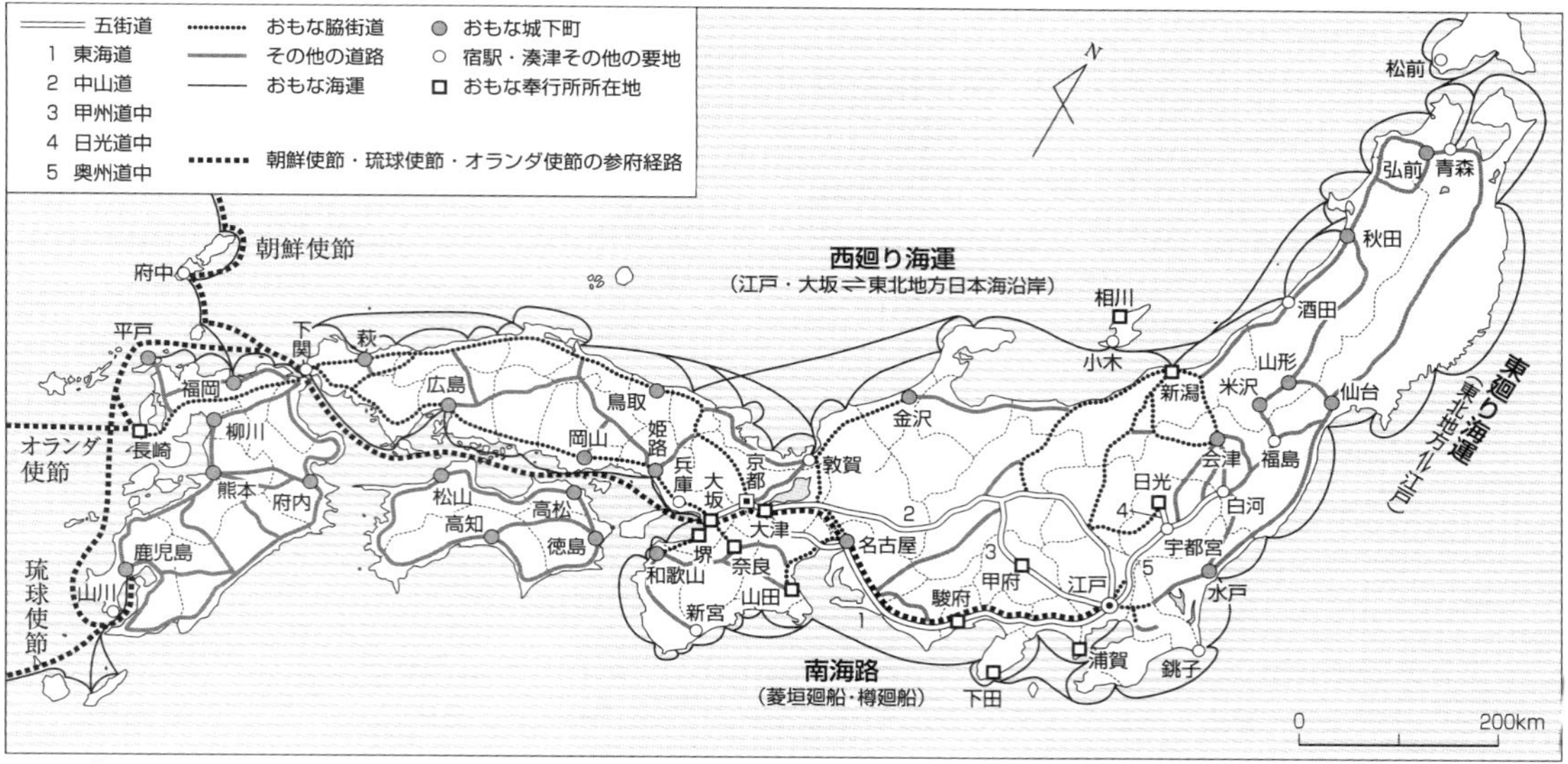

五街道
1 東海道
2 中山道
3 甲州道中
4 日光道中
5 奥州道中
おもな脇街道
その他の道路
おもな海運
朝鮮使節・琉球使節・オランダ使節の参府経路
おもな城下町
宿駅・湊津その他の要地
おもな奉行所所在地
N
朝鮮使節
府中
西廻り海運
（江戸・大坂⇄東北地方日本海沿岸）
相川
小木
松前
弘前
青森
秋田
酒田
山形
米沢
仙台
東廻り海運
（東北地方⇄江戸）
新潟
会津
福島
日光
白河
宇都宮
水戸
江戸
浦賀
銚子
下田
甲府
駿府
名古屋
金沢
敦賀
京都
大津
大坂
兵庫
堺
奈良
山田
和歌山
新宮
南海路
（菱垣廻船・樽廻船）
姫路
鳥取
岡山
広島
萩
下関
松山
高松
高知
徳島
平戸
福岡
長崎
柳川
熊本
府内
鹿児島
山川
オランダ使節
琉球使節
0
200km

江戸時代の交通

大坂はおおいに発展したが、逆に敦賀・小浜などから京都へのルートは衰退した。かくして大坂は全国の領主米をはじめ諸商品の一大集散地（天下の台所）となった。藩は蔵屋敷を構えて商品（蔵物《くらもの》）管理をおこなった。堂島《どうじま》米市場やその他の問屋商人によって、蔵物や納屋物《なやもの》と呼ばれた民間の商品も取引されるようになった。数多の物資は、大坂三郷《さんごう》や周辺で一次加工（綿花から繰綿《くりわた》など）されて付加価値がつけられたものを含めて、江戸その他の地域に輸送された。しかし、商品量自体は乏しく、特産品はまだ稀少性をもっていた。

京都は、そのため物資の集荷量は減退したが、高級絹織物や蒔絵《まきえ》・漆器・細工物・武具など、他地域で簡単に模倣することのできない、伝統的な洗練された技術による各種製品を生み出していた。大名などの領主層は、年貢米（領主米）や蔵物を売りさばき、その金で京都の高級品を購入したのであった。将軍から命じられる軍役に武具・馬具はなくてはならず、江戸城出仕などにもふさわしい装束が求められた。この他、大名たちは、参勤交代の費用や江戸屋敷での生活費も、主に年貢米の販売に依存していたのであった。

江戸は首都として政治的・軍事的性格が強く、これを担う将軍と旗本・御家人や諸大名と家臣団の、数十万にのぼる武士とその家族が居住した。彼らの生活を支える商人や職人、その他の労働人口が居住していた。いずれも物資を消費する人びとで、米は東廻り航路の開発で上方に依存することは少なかったが、その他の商品や手工業製品は上方からの下り物に依存した。

以上のごとく、年貢米を領主の手元に入れ、この領主米を城下町と上方市場で換金して、幕府や藩の財政や消費にあてる循環のサイクルを、領主的商品経済あるいは幕藩制的な商品流通と呼ぶ。諸大名は、鎖国《さこく》によって直接外国と貿易することはなく、しかも藩領域内で自己完結することもできず、上方市場に依存せざるをえなかった。この上方の大坂・京・堺《さかい》・大津や長崎を、幕府が直轄地として支配していたことは、大名統制にとって重要な意味をもっていた。

幕府は、幕藩制的な全国流通の混乱を防ぐために、一六六九(寛文九)年二月、全国統一の枡には江戸枡(江戸町年寄樽屋藤左衛門《たるやとうざえもん》の改めた枡)ではなく、京枡《きょうます》(所司代板倉氏の定めた枡)を使用することを命じ、石高《こくだか》制の基準を統一した。また、物品をはかる基準となる秤の統制もおこない、一六七〇(寛文十)年には秤の使用には、東の三三カ国は江戸の秤座守随《しゅずい》家の改印を受けたもの、西の三三カ国は京都の秤座神《じん》家の改印したものに限定することを、再度厳しく命じて徹底させた。

2 平和の到来──「元禄時代」

価値観の転換

五代将軍徳川綱吉《とくがわつなよし》が、嗣子のなかった兄である四代家綱《いえつな》の跡を、館林《たてばやし》藩主から継いだのは一六八

○(延宝八)年であった。大老《たいろう》堀田《ほった》正俊《まさとし》が補佐して初期の政治がおこなわれたが、堀田が暗殺された(一六八四〈貞享元〉年)のち、将軍綱吉は側用人《そばようにん》牧野《まきの》成貞《なりさだ》やのちには柳沢吉保《やなぎさわよしやす》らを重用して将軍専制政治の色彩を強めていった。

綱吉の政治課題は一六八三(天和三)年の「武家諸法度《ぶけしょはっと》」改定によく示されている。前代までの第一条は「文武弓馬の道、専《もっぱ》ら相嗜《たしな》むべき事」であったが、これを「文武忠孝を励《はげま》し礼義を正すべき事」と改めた。すなわち武士にもっとも要求されるのは、弓馬の道＝武道ではなく、主君(殉死の禁止後は主家)に真心をつくす忠義や父祖に仕える孝、それに礼儀による秩序であった。

この改定は国内外の平和の到来を前提にしていた。国内の戦争は島原《しまばら》の乱平定(一六三八〈寛永十五〉年)後、慶安《けいあん》事件を未然に防ぎ、それからでも三〇年間がすぎていた。一六六九(寛文九)年にはシャクシャインの戦いに際して、アイヌ民族を武力的に圧して北方に秩序が形成された。東アジアの安定と秩序は、一六六二年桂《けい》王(南明《なんみん》政権)が滅び、鄭成功《ていせいこう》が没したことで、清《しん》朝によってひとまず成立した。その後、漢《かん》民族の武将呉三桂《ごさんけい》らの三藩《さんぱん》の乱(一六七三〜八一年)が平伏されると、その情報は幕府にもつぶさに伝えられ、東アジアの安定は確信された。

世の中は上も下も平和を疑うことはなくなった。将軍綱吉はもはや戦争を前提に、封建的知行《ちぎょう》体系の項点の立場から諸大名に軍役を命じ、軍事指揮権を発動して権力編成することができない状況に立たされた。実際の戦争がなくとも、将軍上洛や日光社参《にっこうしゃさん》という大軍事演習をおこなうことはできた

かぶき者(『歌舞伎図巻』)　ビロードの襟をつけ，長煙管をもち，異形・異装で常とは異なる行動をとった。

が、綱吉はこれらの軍役を発動することもなくなった。軍事指揮権をふるい武威に頼るのではなく、忠孝礼儀を前面に押し出し、上下の身分や階層秩序の維持をめざしたのであった。

　武士とは死をも恐れず、戦場にあって弓・刀によって敵を殺傷し、主君につくす者であった。一番槍や敵将の首の数が戦後の論功行賞で物をいい、加増や取立てによる上昇へとつながった。しかし平和の到来は、武功の機会を失わせた。しかるになお武に頼ろうとし、戦国時代以来の価値観をもちつづけ、時代にとり残された者たちがいた。かぶき者である。旗本《はたもと》・御家人《ごけにん》や牢人《ろうにん》たちのなかに、秩序に抗して乱暴を働き、満たされぬ思いを社会にぶつけて解消しようとした者がいた。

　綱吉政権は、旗本・御家人など幕臣の処罰を二〇年余りに、あわせて三〇〇件繰り返したが、その過半はかぶき者とみなされる者たちの素行不良や争いごとであった。このような直接的な処罰に加えて、綱吉政権は生類憐《しょうるいあわれ》み令と服忌令《ぶっきれい》との二つの政策を推進することで社会の価値観の転換をはかった。

生類憐み令は、一六八五(貞享二)年ころから二十数年間にわたって、犬をはじめ馬や獣・鳥類などの動物のみならず、捨子・捨病人や行倒れ人・道中旅行者の病人保護など、人間にも対象はおよぼされ、生類全体の保護を命じたものであった。これは生類の殺生をせず放生《ほうじょう》する仏教思想によるものだが、社会におよぼした影響は大きかった。野犬が捨子を襲うような殺伐とした光景や、かぶき者が飼い犬を切り殺すような状況をなくさせた。

服忌令は、一六八四(貞享元)年にはじめて発布され、生類憐み令と表裏一体をなす。近親者に死者があり、死にともなう穢《けが》れが発生したときに、喪《も》に服す服喪期間と、穢れを忌む忌引《きびき》の日数を定めたもので、その後、何度も追加補充がなされた。たとえば父母の死に際して、忌(穢れが晴れるまでの自宅謹慎日数)は五〇日、服(晴儀・嘉儀を慎む服喪期間)は一三カ月と規定され、死者との親疎によって期間は細かく規定された。また、血の穢れも排し規定がなされた。服忌令は古代以来、朝廷や神社において励行されたが、いまや武家社会に事細かに制度化され、社会に浸透して喪中葉書のように今日までその影響は続いている。

戦国期以来、あるいはそれ以前から、武器を用いて暴力によって相手を討ち取り、上昇をはかろうとする武の論理は、綱吉政権期になって、はじめて制度化された生類憐み令と服忌令とによって否定され、斥けられる論理となった。

朝幕協調と儀礼社会

平和の時代に、武威を否定するなかで、身分序列の最上位に位置する将軍の権威を高めるために、幕府は天皇・朝廷に対する政策も変更した。朝廷統制機構を働かせた枠組みのもとで、たんに封じ込めるのではなく、天皇・朝廷の儀礼を容認する姿勢を示した。後水尾上皇《ごみずのおじょうこう》と東福門院《とうふくもんいん》(徳川和子《まさこ》)の死後、朝廷の中心にあった霊元《れいげん》天皇は「朝廷再興」をスローガンにして、幕府の威光を軽んずる朝廷運営と朝儀の再興に強い意欲をもっていた。

「朝廷再興」の最大の願望は、天皇即位に不可欠な儀式とされた大嘗会《だいじょうえ》の再興であった。一四六六(文正元)年に後土御門《ごつちみかど》天皇が挙行して以来、後柏原《ごかしわばら》天皇から霊元天皇まで九代の天皇は大嘗会を二二一年間にわたっておこなっていない。神事である大嘗祭を中心に前後七カ月におよぶ儀式には多くの費用がかかる。応仁《おうにん》の乱後や戦国期の天皇には挙行が無理としても、後水尾・明正《めいしょう》・後光明《ごこうみょう》・後西《ごさい》・霊元天皇では、費用や官人たちも整えることは可能であったはずである。挙行しなかったのは、幕府が、新規に盛大な儀式を再興させる必要はないと、考えていたからである。

一六八六(貞享三)年、朝廷は幕府に、霊元天皇から皇太子に譲位することを申し入れ、即位した東山《ひがしやま》天皇の大嘗会の再興を願い出た。霊元院はねばり強く再三にわたる交渉によって翌年実現させた。幕府は、このための費用をとくに出さないこと、大嘗祭当日以前の荘重な儀式である賀茂川《かもがわ》への禊《みそぎ》行幸《ぎょうこう》は、行幸禁止の原則からおこなわせないことを条件に許可した。

かくして二二一年ぶりに大嘗会は再興されたが、いかに霊元院の強い意識が存在しようとも、幕府はこれを拒むことはできたはずで、それを容認したところに綱吉政権の儀礼重視の政策転換をみることができる。

霊元上皇は院政を志向したが、幕府によって挫折させられた。かわって、朝廷の中枢には関白近衛《かんぱくこのえ》基熙《もとひろ》が「朝廷の御為はもちろん大樹様御為」と念じた朝廷運営をおこなうことになった。幕府による

天皇	践祚・受禅	大嘗会
後土御門	1464(寛正５)年	1466(文正元)年
後柏原	1500(明応９)年	無
後奈良	1526(大永６)年	無
正親町	1557(弘治３)年	無
後陽成	1586(天正14)年	無
後水尾	1611(慶長16)年	無
明正	1629(寛永６)年	無
後光明	1643(寛永20)年	無
後西	1654(承応３)年	無
霊元	1663(寛文３)年	無
東山	1687(貞享４)年	1687(貞享４)年
中御門	1709(宝永６)年	無
桜町	1735(享保20)年	1738(元文３)年
桃園	1747(延享４)年	1748(寛延元)年
後桜町	1762(宝暦12)年	1764(明和元)年
後桃園	1770(明和７)年	1771(明和８)年
光格	1779(安永８)年	1787(天明７)年
仁孝	1817(文化14)年	1818(文政元)年
孝明	1846(弘化３)年	1848(嘉永元)年
明治	1867(慶応３)年	1871(明治４)年

大嘗会の有無(15〜19世紀)

朝廷統制の要として、摂家《せっけ》の役割をはたす近衛基熙に対し、幕府は一層の協調策をとった。摂家とともに統制の中心的役割をはたした、武家伝奏《ぶけてんそう》の人選について、一六九二(元禄五)年の持明院基時《じみょういんもととき》からは、朝廷の人選を幕府に伺いを立て、内諾を得て任じる方式となった。それ以前は幕府の人選であったから、ここにも朝廷との協調関係が見出せる。

一六九四(元禄七)年には賀茂社の葵《あおい》祭りが再興された。一五〇二(文亀二)年を最後に中絶していた祭りは、一九二年ぶりに朝廷から勅使が葵のかずらを身につけて派遣された。同様に、山陵の修理も幕府の主導でおこなわれた。一六九七(元禄十)年から、七六の陵墓の調査確認と、六六カ所の周囲に竹垣をめぐらして、以後の取締りを命じた。一例をあげると、一六九七年十月大坂町奉行《おおさかまちぶぎょう》は、雄略《ゆうりゃく》天皇陵と目される古墳《こふん》の所在地の、庄屋《しょうや》・年寄《としより》を召し出して絵図を提出させ、その後に与力《よりき》のほか大工・絵師を派遣して山陵を調査させ、翌年古墳の周囲に竹垣をめぐらして立入りを禁止した。もっとも村人は、その後も古墳にのぼって草を刈り、肥料として用いて山陵修理以前と変わらぬ意識をもちつづけていた。

固まる身分制社会

平和が続くなかで、将軍が軍事指揮権発動による武威を示しての大名統制がおこなえない状況となると、武家身分内の階層序列を明確化して遵守《じゅんしゅ》させる方式が重んじられた。種々の儀礼の場は、装束をとおして一目瞭然の序列を意識させる機会となった。たとえば歴代将軍の回忌法要のおこなわれた寛永寺《かんえいじ》や増上寺《ぞうじょうじ》では、参列大名は格式(将軍家との親疎・石高《こくだか》・官位などの序列)に応じて儀式空間と時間が区別され、公家《くげ》高倉《たかくら》家や高家《こうけ》の指導を受けた装束によって序列が視覚化された。こうして大名たちは身分の位置関係を認識するとともに、最上位に将軍が存在することを認識させられた。

このような大名たちの序列のなかに、江戸参府をおこなった朝鮮通信使・琉球《りゅうきゅう》使節・オランダ商館長をも組み込んだ。朝鮮通信使の正使・副使は御三家と同格で江戸城二の門内まで乗物で進めた。琉球使節の正使は大名と同格で乗物で大手三の門前まで進めた。オランダ商館長は大名の嫡子や京都からの年頭勅使と同格で大手門外下馬札前まで乗物で進んだ。アイヌ民族の江戸参府はなかったが、蝦夷島《えぞがしま》アイヌは松前《まつまえ》藩主に、本州北方のアイヌは津軽《つがる》藩主・南部《なんぶ》藩主にお目見《めみえ》得をおこなった。なお最高の格式は公家の五摂家で乗物のまま江戸城内玄関前まで進めた。

このほかに将軍の権威化をはかる装置として鳴物停止の触れがあった。将軍死去の際には四九日、御三家は七日、老中《ろうじゅう》は三日、後水尾法皇《ほうおう》は三日の鳴物停止の江戸町触れが出され、物故者の権威の序列が庶民に伝えられた。また、将軍・老中・大名・勅使《ちょくし》・朝鮮通信使など貴人の通行前に道筋の馳《ち》走《そう》(準備)を命じて、蒔砂《まきすな》や盛砂《もりすな》(立砂)・箒《ほうき》・飾り手桶を備えるよう命じた。ここでも通行者の権威の序列によって馳走の度合に軽重がつけられた。

また葵《あおい》紋の統制もおこない、御用達《ごようたし》町人が提灯《ちょうちん》などに葵紋を用いるのを禁止し、たんに「御用」

とのみ記させた。葵紋が町人の提灯などに気易く使われたのでは徳川将軍家の身分標識の権威は高まらない。以後、葵紋といえば将軍家と徳川一門の独占的な使用に限られた。

武家身分内の序列にとどまらず、その他の身分とのあいだの明確化や各身分の集団化・組織化もこの時期に進行した。町人の帯刀《たいとう》は一六六八(寛文八)年に旅立と火事発生のときを除いて禁止され、八三(天和三)年にはそれらの例外も除かれて町人の帯刀は禁止された。改めて帯刀は武士に限られた特権とされた。したがって百姓・町人への苗字《みょうじ》帯刀の賦与は、特権としての意味をもつことになる。

武士や町人・百姓などの身分のほかに、宗教者なども組織化・集団化が進行する。一六六五(寛文五)年に宗派をこえた全僧侶と神社神職に対して統一的な統制を加えたが、さらに八三年には、全国の陰陽師《おんみょうじ》の統制を、公家の土御門《つちみかど》家におこなわせることを容認する、将軍綱吉の朱印状《しゅいんじょう》を与えた。いずれも、幕府は本山《ほんざん》や本所《ほんじょ》に特権を与え、本山や本所からの免許状を受けた僧侶・神職・陰陽師や山伏《やまぶし》たちの身分が保証された。各宗教者は、身分集団のもつ職分《しょくぶん》、たとえば陰陽師ならば家相・日取りなどの占考《せんこう》をおこなう権限、すなわち身分にともなう権限を行使できる、という制度が確立していった。

盲人の場合でも、男子は座頭《ざとう》の仲間組織である当道座《とうどうざ》(京都に職屋敷)が存在しており、元禄期(一六八八〜一七〇三年)に杉山和一《すぎやまわいち》総検校《そうけんぎょう》のもとで改編され、盲人組織として機能した。杉山和一は管鍼《かんしん》という技法により、鍼治《しんち》をもって将軍綱吉の奥医師となり、信頼を得て当道座の最高位である総検校に任じられたもので、一六九二(元禄五)年に当道式目《しきもく》の改正をおこなった。百姓・町人などの子弟の盲人は、廻村して門付《かどづ》けの勧化《かんげ》をおこなう座頭の弟子になり、当道座に官金《かんきん》をおさめて身分が保証された。琵琶《びわ》・三味線《しゃみせん》をひく芸能のほかに、鍼《はり》や按摩《あんま》の医業にたずさわり、上層の勾当《こうとう》や検校は高利貸をおこなう者もあった。当道座は、これら盲人たちの活動を統制する全国組織となった。これに対して失明した女子は瞽女《ごぜ》仲間に入り、三味線と歌唱で門付けなどをして活計した。瞽女仲間は、全国組織ではなく、武蔵《むさし》国松山《まつやま》や越後《えちご》国高田《たかだ》など、地域ごとに拠点となる座を形成して活動していた。

全国統治と富士山噴火

平和の到来は、大名による藩制の自立化傾向を進めた。将軍による軍事指揮に従う機会がなくなり、隔年に江戸で儀礼に参加するだけとなった大名は、残り一年は藩の頂点に立つのであるから自立度は高まる。これに対して幕府は、全国触れが各藩においても遵守されるよう命じるほかに、大名=藩権力を上回る全国の統治者としての権力を行使していった。

一六八六(貞享三)年四月、綱吉政権は幕領・私領を問わず全国に向けて鉄砲改めを命じた。鉄砲の種類と所持者が登録され、以後は製造されしだい登録が命じられた。猟師や村足軽《むらあしがる》以外の百姓の鉄砲は、鳥獣被害対策の威《おどし》鉄砲(空砲)に限ることとした。これは生類憐み政策と対応するものであった。

一六九六(元禄九)年十一月に綱吉政権は、国絵図《くにえず》・郷帳《ごうちょう》の作成を、三代家光《いえみつ》による正保《しょうほう》国絵図以来五二年ぶりに命じた。作成には六年の歳月をかけたが、とくに国と国との境界線を明確にさせ、山論や入会《いりあい》論にともなう国境争論《くにざかいそうろん》に備える意図があった。郷帳の作成も命じており、寛文《かんぶん》・延宝《えんぽう》期の検地を踏まえた実勢を掌握することとなった。

宿駅制についても綱吉政権は一六九四（元禄七）年に東海道《とうかいどう》・中山道《なかせん》・美濃路《みのじ》、九六年に日光道中で、幕領・私領の違いにとらわれず、宿駅周辺の村々を助郷《すけごう》として徴発する制度とした。つまり江戸を基点とする主要街道は、私領主の領有関係をこえた国家管理とする発想がみられた。

貨幣発行権を駆使して、綱吉政権は勘定吟味役《かんじょうぎんみやく》荻原重秀《おぎわらしげひで》によって、慶長《けいちょう》小判（金含有率八四％）を改鋳し元禄《げんろく》小判（金含有率五七％）を増量鋳造して、莫大な益金をあげた。人びとの生活は貨幣価値の下落によって混乱したが、このように素材価値をこえた貨幣を額面通用させることのできた、当時の綱吉政権の強さが前提になった。

しかし、綱吉政権による寺社造営（一〇六寺社）を中心とした財政支出額は巨額（約七〇万両と推定）にのぼった。巨大な護持院《ごじいん》を建設したほかにも、全国の大寺社の造営をおこなった。とくに一五六七（永禄十）年に焼失した東大寺《とうだいじ》大仏殿再興には、勧進上人公慶《かんじんしょうにんこうけい》の活動を支援し、幕府自ら幕領私領から高一〇〇石につき金一分の割合で勧化金《かんげきん》を徴収し、一〇万両をかけて大仏殿再建をはたした（一七〇九〈宝永六〉年）。むきだしのまま百数十年間雨風にさらされていた盧舎那仏《るしゃなぶつ》（大仏）に覆いができ、大仏殿は今日に伝えられている。

綱吉政権末期には、元禄地震と富士山噴火という未曽有の災害にみまわれた。一七〇三(元禄十六)年十一月二十二日、江戸・武蔵・相模《さがみ》・安房《あわ》・上総《かずさ》諸国に大地震が発生した。江戸城の石垣・櫓《やぐら》が崩れ落ち、大名屋敷や民家の多くが倒壊した。安房・上総では津波被害も受け、小田原城《おだわらじょう》は天守・本丸御殿など残らず倒壊した。

元禄大地震の余震がしばらく続いたのち一七〇七(宝永四)年十月四日、ふたたび大地震が東海・南

富士山宝永噴火口　1707(宝永４)年の噴火で，写真の下半分がえぐれるように吹き飛ばされた。

海地方に発生して一カ月後の十一月五日、富士山が大爆発した。いわゆる「宝永《ほうえい》の大噴火」である。火の玉のような噴石の落下によって駿河《するが》国駿東《すんとう》郡須走《すばしり》村（静岡県小山町《おやまちょう》）で三七戸の家屋が焼失、石降りや三メートルもの深さの砂降りのため三六戸がつぶれ、三寺院や浅間《せんげん》神社も大破した。降砂被害は同心円状に広がり、足柄《あしがら》峠をこえた相模国足柄上郡の村々にも約三〇センチの砂積りとなった。二〇センチ積もると稲田は破壊される。この広範囲におよんだ砂降りによる被害が宝永大噴火による最大の被害となった。

幕府は復旧資金を集めるため、全国に諸国高役金《たかやくきん》を課し、幕領・私領を問わず高一〇〇石につき金二両ずつの徴収を命じた。その結果、金四八万八七七〇両余りと銀一貫八七〇〇匁が国役金《くにやくきん》として幕府に上納された。この金額は寺社領と被災地を除く、琉球の石高（一二万三七〇〇石）も含めた全石高から徴収された結果となっており、綱吉政権期の幕府の全国統治権力の強さをうかがうことができる。

3　流通の発展と文化の展開

新井白石の登用

徳川綱吉《とくがわつなよし》政権が三〇年間続いたのに対し、一七〇九（宝永六）年に綱吉没後六代将軍となった徳川家《いえ》宣《のぶ》が、一二(正徳二)年に没して在位四年間、幼児家継《いえつぐ》が継承して七代将軍となったが、これも四年間で終わった。六代・七代将軍に登用されたのは側用人《そばようにん》間部《まなべ》詮房《あきふさ》と儒者新井白石《あらいはくせき》であった。この二代八年間たらずの政策の中心にあった新井白石の政治の特色をまずとらえておこう。

家宣政権になるや、まず生類《しょうるい》憐《あわれ》み令を廃止し、翌一七一〇(宝永七)年に「武家諸法度《ぶけしょはっと》」を改定した。従来の法度は、新井白石によって全面的に一新された。第一条は「文武の道を修め、人倫を明かにし、風俗を正しくすべき事」とした。これは筆者が原漢文を読みくだしたのではなく、原文のとおりの文体である。白石の新しい試みで、文体のみならず内容も大きく改めた。文武の道に続く「人倫」とは父子の親しみ、君臣の義、夫婦の別、長幼の序、朋友の信の五つの教えであり、正すべき「風俗」とは、上の教化による「風」が正しければ下のならうところの「俗」も正しくなるという、きわめて儒《じゅ》教《きょう》色の濃厚な性格であった。

儒者白石はまた朝鮮通信使との関係についても先例を見直した。徳川家宣の将軍襲職を慶賀するため、一七一一(正徳元)年に日本をおとずれた通信使からの国書について、従来は「日本国大君」と書かれるのが慣例となっていたのに対し、「日本国王」と改めさせた。「大君」とは朝鮮において王子の嫡子をさす言葉であり、国王より低い身分の称号であると主張した。

学者としての知見を示したのは「正徳」改元でも同様であった。朝廷は常のとおりに、学問を家職とする公家《くげ》の清岡《きよおか》・高辻《たかつじ》・五条《ごじょう》・唐橋《からはし》を年号選定の勘者《かんじゃ》としたうえで、「寛保・享和・正徳・享保・

明和」を候補として幕府に示した。その際、中御門《なかみかど》天皇・霊元上皇《れいげんじょうこう》は「寛保」か「享和」が良いと内々に伝えた。通例では、そこから選定されるところだが、幕府は、「保」の字は柳沢吉保《やなぎさわよしやす》との連想が起こり、「享和」は音の響きが凶とつながり不快との理由で、「正徳」とするよう朝廷に伝えた。

この時期、幕府と朝廷は対立していたものではない。きわめて協調した関係にあった。将軍家宣の御台所《みだいどころ》は近衛基熙《このえもとひろ》の娘であったし、朝廷は近衛基熙—家熙《いえひろ》父子の全盛期でもあった。一七一〇年四月、将軍家宣から江戸に招かれた近衛基熙は、丸二年間神田御殿（かつての徳川綱吉邸）に滞在して、将軍や実娘の歓待を受けた。この滞在中に閑院宮《かんいんのみや》家の設立がなされた。

新井白石は、徳川将軍家がすでに二回も大統《たいとう》が断たれたことから、天皇家においても儲君《もうけのきみ》のほかの皇子・皇女の出家が続けば、皇位継承が危うくなるとの判断をして、既存の世襲親王家《しんのうけ》である伏見《ふしみの》宮《みや》・京極《きょうごく》（桂《かつら》）宮・有栖川《ありすがわ》宮に加えて新宮家創設を提言した。すなわち東山《ひがしやま》院皇子の秀宮《ひでのみや》（中御門天皇同母弟）をもって閑院宮家に取り立て、御領一〇〇〇石を進献することとした。ただし親王家設立は、のちのちの例にしない特例のことであると釘をさしており、以後そのとおりとなった。

一七一二年十月将軍家宣が没したとき、家継はまだ満三歳二カ月の幼児であった。この幼い将軍の権威づけのために、幕府は一七一五（正徳五）年、家継と皇女との婚約を構想した。四代家綱は伏見宮の娘を、五代綱吉は摂家鷹司《せっけたかつかさ》家の、六代家宣は摂家近衛家の娘を正室にした。宮家・摂家に上回る格式の、皇女八十宮吉子内親王《やそのみやよしこないしんのう》（二歳）との婚約を発表し、五年後に江戸に下向することが決められた。

白石は一七一四(正徳四)年に慶長《けいちょう》小判と同質同重量の正徳《しょうとく》小判を発行して、品位の劣る元禄《げんろく》小判や半分の重量の乾字金《けんじきん》を回収した。貨幣流通の促進のためであると同時に、異国に対して一国の貨幣の劣位は威信を低めるものとの、白石の判断からであった。このことはしかし二倍の金流出を招くことになる。

金銀流出を防ぐ目的から、白石は一七一五年、長崎貿易について新たな制限を加えた。正徳新例《しょうとくしんれい》とも呼ばれる「海舶互市新例《かいはくごししんれい》」を出し、中国船の長崎入津《にゅうしん》数を年間に八〇隻から三〇隻に減らし、銀高を六〇〇〇貫匁に制限した。オランダ船は年に二隻・銀高三〇〇〇貫匁に制限した。中国船には俵物《たわらもの》と銅で、オランダ船には銅をあてることで金銀流出を制限した。また来航の中国船には、信牌《しんぱい》と呼ばれる渡航許可証を事前に渡して、それ以外を不許可とした。

白石の政策には学者らしい筋のとおったみるべきものもあったが、将軍家継は短命で、一七一六(正徳六)年わずか六歳九カ月で短い生涯を閉じた。白石とともに、婚約者である皇女八十宮もまた主人となる相手を失った。

商品流通と都市の発展

大小の開発による耕地拡大は、およそ十七世紀で一段落した。当時の技術力で開発可能な地域はかなり達成されたためと考えられる。一七〇〇(元禄十三)年前後からは人びとの努力は、面積を広げるのではなく、同じ面積からより多量の農作物を生む方向へと向かった。農業技術を高め、備中鍬《びっちゅうぐわ》など道具の向上や干鰯《ほしか》などの購入肥料（金肥《きんぴ》）の使用のうえに、なによりも労働力を集約的に投下した。宮崎安貞《みやざきやすさだ》『農業全書』などの農書の刊行（一六九七〈元禄十〉年）も、農作物の栽培技術を高めるのに意味をもった。

米の反当り収量が高まると、年貢米《ねんぐまい》と夫食米《ふじきまい》（食糧にあてる米）を確保するための稲作の面積を残して、あまった土地で木綿《もめん》や菜種《なたね》などを栽培することが可能になる。一七〇六（宝永三）年の摂津国住吉《せっつすみよし》郡平野郷《ひらの》（大阪市）では田方の五二％で綿作がおこなわれていた。つまり稲作は田んぼの半分以下で作付けされていた。畑方では七八％で綿作がおこなわれていた。これは生産力の高い畿内の事例であるが、それ以外の各地でも商品作物（綿・菜種・藍《あい》・たばこ・紅花《べにばな》など）の栽培は展開していった。

全国各地で商品作物や加工品の生産が、この時期いかほど展開していたかを知るのに、一七一四（正徳四）年新井白石が政権にある時期におこなわれた、大坂《おおさか》への民間商品（納屋物《なやもの》）の入津量調査は雄弁に物語る。一年間に一一九種類の商品が、西廻り航路などによって大坂に入津したが、その総額は銀二八万六五六一貫四一一匁で、これを銀六〇匁＝金一両で換算すると、金四七七万六〇〇〇両となる。

次ページ表のようにじつに多品種の商品が入荷した。木《き》わた＝綿花は五畿内から入ったのみならず、丹波《たんば》・備中《びっちゅう》・讃岐《さぬき》からも送られており、銀高にして六七〇五貫匁（金一一万一七五〇両）、そのうち

種類	数　量	価　銀	種類	数　量	価　銀
		貫　匁			貫　匁
米	282,792石00	40,813.846	唐薬種		2,787.826
菜種	151,225石80	28,048.885	炭	767,814俵	2,503.831
材木		25,751.063	鰹節		2,178.095
干鰯		17,760.289	京織物		2,065.656
白毛綿	2,061,473端	15,749.675	木蠟	42,785貫740	1,914.806
紙	148,464丸	14,464.482	餅米	12,294石30	1,828.633
鉄	1,878,168貫	11,803.863	七島莚	1,485,460枚	1,729.192
掛木	31,092,394貫	9,125.422	古手	135,744	1,717.492
銅	5,429,220斤	7,171.008	結木	17,485,464把	1,606.158
木わた	1,722,781斤	6,704.920	藍	320,460貫	1,465.778
たばこ	3,631,562	6,495.543	煎茶	1,478,010斤	1,460.464
砂糖	1,992,197斤	5,614.242	唐織物		1,293.267
大豆	49,930石90	5,320.733	干魚		1,243.988
塩	358,436石20	5,230.208	和漆	27,626斤	1,163.790
小麦	39,977石00	4,586.373	奈良晒布	22,821疋	1,086.877
塩魚		4,156.139	椀折敷	96,383束	1,064.270
胡麻	17,142石90	4,129.170	鉛	556,170斤	880.666
綿実	2,187,438貫900	3,919.524	蘇木	392,198斤	826.622
生魚		3,475.100	真綿	2,455貫450	805.700
毛綿緦	116,647貫000	3,430.082	大竹中竹	1,188,980本	805.184
布	310,558端	3,401.000	荏子	5,084石60	774.574
絹	35,573疋	3,012.559	和薬種		697.632
焼物		2,875.871	唐漆	20,129斤	687.207
畳表	1,102,907枚	2,866.001	青物		686.050
嶋毛綿	236,923端	2,831.800	(その他69種略)		
苧	145,874貫600	2,815.110	合計		286,561.411

1714(正徳4)年大坂移入品表　大石慎三郎「正徳四年大坂移出入商品表について」(『経済論集』3巻1号)より作成。

七・五%の五〇三貫匁が綿花のまま他国に売り出された。九〇%以上の綿花は大坂とその周辺で購入され加工され、綿花から種子を取り除いた繰綿《くりわた》として、北陸《ほくりく》・奥羽《おうう》・信濃《しなの》などへ荷送りされた。大坂の近国の紀伊《きい》・淡路《あわじ》などでは、繰綿から糸をつむいだ木綿の綛糸《かせいと》が生産され、銀三四三〇貫匁余りが大坂に入荷されている。綛糸は木綿織物の原料となり、縞《しま》模様の「嶋毛《(木)》綿」が大坂とその周辺で織られて、大坂から全国に銀七〇六六貫匁（金一一万七七六六両余り）が売り出された。

表のなかのごく一部の木綿関係に着目したが、大坂とその周辺地域では、原料を一次加工・二次加工して付加価値をつける労働に従事している人びと（女性生産者が多い）が存在していた。これらの人びとは米の消費者であった。大坂に入津した納屋米《なやまい》は二八万石余り、蔵米《くらまい》はその四倍と想定され一〇〇万石はくだらなかった。この大量の米は、酒造米として購入されたほかに、大坂町人や、周辺農村部で木綿生産などにたずさわった人びとにも消費された。なかには百姓身分で、米をつくらずに綿花などを栽培して換金し、年貢米納入のために米を買っておさめる者たちも存在した。

全国的に商品生産が高まり商品流通量が増大すると、商業経営のあり方は変化を迫られた。以前のように商品量が乏しい時期には、地域間の価格差も大きく、稀少性のある商品を、遠隔地間において移動させるだけで利益があがった。しかし前述したように商品生産が活発になった一七〇〇年前後から、地域間や季節間の商品価格差が小さくなると、特産地である商品生産地から、単品を大量に購入して大量販売することで、一個の利益は小さくとも大量販売によって利益をあげる方式が求められた。

三都の問屋《といや》商人も単品を大量に扱う専業問屋が主流となり、以前の多品種を取り扱う荷受問屋の数は減少していった。江戸の専業問屋は、自己資本で購入した商品を、大坂から菱垣廻船《ひがきかいせん》で江戸まで運送する際、海難事故による対応のために、十組問屋を一六九四(元禄七)年に結成した。またこの時期急成長した越後屋《えちごや》(三井《みつい》)たちは、織物など大量の商品を安価に集荷するため、生産地の荷主を買次商《かいつぎ》人化し、資本を前貸しするようになる。生産地の荷主は売買利益を得ることはできず、口銭《こうせん》(手数料)のみを越後屋から受けることになる。このように集荷段階から合理化を進め、大量販売すなわち薄利多売の方式をとったのが越後屋であり、商品量の多くなったこの時代に合致した商業経営のあり方となった。

学知と文化の展開

明清《みんしん》交替の影響は学問や文化の世界にもおよんだ。中国文化を第一の価値とする考え方は、儒者や禅僧を担い手としてもたらされ、武家の世界に強い影響を与えてきたが、明清交替によって、これを「華夷変態《かいへんたい》」ととらえる考え方が生じ、もはや中国文化は明滅亡とともに影響力を減じ、日本をこそ本朝として価値の中心におく意識がもちあがってきた。おりしも幕府と朝廷は、協調関係に転じたこともあわさり、本朝文化を伝える朝廷の文化は武家社会にも受容され浸透することとなった。

「禁中 並《きんちゅうならびに》公家諸法度《くげしょはっと》」第一条では天皇に対し、第十条では公家に対し、学問(中国の経史や家業)・和歌・有職故実《ゆうそくこじつ》を学ぶことを命じたように、中国古典は、武家も公家も共通の学問対象であったが、いまや、和歌・有職故実が武家の学ぶ対象ともなったのである。和歌については、古今伝授《こきんでんじゅ》継承者である烏丸光広《からすまるみつひろ》が江戸に参向するたび、大名が和歌の添削を受けた事例があるが、和歌の指導的立場にあった中院通茂《なかのいんみちもち》に対し、多くの公家とともに大名たちも門弟となって和歌の添削を受けている。伊達《だて》・黒田《くろだ》・鍋島《なべしま》などの大名や旗本《はたもと》も含まれていた。また、将軍綱吉の側用人として権勢をふるった柳沢吉保は、側室町子の実家正親町公通《おおぎまちきんみち》をとおして、霊元上皇に和歌を進上している。有職故実については、装束を家職とする山科《やましな》家や高倉《たかくら》家から吉良《きら》家などの高家《こうけ》が学び、これを諸大名に指導する役割を担った。

五代将軍綱吉政権は、林鳳岡《はやしほうこう》(信篤《のぶあつ》)を初代の大学頭《だいがくのかみ》に任じ、湯島《ゆしま》に聖堂《せいどう》を建立させて儒教《じゅきょう》を重視するとともに、仏教については新義真言宗《しんぎしんごんしゅう》僧侶の亮賢《りょうけん》と隆光《りゅうこう》の師弟を護持僧《ごじそう》として、護国寺《ごこくじ》と知足院《ちそくいん》(護持院)を建立した。神道については、吉田《よしだ》家の分家の萩原兼従《はぎわらかねより》(吉田家後見人)の弟子で、唯一《ゆいいつ》神道の道統継承者の吉川惟足《よしかわこれたり》を幕府神道方《しんとうかた》にはじめて任じた。天文・暦学では、本所である土御門《つちみかど》家に幕府碁方《ごかた》の安井算哲《やすいさんてつ》(渋川春海《しぶかわはるみ》)を入門させ、「貞享暦《じょうきょうれき》」を採用したうえ、幕府天文方《てんもんかた》に渋川春海をはじめて任じた。

以上、幕府に王権としての装置を整えたほかに、綱吉政権は、地下《じげ》の歌人として定評のあった北村季吟《きたむらきぎん》・湖春《こしゅん》父子を歌学方《かがくかた》に任じ、和歌や『源氏物語《げんじものがたり》』などの古典研究を重視した。また、幕府御用

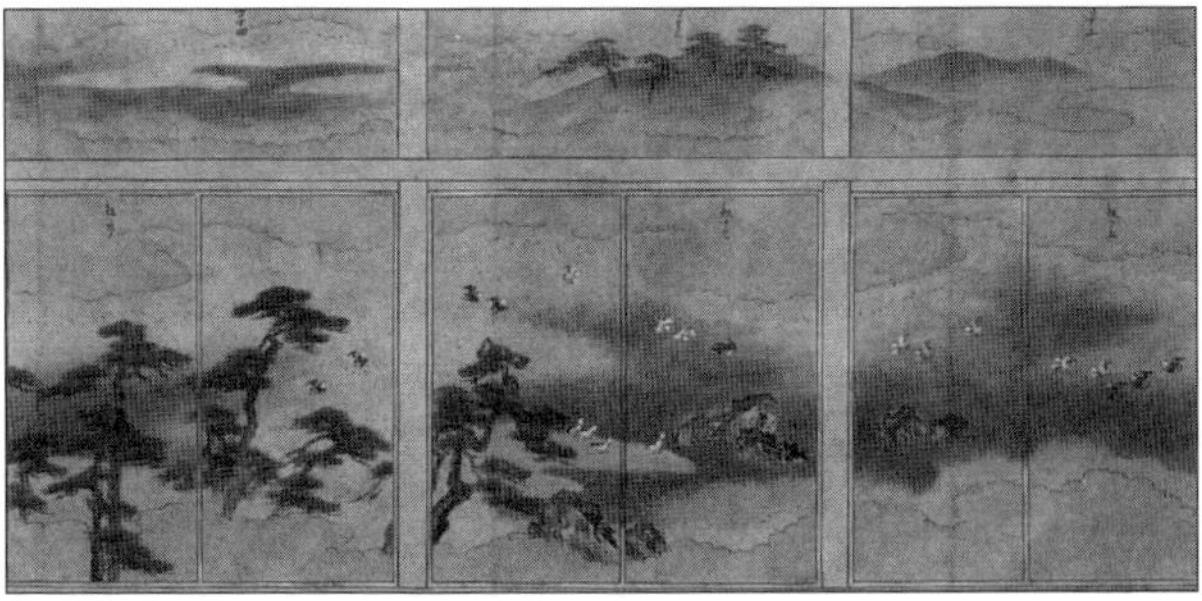

松の廊下襖絵の下絵(狩野晴川院ら画)

絵師に従来の狩野《かのう》家に加えて、京都土佐《とさ》家の門人住吉具慶《すみよしぐけい》も召し出し、絵師とした。こうして、朝廷の絵所預《えどころあずかり》である土佐家とのパイプを結んだ。

大奥には将軍と結婚した親王家や摂家の娘とともに朝廷文化が持ち込まれ、江戸城中の松の廊下には、赤松のはえる海原に千鳥が飛び交う雅なものが描れていた。けっして、ごつごつした勇壮な松の大木などではなかった。武威ではなく儀式が重んじられ、天皇からの勅使を饗応する役儀は以前にも増して重要視されるなかで、赤穂《あこう》城主浅野内匠頭長矩《あさのたくみのかみながのり》(三十五歳)による高家吉良上野介義央《こうずけのすけよしなか》(六十一歳)への刃傷事件が発生したのであった。時は元禄十四年三月十四日、西暦で一七〇一年のことである。

元禄期を中心とする時代は、東アジアにおける対外的な明清交替の影響のほかに、国内的には生産力の増大による経済活動の活発化を特徴とする。生産力の増大は総人口をふやすとともに、文化活動の直接の担い手と、それを支持する人びとの数をも増加させた。以前に文化活動を担ったり支えたりしたのは武家・公家・僧侶や上層町人のような富裕層であったが、元禄文化の担い手には庶民である町人や農民たちを登場させた。あらたな文化活動の担い手たちであった。

松尾芭蕉《まつおばしょう》が『奥《おく》の細道《ほそみち》』を完成できたのは、紀行の各地域で芭蕉一行をむかえた人びと(農民や町人)が存在してのことであった。井原西鶴《いはらさいかく》の『好色一代男《こうしょくいちだいおとこ》』や『日本永代蔵《にほんえいたいぐら》』『世間胸算用《せけんむなざんよう》』など町人を題材にした小説を、読者として支えたのは大坂・京・江戸の町人たちであった。近松門左衛門《ちかまつもんざえもん》の『曽根崎心中《そねざきしんじゅう》』や『国性爺合戦《こくせんやかっせん》』などの戯曲は人形浄瑠璃《にんぎょうじょうるり》や歌舞伎《かぶき》として上演され、庶民の爆発的な支持を得た。

4　享保改革と田沼政権

吉宗政権と財政再建

紀州《きしゅう》藩主であった徳川吉宗《とくがわよしむね》は、一二年間の藩政で金一四万八八七両余りと米一一万六四〇〇石の余裕を生むほどの改革の成功を経験して、一七一六(享保元)年に八代将軍として幕府に入った。藩政改革を担った経験のある将軍は吉宗ただ一人である。

吉宗はまず権力機構を整え、御側御用取次《おそばごようとりつぎ》の役職を新設して、紀州藩士から幕臣になった有馬氏倫《ありまうじのり》や加納久通《かのうひさみち》などをあて、将軍の意志や政策を実現する体制作りをした。そのうえで、将軍権力のもつ全国統治の威力を示した。「日本国総図」の作成を命じ、全国の戸口調査と面積の調査をおこなわせた。人口調査は子午《しご》の年に六年ごとに実施され、以後一八四六(弘化三)年までおこなわれた。

　東アジアの国家統治者の伝統的な方式である全国の土地・人民・地図の掌握を将軍吉宗は命じたほかに、朝鮮通信使の費用や河川の普請《ふしん》費用にも、領主権をこえるかたちで国単位に国役金《くにやくきん》として徴収した。また、外交権・貨幣発行権にかかわって、前代の正徳《しょうとく》新例と正徳金銀発行を踏襲した。

　吉宗政権が直面した最大課題である幕府の財政再建策は、大きく二つの方策がとられた。ひとつは、財政窮乏の原因となった寺社造営に関して一年間の寺社修復費を一〇〇〇両に限るなど、倹約によって出費を抑制し、もうひとつは財政収入をふやすことであった。前者としては倹約令(一七二二〈享保七〉年)のほかに足高《たしだか》の制(一七二三〈享保八〉年)が命じられた。役職にある期間だけ石高《こくだか》をたすもので、禄高の低い者を重職に就ける人材登用にもつながった。

　増収策としては、まず新田開発を積極的に推進した。飯沼《いいぬま》新田・紫雲寺潟《しうんじがた》新田・武蔵野《むさしの》新田・見沼《みぬま》代用水《だいようすい》新田などの開発によって、およそ五〇万石が幕領に加えられた。耕地面積をふやすほかに、幕領からの年貢米《ねんぐまい》増収をはかるために定免法《じょうめんほう》や有毛検見法《ありげけみほう》・三分一銀納《さんぶいちぎんのう》が採用された。

　一七二二年には上米《あげまい》の制が命じられた。もっとも直截な増収策である上米の制とは、一万石以上の諸大名に対して石高一万石につき米一〇〇石の割合で、米を幕府に上納させ、そのかわりに江戸での参勤《さんきん》(在府期間)を半減するという制度であった。上米総額は一年間で一八万七〇〇〇石余りにのぼった。これは、綱吉《つなよし》・家宣《いえのぶ》・吉宗が他家より将軍襲職したことにともなって、大量にふえた幕臣全体の切米《きりまい》・扶持米《ふちまい》総額の半分に相当した。

しかし上米の制は将軍側には「恥辱《ちじょく》」と認識された。いかに幕府財政を立て直すためとはいえ、幕初より、とくに三代家光《いえみつ》政権で確立した参勤交代制度に基づき、大名たちがおこなう江戸参府という奉公を半減させたり、平和の訪れとともに軍事動員が減少したのに反比例して増加した、手伝普請《てつだいぶしん》という大名の役儀をも中止したことは、将軍と大名とのあいだの主従関係において、将軍側の後退、すなわち妥協(恥辱)にほかならなかった。

上米の制は一七三〇(享保十五)年に翌年からの停止が命じられた。八年間におさめられた米の総額はおよそ一五〇万石になろう。前述の新田開発や年貢増徴策、倹約の効果もあわさって、財政再建は一定の目標に達したものであろう。

吉宗は将軍として六五年ぶりに、日光社参《にっこうしゃさん》という名の大軍事演習を一七二八(享保十三)年に挙行した。軍役規定に基づいて編成される大行列(先頭から最後尾までの通過に一〇時間を要した)を行進させて、諸大名・旗本《はたもと》に忘れかけていた封建的主従制を思い出させ、将軍のもつ軍事指揮権を認識させた。また東照権現《とうしょうごんげん》を参詣させることで精神的にも幕藩関係の安定をもたらした。こうして上米の制による恥辱をはねかえし、一七三〇年に上米の制を停止し、参勤交代も手伝普請も旧に戻した。かくして、財政再建をはたした吉宗政権は、つぎに諸制度の充実をはかる政策に転じる。

仲間制度と国家制度

西国を中心にした享保《きょうほう》の飢饉《ききん》は米価高騰を招き、都市の裏長屋《うらながや》居住層である職人・日雇《ひよう》(日用)層に影響をおよぼした。江戸では米の買占めもあったことから一七三三(享保十八)年正月、米商人高間《たかま》伝兵衛《でんべえ》宅が一七〇〇人余りの人びとによって打ちこわされた。江戸で初の打ちこわしである。幕府に都市政策の必要を認識させる事件であった。

江戸には三井《みつい》など大商人が最上層におり、三井の場合一六八三(天和三)年に一〇三〇両で駿河《するが》町に町屋敷を購入して以来、一七三一(享保十六)年までに七万一一八〇両で四九軒の町屋敷を購入した。一町屋敷は平均一〇〇坪(約三三〇平方メートル)あった。それ以降も集積して十八世紀末には一〇〇カ所近い町屋敷をもって一〇〇〇軒もの地借《じがり》・店借人《たながりにん》に貸していた。

大商人の対極に、都市下層民と呼ばれる、裏長屋に賃貸居住の左官や大工などの職人や、棒手振《ぼてふり》の小商人、日雇たちが存在していた。日雇は土木関係の鳶《とび》や手子《てこ》たちに加え、享保期(一七一六〜三六年)には物資運搬にたずさわる車力《しゃりき》などが増加した。鳶は男伊達《だて》を競い粗暴な行為が社会問題になっていた。

江戸の消火組織は大名火消や定火消《じょうびけし》がそれまでに存在したが、これらは武家屋敷地を対象とする消火組織であった。町方の消防組織としては、明暦《めいれき》の大火の翌年(一六五八〈万治元〉年)に火消組合の設置が命じられ、町《ちょう》ごとに火消人足を決めておいて火元に駆けつける制度であった。しかし火消人足は素人《しろうと》にはむずかしく、やがて火消専門の精鋭である鳶を対象に編成することになった。これが町奉《まちぶ》行《ぎょう》大岡忠相《おおおかただすけ》の主導によって、いろは四八組に組織された。以後、男伊達を競った鳶たちは鳶頭支配のもとで秩序づけられることになった。

火消組合のほかに、江戸のゴミを取り片づけ、永代島《えいたいじま》に運び埋立てをうけおった「御堀浮芥《あくた》浚《さらい》請負人」の株仲間を町奉行は公認(一七三四〈享保十九〉年)し鑑札《かんさつ》を下付した。以後、仲間は独占的に江戸の各町のゴミ処理をおこない、各町から費用を受け取った。また、辻番《つじばん》請負組合や飛脚《ひきゃく》仲間・上《じょう》水《すい》組合などでも、この時期幕府は、現状の請負人の実態を前提に、仲間に独占権を与えることで町の行政を秩序づける方式をとった。

都市政策のほかに、吉宗政権は国家的な政策でもいくつかの制度化をはかっていった。服忌令《ぶっきれい》の改定(一七三六〈元文元〉年)や装束の制度(服制)の改定をおこない、以後幕末まで用いられた。法制面では『公事方御定書《くじかたおさだめがき》』の編纂がなされ、以後の司法裁許の準則となる。また『御触書寛保集成《おふれがきかんぽしゅうせい》』は一六一五(元和元)年以後の幕府の触れを類別に集成することを命じるとともに、以後の幕府の記録保存をおこなわせ、紅葉山《もみじやま》文庫を従来の図書館機能に加えて幕府のアーカイブズ(公文書館《こうぶんしょかん》)として機能させることとした。御触書集成は以降も幕府事業として引き継がれ、宝暦《ほうれき》・天明《てんめい》・天保《てんぽう》集成が作成される。

寺社政策では、倹約により寺社修復費用を年間一〇〇〇両に限定したことから、勧化《かんげ》制度を整備し、寺社が自力でおこなう勧化（勧進《かんじん》）による募金活動を支援する制度を構築した。寺社奉行連印の勧化状を持参して国単位でおこなう募金活動を、大名・旗本などは阻止することができないことを命じた。また、寺院本末《ほんまつ》争論に対応するため、不備のあった寛永の「諸宗末寺帳」にかわって、一七四五（延享二）年、仏教各宗の「寺院本末帳」を提出させた。以後の寺院本末争論はこの本末帳を根拠に解決されることになった。

法典や台帳を整備することで、幕府政治は、先例に基づいて政策判断することが可能な態勢となった。これにあわせて、将軍権威を高めるために、朝廷との協調関係を推進した。綱吉政権期、東山《ひがしやま》天皇即位時に二二一年ぶりに再興された大嘗会《だいじょうえ》は、つぎの中御門《なかみかど》天皇即位時には近衛《このえ》家の反対もあって実現できなかった。そのつぎの桜町《さくらまち》天皇即位時も挙行されないものと朝廷側も考えていたところ、将軍吉宗の働きかけによって大嘗会は再々興（一七三八〈元文三〉年）された（三一五ページ表参照）。その翌々年には、新嘗会《しんじょうえ》の再興が二八〇年ぶりに実現され、以後、朝廷において幕末まで継承された。

一七四四（延享元）年の甲子《かっし》の革令《かくれい》の年には、朝廷側の要望により、七社奉幣使《ほうべいし》（三〇三年ぶり）や宇《う》佐《さ》・香椎《かしい》宮奉幣使（四二六年ぶり）が再興された。勅使一行は山陽道《さんようどう》をとおって九州にいたったが、その往返の費用も行路の指示も幕府に依存するものであった。勅使による神事は、六〇年後（文化元年）・一二〇年後（元治元年）の甲子の年にもおこなわれ、通行路の各地域に排仏思想と、朝廷権威の少なからぬ影響を与えることになった。

田沼の重商政策

徳川吉宗の死去（一七五一〈宝暦元〉年）後、個人的能力にめぐまれなかった九代将軍家重《いえしげ》政権において、将軍の言語を取り次ぐ御側御用取次大岡忠光《ただみつ》と老中《ろうじゅう》による政策には、めだったものは乏しかった。木曽《きそ》・長良《ながら》・揖斐《いび》三川の治水工事を、薩摩《さつま》藩に手伝普請とするよう命じた（一七五三〈宝暦三〉年）が、難工事のため薩摩藩に多くの犠牲者を出した。また一七五五（宝暦五）年から五八（宝暦八）年には、美濃《みの》郡上《ぐじょう》藩領農民による、駕籠《かご》訴から一揆《いっき》に発展した年貢増徴反対闘争（郡上一揆）の結果、領主金森《かなもり》氏は改易《かいえき》、老中・若年寄《わかどしより》も失脚した。

一七六〇（宝暦十）年、十代将軍家治《いえはる》になると、幕府は政権強化策として、朝鮮通信使一行（四七七人）をむかえ（六四〈明和元〉年）、さらに琉球《りゅうきゅう》からの慶賀使《けいがし》一行（九六八人）をむかえた。新将軍の権威を高め誇示する外交儀式ののちに、延期されていた日光社参を実施した。八代将軍吉宗以来四八年ぶりのこととなった。日光社参の費用は金二二万両余り、動員された人員は延べ四〇〇万人余り、馬は三〇万五〇〇〇頭であった。朝鮮通信使一行などの経費もあわせると、じつに多大な出費と、大動員された人びとの不満とが残されたが、一度弱まった幕府権威回復のためにはやむをえない出費であると考えられた。

田沼意次《たぬまおきつぐ》は一七六七（明和四）年に側用人《そばようにん》、相良《さがら》城主となり、七二（安永元）年には老中（三万石）となっていた。一七七二年、田沼政権としての色彩を濃くした政策として、南鐐二朱銀《なんりょうにしゅぎん》の発行をおこなった。上質な銀（純度九七・八％）である南鐐二朱銀を八枚で小判一両と交換するもので、銀貨を金二朱として使用させた。金遣いの江戸と銀遣いの上方と、両者の通貨圏を統合する意図をもった二朱銀は、しだいに浸透し金貨の補助貨として流通していった。

幕府の通貨は銀貨と金貨を基本としたが、中国は銅貨を用いており、ここに日本の銅輸出と金・銀輸入の長崎貿易の構造が生まれた。幕府は国内産銅の確保のために、秋田藩阿仁《あに》銅山の直轄地化をもくろむが、秋田藩は確実に銅を長崎に送ることを条件にこれを回避した。幕府は阿仁銅山以外の全国の銅山にも増産を奨励し、大坂の銅座を機能させた。

中国向け輸出品は銅だけではなかった。清《しん》朝の宮廷料理の食材として用いられた、煎海鼠《いりこ》（海鼠《なまこ》を煮たのち天日で干したもの）や干鮑《ほしあわび》や鱶鰭《ふかひれ》を俵物《たわらもの》として輸出した。そのために全国の海岸の各地で生産が奨励された。

長崎貿易に比べると、この時期対馬《つしま》藩による対朝鮮貿易は不振であった。原因は、朝鮮に流入していた、北方の中国からの白糸《しらいと》や反物《たんもの》が不足したためであった。しかし、朝鮮押え（軍事的防衛）のつとめをもった対馬藩は、これを一〇万石相当の軍役として多くの家臣をかかえており、領地の生産力の低い同藩にとって貿易不振はたちどころに藩財政の窮乏に結びついた。幕府は対馬藩に、年間一万両を一七五五（宝暦五）年から三年続けて与えたほか、六一（宝暦十一）年に三万両、朝鮮通信使来日時に五万両を、七六（安永五）年からは一年に一万二〇〇〇両を毎年与えた。朝鮮押えの役の重要性を幕府が認識していたことの裏返しではあるが、幕府財政には影響をおよぼした。

北方に目を移すと、松前《まつまえ》藩は国後《クナシリ》島に場所を開設して、国後アイヌとの交易を開始した。もっとも松前藩は飛騨屋久兵衛《ひだやきゅうべえ》からの借金（五四〇〇両）とひきかえに、国後場所とその他三カ所の経営権（二〇年間）を一七七三（安永二）年に渡した。飛騨屋は国後アイヌの乙名《おとな》ツキノエの抵抗にあいながらもその経営をつづけた。

国後まで進んだ松前藩に対して、ロシア人は得撫《ウルップ》島に進み、一七七四（安永三）年には得撫島アイヌとロシア人は交易を始めるようになった。つまりこの段階で択捉《エトロフ》島をあいだに挟んで、日ロ両国が対峙する状態になった。工藤平助《くどうへいすけ》が『赤蝦夷風説考《あかえぞふうせつこう》』を著わし、田沼意次に献上して蝦夷地調査の必要性を説いたのが一七八三（天明三）年であった。田沼が派遣した最上徳内《もがみとくない》らの調査隊は、一七八六（天明六）年に国後島のみならず択捉・得撫島に行き、ロシア人たちの様子を調査した。また、大石逸平《おおいしいっぺい》らは樺太《カラフト》に行き、アイヌ人と山靼《さんたん》人との交易の様子も知った。

一七八一（天明元）年、田沼意次は幕府権力を独占したが、翌年の江戸・小田原《おだわら》地震に続く浅間山《あさまやま》噴火（八三〈天明三〉年）による被害は甚大で、田沼政権に打撃を与えた。後述するように、上野《こうずけ》国の鎌原《かんばら》村（現、群馬県嬬恋《つまごい》村）の死者は、全村民五九七人中四六六人にのぼり、全体では約二万人に達したと

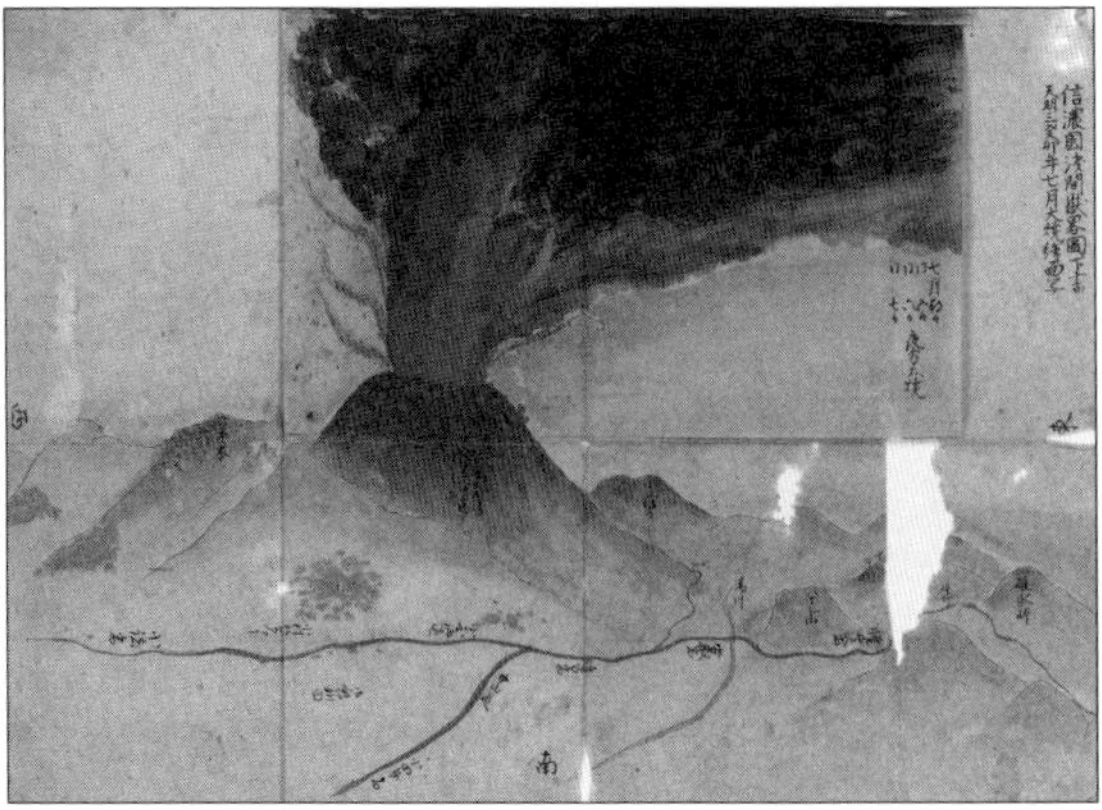

浅間山の噴火(「信濃国浅間嶽略図下書」)

みられる。河川の改浚工事費用は熊本藩の手伝普請によってまかなわれた。印旛沼《いんばぬま》・手賀沼《てがぬま》干拓工事も手がけていたが、田沼意次は将軍家治の死去(一七八六年)にともなって失脚した。

宝暦事件と二つの秘喪

存在感のあった桜町院が一七五〇(寛延三)年に死去したのち、朝廷には幼い(九歳)桃園《ももぞの》天皇が残された。後見役は女院《にょいん》の青綺門院《せいきもんいん》(桜町天皇の皇后)のみであった。翌年改元して宝暦期(一七五一～六四年)に入ると、朝廷では上下の秩序の緩みが顕著になった。公家《くげ》の義務である禁裏小番《きんりこばん》の懈怠《けたい》がみられ、一七五四(宝暦四)年、摂政一条道香《せっしょういちじょうみちか》は小番の怠けをことのほかとがめている。

秩序の緩みのほかに深刻な問題は、公家の財政窮乏であった。公家たちも家領からの年貢米や給禄に依存するので、米価安の物価高は武士同様に財政を圧迫した。江戸時代に入って後水尾《ごみずのお》天皇時に取り立てられた新家のうち三〇石三人扶持の一二家、後西《ごさい》・霊元《れいげん》・中御門天皇時に取り立てられた三〇石三人扶持の一四の新家はとくに小禄であり、幕府へ拝借金を願ったが拒まれた。摂家《せっけ》のひとつ九条《くじょう》家は二〇四三石の家領をあてがわれていたが、この当時の当主があいついで早逝したため、財政窮乏に陥り、家領を差し出すので金二万両を拝借したいと京都所司代《しょしだい》に願ったが、これも拒まれた。

公家たちは家領以外に収入の途を求め、まず家職を活用した。吉田《よしだ》家は全国の神社・神職の組織化をおこない、幕府の認める神祇管領《じんぎかんれい》長上として、神職たちに許状を与えるかわりに上納金を取り立てた。同じく神祇伯の白川《しらかわ》家も畿内を手始めに神社・神職の組織化をおこない、吉田・白川両家はこれ以降、末端の神社・神職を配下におさめようと争うようになる。陰陽道《おんみょうどう》の土御門《つちみかど》家や蹴鞠《けまり》の飛鳥井《あすかい》家、あるいはあらたに相撲の五条《ごじょう》家など、家職をとおして公家たちは収入を求めた。

幕府による朝廷統制は、京都所司代・京都町奉行・禁裏付武家などの武家によるものと、摂家・武《ぶ》家伝奏《けてんそう》・議奏《ぎそう》という公家たちによる統制の二重構造をもっていた。これらの統制に対して中小の公家たちは財政窮乏もあって不満をもち、禁裏小番もおこたるという状況となった。のみならず徳大寺《とくだいじ》公《きん》城《なり》の家来竹内式部《たけのうちしきぶ》が垂加《すいか》流の神道をもって公家たちに学問を伝え、その影響を受けた徳大寺・坊《ぼう》城《じょう》・西洞院《にしのとういん》らが桃園天皇に『日本書紀《にほんしょき》』(神代巻)を進講した。『日本書紀』を学ぶのは「禁中並公《きんちゅうならびにく》家諸法度《げしょはっと》」第一条に反しており、関白《かんぱく》近衛内前《うちさき》は神書講読を制止した。

しかるのち、少壮の公家たちは神書講読の再開を要望し、天皇も望んだことから進講は再開された。これに対して前関白一条兼香《かねか》をはじめ摂家たちは、一度命じた停止の方針を、中・下級公家が若い天皇をいただくかたちでなし崩しにしたことを重要視して、正親町三条公積《おおぎまちさんじょうきんつむ》や徳大寺ら二七人の処分を決定した。処分の理由は「主上へ御馴れそい申し候いて、朝廷の権をとり候趣意に候、関白以下一列、かつ伝奏・議奏などを軽んじ、法外失礼の儀」というじつに明瞭な論理であった。しかし、これらはいずれも竹内式部の教え方がよろしからずにつきという理由で、竹内式部の責任を重くみるかたちがとられた。これが宝暦《ほうれき》事件(一七五八〈宝暦八〉年)である。

一七六二(宝暦十二)年、桃園天皇が二十一歳の若さでなくなった。七月十二日に病死していたが、関白近衛内前ら一部の者たちは喪を秘し、関東(江戸幕府)に使者を送り、桃園天皇の後継天皇に姉の智子内親王《としこないしんのう》を、後桜町《ごさくらまち》天皇として即位させるという方針でよいかをうかがった。その承諾を受けて、死後八日たった七月二十日に、朝廷は、桃園天皇が重病となり、もしものことがあったならば皇子に践祚《せんそ》すべきであるが、皇子はまだ「幼稚」(四歳)なので、桃園天皇の姉にあたる智子内親王が践祚するよう、桃園天皇の叡慮として決定したと発表した。そのうえで翌二十一日、「主上、今暁《こんぎょう》寅の刻、崩御《ほうぎょ》候事」と桃園天皇の死を発表した。こうして最後の女帝となる後桜町天皇が即位した。

後桜町天皇は一七七〇(明和七)年に譲位して後桃園《ごももぞの》天皇が受禅《じゅぜん》する。しかしこの後桃園天皇も父の桃園天皇と奇しくも同じ二十一歳の若さで一七七九(安永八)年に死去する。生後九カ月の女一宮《おんないちのみや》のみが残されるなかで、朝廷は喪を秘して、閑院宮典仁《かんいんのみやすけひと》親王の六男、祐宮《さちのみや》(八歳)を後継天皇にすることの内慮《ないりょ》を幕府にうかがい、応えを待って、十一月八日発表がなされた。光格《こうかく》天皇の践祚である。

■索　　引

人名索引

●カーコ

●ヤーヨ

●ラーロ・ワ

事項索引

●サーソ

●ナ－ノ

●マーモ

●ヤ―ヨ

●ラ―ロ

●ワ

■写真所蔵・提供者一覧(敬称略)

p.10――新宿歴史博物館
p.27――(公財)横浜市ふるさと歴史財団埋蔵文化財センター
p.30――島根県立古代出雲歴史博物館
p.79――奈良文化財研究所
p.86――栃木市教育委員会
p.127――東京大学史料編纂所
p.153――東京国立博物館蔵・ColBase(https://colbase.nich.go.jp/)
p.181上――皇居三の丸尚蔵館
p.181下――松浦市教育委員会
p.188――清浄光寺(遊行寺)
p.223――東京大学史料編纂所
p.230――上ノ国町教育委員会
p.240――毛利博物館
p.249――味真野史跡保存会蔵・越前市教育委員会提供
p.284――京都外国語大学付属図書館
p.305――国立公文書館
p.312――徳川美術館蔵・徳川美術館イメージアーカイブ/DNPartcom
p.321――小山町立図書館
p.331――東京国立博物館・Image: TNM Image Archives
p.341――佐久市五郎兵衛記念館・山浦修一撮影
カバー――米沢市(上杉博物館)

■図版出典一覧

p.15――岩手県教育委員会編『東北新幹線関係埋蔵文化財調査報告書Ⅶ　西田遺跡』岩手県教育委員会，1980年
p.33――高倉洋彰『金印国家群の時代』青木書店，1995年
p.36上――安来市教育委員会編『仲仙寺古墳群』安来市教育委員会，1972年
p.36下――西嶋定生ほか『大和政権への道』日本放送教育協会，1991年
p.41――白石太一郎『考古学と古代史の間』筑摩書房，2004年
p.48――奈良県立橿原考古学研究所編『島の山古墳調査概報』学生社，1997年
p.55――埼玉県教育委員会編『埼玉稲荷山古墳』埼玉県教育委員会，1980年
p.72――森公章編『日本の時代史３　倭国から日本へ』吉川弘文館，2000年より作成
p.84――舘野和己『日本史リブレット７　古代都市平城京の世界』山川出版社，2001年より作成
p.150――中世都市研究会『古代から中世へ――中世都市研究２』新人物往来社，1995年
p.168・169――近藤成一『日本の時代史９　モンゴルの襲来』2003年
p.191――村井章介『日本の中世10　分裂する王権と社会』2003年
p.274――永原慶二・山口啓二編『講座・日本技術の社会史４　窯業』日本評論社，1984年
p.301――松前町史編集委員会編『松前町史通説編 第１巻 上』松前町，1984年より作成

執筆者紹介(執筆順)

宮地 正人　みやち まさと

1944年生まれ。東京大学大学院人文科学研究科博士課程中途退学
現在，前国立歴史民俗博物館長(名誉教授)・東京大学名誉教授
主要著書：『国際政治下の近代日本』(山川出版社 1987)，『幕末維新期の社会的政治史研究』(岩波書店 1999)，『幕末維新変革史(上・下)』(岩波書店 2012)

白石 太一郎　しらいし たいちろう

1938年生まれ。同志社大学大学院博士課程単位取得満期退学
現在，大阪府立近つ飛鳥博物館名誉館長・国立歴史民俗博物館名誉教授
主要著書：『古墳と古墳群の研究』(塙書房 2000)，『古墳と古墳時代の文化』(塙書房 2011)，『古墳からみた倭国の形成と展開』(敬文舎 2013)

加藤 友康　かとう ともやす

1948年生まれ。東京大学大学院人文科学研究科博士課程中途退学
現在，東京大学名誉教授
主要著書：『古代文書論——正倉院文書と木簡・漆紙文書』(共編著，東京大学出版会 1999)，『日本の時代史6　摂関政治と王朝文化』(編著，吉川弘文館 2002)，『『小右記』と王朝時代』(共編著，吉川弘文館 2023)

村井 章介　むらい しょうすけ

1949年生まれ。東京大学大学院人文科学研究科修士課程修了
現在，東京大学名誉教授
主要著書：『日本中世境界史論』(岩波書店 2013)，『日本中世の異文化接触』(東京大学出版会 2013)，『東アジアのなかの日本文化』(北海道大学出版会 2021)

高埜 利彦　たかの としひこ

1947年生まれ。東京大学大学院人文科学研究科修士課程中途退学
現在，学習院大学名誉教授
主要著書：『近世日本の国家権力と宗教』(東京大学出版会 1989)，『近世の朝廷と宗教』(吉川弘文館 2014)，『日本の伝統文化4　相撲』(山川出版社 2022)

『新版　世界各国史第一　日本史』
二〇〇八年一月　山川出版社刊

YAMAKAWA SELECTION

日本史《にほんし》　上

2024年6月10日　第1版1刷　印刷
2024年6月20日　第1版1刷　発行

編者　宮地正人《みやちまさと》

発行者　野澤武史

発行所　株式会社山川出版社
〒101-0047 東京都千代田区内神田1-13-13
電話03(3293)8131(営業)8134(編集)
https://www.yamakawa.co.jp/

印刷所　株式会社太平印刷社

製本所　株式会社ブロケード
装幀　水戸部功

ISBN978-4-634-42410-4
造本には十分注意いたしておりますが，万一，落丁・乱丁などが
ございましたら，小社営業部宛にお送りください。
送料小社負担にてお取り替えいたします。
定価はカバーに表示してあります。